Student Activities Manual (Arbeitsbuch)

Wie geht's?

An Introductory German Course

TENTH EDITION

Dieter Sevin
Vanderbilt University

Ingrid Sevin

Beatrix Brockman
Austin Peay State University

Australia • Brazil • Japan • Korea • Mexico • Singapore • Spain • United Kingdom • United States

Wie geht's? Tenth Edition
Student Activities Manual
Sevin | Sevin | Brockman

For product information and technology assistance, contact us at **Cengage Learning Customer & Sales Support, 1-800-354-9706**

For permission to use material from this text or product, submit all requests online at **www.cengage.com/permissions**
Further permissions questions can be emailed to **permissionrequest@cengage.com**

ISBN-13: 978-1-285-73712-6

ISBN-10: 1-285-73712-1

Cengage Learning
20 Channel Center Street
Boston, MA 02210
USA

Cengage Learning products are represented in Canada by Nelson Education, Ltd.

For your course and learning solutions, visit **www.cengage.com**

Purchase any of our products at your local college store or at our preferred online store **www.cengagebrain.com**

Printed in the United States of America
1 2 3 4 5 6 7 18 17 16 15 14

Contents

Preface

Introduction

The *Arbeitsbuch* Student Activities Manual (SAM) to accompany ***Wie geht's?***, Tenth Edition, contains additional activities for each chapter in your textbook. Note that the dialogues *(Gespräche)* and reading passages *(Lesetexte)* in the *Arbeitsbuch* are the same as those in your textbook. However, the listening comprehension sections *(Verstehen Sie?)* are not the same as those *(Hörverständnis)* in your textbook. Each chapter of the *Arbeitsbuch* has three parts: (1) *Zum Hören*, a lab manual to be completed at home, (2) *Zum Sehen*, a video manual to accompany the supplementary videos, and (3) *Zum Schreiben*, a section with various writing activities.

Zum Hören

The listening activities in this section are to be used in conjunction with the SAM Audio Program. In the *Schritte*, the dialogues *(Gespräche)* are read for your listening pleasure. Starting with *Kapitel 1*, you are asked to pause and repeat each sentence at your own pace. When the second dialogue is read again, one character's lines are omitted and you are asked to take an active part in the dialogue by reading those missing lines. The *Aussprache* pronunciation section offers practice for individual sounds and also helps to distinguish between similar English and German sounds. The *Struktur* grammar section provides supplementary exercises that progress from simple to more complex. These are four-phased: after the task has been set and you have given your answer, the correct response is provided, followed by a pause so you can repeat it. The exercises follow the sequence of their grammatical presentation in the textbook. The *Lesetext* section lets you listen to the reading passage of the main text. The *Diktat* that follows is based on the reading text and lets you check your comprehension and writing skills. The *Verstehen Sie?* section gives you yet another chance to develop your listening-comprehension skills. Answers to the *Gespräche, Aussprache, Diktat,* and *Verstehen Sie?* sections are provided in the SAM Answer Key on the Premium Website.

Zum Sehen

The ***Wie geht's?***, Tenth Edition, video program section of the *Arbeitsbuch* is called *Zum Sehen* and consists of two parts: *Video-Szenen* and *Video-Interviews*. The *Video-Szenen* present authentic footage filmed in Germany, Austria, and Switzerland that reflects the chapter topic. In the *Video-Interviews* you can listen to a variety of speakers who respond to a question on a chapter topic. For each part, there is a brief listing of vocabulary words anticipated in the segment *(Zum Erkennen)*, followed by various activities. All video activities are intended to stimulate spontaneous conversation in the classroom, thereby recycling vocabulary and structures from the main text in an interactive manner. Answers to the video manual activities can be found at the end of the SAM Audio Script and Answer Key booklet.

Zum Schreiben

The writing activities for each *Schritt* and *Kapitel* as well as for the *Rückblick* review chapters focus on building vocabulary, practicing structures, developing comprehension, and providing cultural enrichment. Visuals are used to encourage personal expression. Answers to the *Zum Schreiben* sections can be found in the SAM Audio Script and Answer Key booklet. Answers for the *Rückblicke* review chapters are printed at the end of the *Arbeitsbuch*.

Types of Activities

In the *Arbeitsbuch*, you will find a wide variety of activities that will help you develop your skills in speaking, reading, writing, and listening in the German language. The *Gespräche* activities invite you to play a role in the dialogues presented in your textbook. Vocabulary-expansion exercises help you make the most of the *Wortschatz* material, and activities tied to the video and topical themes of each chapter will help you explore German culture and everyday life. The *Verstehen Sie?* section strengthens your listening and comprehension skills. The *Diktate* sections aid your writing skills. Additional self-assessment quizzes can be found on the ***Wie geht's?*** Premium Website.

To the Student

Learning a foreign language is more like learning to play tennis or the piano than like studying history. You need to take advantage of every opportunity to practice your emerging skills. Using the SAM Audio Program regularly is one of the ways in which you can increase practice time. Make intelligent and conscientious use of it. Working with the Audio Program can improve your ability to understand spoken German, to pronounce German correctly, to speak more fluently, and even to spell correctly. It will help you make the material your own by involving your motor memory. Using your facial muscles and your vocal cords for speaking, and your hands for writing, you increase fourfold your chances of remembering a word, an ending, or a sentence pattern.

If you have problems with the recordings or any aspect of the program, speak with your instructor. Using the Audio Program frequently and for short periods produces better results than concentrating your practice in a few long sessions. Be an active user: speak, listen, repeat, and write. Letting the recording play while you think of other things is not sufficient. Know what you are saying—don't just repeat mechanically.

The listening material for each chapter can be found on the ***Wie geht's!*** Premium Website in MP3 format and also in iLrn. The specific audio segments are indicated by chapter and segment number on the ***Arbeitsbuch*** pages.

The patterns in all the *Schritte* and all the *Kapitel* are identical:

- The first part of each chapter is the lab manual *(Zum Hören)* that will guide you through each session. Series of small dots (...... ......) let you know how many responses there are in each exercise. Each *Zum Hören* session ends with a recording of the reading text, a dictation taken from the reading, and a supplementary listening-comprehension section. As you listen to the recording of the textbook reading, you can read along or, better yet, listen to it without looking at the text, to improve your aural skills.
- The second part of each chapter is the video manual *(Zum Sehen)*, which lets you meet real people and provides authentic cultural background of life in the German-speaking countries, as well as suggestions for spontaneous follow-up conversation in the classroom.
- The third part of each chapter is the writing section *(Zum Schreiben)*, with writing activities that provide an opportunity to expand and review your vocabulary and to practice and review new grammar structures.

For additional vocabulary and grammar review, do the *Rückblicke* sections following the *Schritte* as well as *Kapitel* 3, 7, 11, and 15. An *Answer Key* for the accompanying exercises is printed in the back of the *Arbeitsbuch*. For additional practice of pronunciation, listen to the Summary of Pronunciation *(Zur Aussprache)*, which is located at the beginning of your textbook.

We wish you success in your first year of German. Using the SAM Audio Program, the video activities, the writing exercises, and the Summary of Pronunciation in the textbook will increase your chances for learning the language well.

Schritte Beginnen wir!

Schritt 1

Zum Hören

GESPRÄCHE

S-1

Guten Tag! Now listen.

HERR SANDERS Guten Tag!
FRAU LEHMANN Guten Tag!
HERR SANDERS Ich heiße Sanders, Willi Sanders. Und Sie, wie heißen Sie?
FRAU LEHMANN Mein Name ist Erika Lehmann.
HERR SANDERS Freut mich. Wie geht es Ihnen?
FRAU LEHMANN Danke, gut. Und Ihnen?
HERR SANDERS Danke, es geht mir auch gut.

LUCA SEIBEL Guten Tag!
EVA BACH Tag!
LUCA SEIBEL Ich heiße Luca Seibel. Und du, wie heißt du?
EVA BACH Mein Name ist Eva Bach.
LUCA SEIBEL Freut mich. Und wie geht es dir?
EVA BACH Ach, nicht schlecht.

HEIDI Hallo, Ute! Wie geht's?
UTE Tag, Heidi! Ach, ich bin müde.
HEIDI Ich auch. Zu viel Stress. Bis später!
UTE Tschüss! Mach's gut!

© Cengage Learning

S-2

Das Alphabet

1. Hören Sie zu und wiederholen Sie! *(Listen and repeat.)*
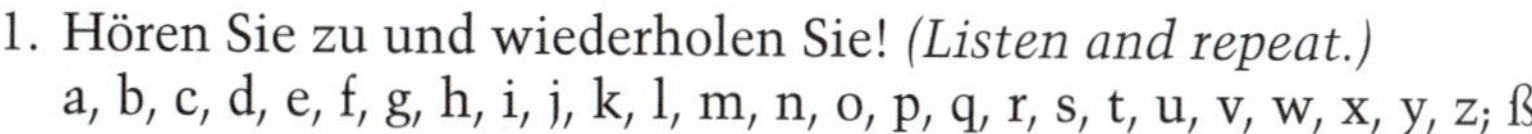
a, b, c, d, e, f, g, h, i, j, k, l, m, n, o, p, q, r, s, t, u, v, w, x, y, z; ß
2. Buchstabieren Sie auf Deutsch! *(Spell it in German.)*

> You will hear a cue and the German spelling of a word. Then you will be told to begin, and the same cue will be repeated. Spell the word, and use the following cues in the same way. Always repeat the correct response after the speaker.

Ja: jot a
ja, gut, müde, heißen, Name

S-3

AUSSPRACHE: a, e, er, i, o, u For more practice pronouncing these sounds, see the Summary of Pronunciation Part II, subsections 1–21 in the front of the main textbook.

> Listen carefully and repeat after the speaker. If your lab setup permits, record your responses and later compare your pronunciation with that of the native speakers.

Hören Sie zu und wiederholen Sie!

1. [a:] Abend, Tag, Banane
2. [a] Anna, Albert, was
3. [e:] Erika, Peter, Amerika
4. [e] Ellen, Hermann, es
5. [ə] Ute, danke, heiße
6. [^] Dieter Fiedler, Rainer Meier
7. [i:] Ihnen, Maria, Sabine
8. [i] bin, bitte
9. [o:] Monika, Hose, so
10. [o] Oskar, oft, Morgen
11. [u:] Ute, Gudrun, gut
12. [u] und, wunderbar, Gesundheit

Name ______________ Datum ______________ Kurs ______________

Zum Schreiben

Auf Deutsch bitte!

1. *Mr.* ______________
2. *Mrs.* ______________
3. *Thank you!* ______________
4. *How are you?* (formal) ______________
5. *I'm (feeling) fine.* ______________
6. *I'm tired.* ______________
7. *My name is Max.* ______________
8. *What's your name?* (fam.) ______________
9. *Good-bye!* ______________
10. *See you later!* ______________

Schritt 2

Zum Hören

GESPRÄCH

S-4

Was und wie ist das? Hören Sie zu!

DEUTSCHPROFESSORIN Hören Sie jetzt gut zu und antworten Sie auf Deutsch! Was ist das?
JIM MILLER Das ist der Bleistift.
DEUTSCHPROFESSORIN Welche Farbe hat der Bleistift?
SUSAN SMITH Gelb.
DEUTSCHPROFESSORIN Bilden Sie bitte einen Satz!
SUSAN SMITH Der Bleistift ist gelb.
DEUTSCHPROFESSORIN Ist das Heft auch gelb?
DAVID JENKINS Nein, das Heft ist nicht gelb. Das Heft ist hellblau.

© Cengage Learning

DEUTSCHPROFESSORIN Gut!
SUSAN SMITH Was bedeutet *hellblau?*
DEUTSCHPROFESSORIN *Hellblau* bedeutet *light blue* auf Englisch.
SUSAN SMITH Und wie sagt man *dark blue?*
DEUTSCHPROFESSORIN *Dunkelblau.*
SUSAN SMITH Ah, der Kuli ist dunkelblau.
DEUTSCHPROFESSORIN Richtig! Das ist alles für heute. Für morgen lesen Sie bitte das Gespräch noch einmal und lernen Sie auch die Wörter!

Name ______________ Datum ______________ Kurs ______________

S-5 **AUSSPRACHE: e, ä, ö, ü, eu, au, ai, ei, ie** For more practice pronouncing these sounds, see the Summary of Pronunciation Part II, subsections 22–41 in the front of the main textbook.

Hören Sie zu und wiederholen Sie!

1. [e:] **E**rika, K**ä**the, g**eh**t
2. [e] W**ä**nde, H**ä**nde, h**ä**ngen
3. [ö:] **Ö**l, h**ö**ren, **Ö**sterreich
4. [ö] **Ö**tker, P**ö**ppel, W**ö**rter
5. [ü:] T**ü**r, f**ü**r, St**üh**le
6. [ü] J**ü**rgen M**ü**ller, G**ü**nter, m**ü**ssen
7. [oi] D**eu**tsch, fr**eu**t, **Eu**ropa
8. [au] Fr**au** P**au**la B**au**er, **au**f, **au**ch
9. [ai] R**ai**ner, Kr**ei**de, w**ei**ß
10. [ai] h**ei**ßen, H**ei**di M**ei**er
11. [i:] S**ie**, w**ie**, W**ie**dersehen
12. [ai / i:] B**ei**sp**ie**l, H**ei**nz F**ie**dler

Zum Schreiben

Auf Deutsch bitte! Include the proper articles and plurals of nouns.

1. *the pencil* ______________
2. *the book* ______________
3. *the color* ______________
4. *the door* ______________
5. *in German* ______________
6. *yellow* ______________
7. *I am* ______________
8. *to read* ______________
9. *to hear* ______________
10. *How does one say . . . ?* ______________

Schritt 3

Zum Hören

GESPRÄCHE

S-6

Im Kaufhaus Hören Sie zu!

VERKÄUFERIN Na, wie ist die Hose?
CHRISTIAN Zu groß und zu lang.
VERKÄUFERIN Und der Pulli?
MEIKE Zu teuer.
CHRISTIAN Aber die Farben sind toll. Schade!

Hören Sie zu!

VERKÄUFERIN Guten Tag! Was darf's sein?
SILVIA Ich brauche ein paar Bleistifte und Papier. Was kosten die Bleistifte?
VERKÄUFERIN Fünfundfünfzig Cent (0,55 €).
SILVIA Und das Papier hier?
VERKÄUFERIN Zwei Euro vierzig (2,40 €).
SILVIA Gut. Ich nehme sechs Bleistifte und das Papier.
VERKÄUFERIN Ist das alles?
SILVIA Ja, danke.
VERKÄUFERIN Fünf Euro siebzig (5,70 €).

S-7

Zahlen

1. Zählen Sie von 1 bis 25!
   1, 2, 3, 4, 5, 6, 7, 8, 9, 10, 11, 12, 13, 14, 15, 16, 17, 18, 19, 20, 21, 22, 23, 24, 25
2. Wiederholen Sie die Preise! *(Repeat the prices!)*
   2,30 € 3,25 € 4,75 € 8,90 € 1,10 €

AUSSPRACHE: l, s, st, sp, sch, f, v, z For more practice pronouncing these sounds, see the Summary of Pronunciation Part II, subsections 1, 4, 6–9, 11–12 in the front of the main textbook.

S-8

Hören Sie zu und wiederholen Sie!

1. [l] **l**ernen, **l**esen, Pu**ll**over
2. [z] **s**ie **s**ind, **s**ieben, **s**auber
3. [s] Profe**ss**orin, hei**ß**en, Prei**s**
4. [st] Fen**st**er, ko**st**en, i**st**
5. [št] **St**efan, **St**uhl, **St**ein
6. [šp] **Sp**ort, Bei**sp**iel, Ge**sp**räch
7. [š] **sch**nell, **sch**lecht, **sch**warz
8. [f] **f**ün**f**, **f**ün**f**zehn, **f**ün**f**zig
   [f] **v**ier, **v**ierzehn, **v**ierzig
9. [ts] **Z**immer, **Z**ahl, **z**ählen
10. [z / ts] **s**ieben, **s**ieb**z**ig, **s**iebenund**s**ieb**z**ig

Name ______________ Datum ______________ Kurs ______________

Zum Schreiben

Auf Deutsch bitte! Include the proper articles and plurals of nouns.

1. *the sweater* ______________
2. *the shirt* ______________
3. *the blouse* ______________
4. *the coat* ______________
5. *to need* ______________
6. *to take* ______________
7. *big* ______________
8. *slowly* ______________
9. *short* ______________
10. *How much is that?* ______________

Schritt 4

Zum Hören

GESPRÄCHE

S-9

Das Wetter im April Hören Sie zu!

NORBERT Es ist schön heute, nicht wahr?
JULIA Ja, wirklich. Die Sonne scheint wieder!
RUDI Nur der Wind ist kühl.
JULIA Ach, das macht nichts.
NORBERT Ich finde es toll.

Hören Sie zu!

HANNES Mensch, so ein Sauwetter! Es schneit schon wieder.
MARTIN Na und?
HANNES In Mallorca ist es schön warm.
MARTIN Wir sind aber hier und nicht in Mallorca.
HANNES Schade!

© Cengage Learning

Hören Sie zu!

LEA Das Wetter ist furchtbar, nicht wahr?
HEIKO Das finde ich auch. Es regnet und regnet!
SARA Und es ist wieder so kalt. Nur 7 Grad!
HEIKO Ja, typisch April.

S-10

Wie heißen die Jahreszeiten, Monate und Tage? Hören Sie gut zu und wiederholen Sie!

1. Die Jahreszeiten heißen . . .
2. Die Monate heißen . . .
3. Die Tage heißen . . .

Name ______________________ Datum ______________________ Kurs ______________________

AUSSPRACHE: r; p, t, k; final b, d, g; j, h For more practice pronouncing these sounds, see the Summary of Pronunciation Part III, subsections 1–3, 10, 17 in the front of the main textbook.

S-11

Hören Sie zu und wiederholen Sie!

1. [r] **r**ichtig, **r**egnet, **r**ot
2. [^] wi**r**, vie**r**, nu**r**
   BUT: [^ / r] Tü**r** / Tü**r**en; Papie**r** / Papie**r**e; Jah**r** / Jah**r**e
3. [p] **P**ulli, **P**lural, **p**lus
   AND: [p] Her**b**st, Jako**b**, gel**b**
   BUT: [p / b] gel**b** / gel**b**e
4. [t] **Th**eo, **T**ür, Doro**th**ea
   AND: [t] un**d**, tausen**d**, Bil**d**
   BUT: [t / d] Bil**d** / Bil**d**er
5. [k] **k**ühl, **k**urz, **K**uli, dan**k**e
   AND: [k] sa**g**t, fra**g**t, Ta**g**
   BUT: [k / g] sa**g**t / sa**g**en; fra**g**t / fra**g**en; Ta**g** / Ta**g**e
6. [j] **j**a, **J**ahr, **J**anuar
7. [h] **h**ören, **h**eiß, **h**at
8. [:] z**äh**len, n**eh**men, **Ih**nen

Zum Schreiben

Auf Deutsch bitte! Include the proper articles and plurals of nouns.

1. *the day* ______________________
2. *the month* ______________________
3. *the weather* ______________________
4. *the week* ______________________
5. *the year* ______________________
6. *It's beautiful.* ______________________
7. *isn't it?* ______________________
8. *It's raining.* ______________________
9. *really* ______________________
10. *I think so, too.* ______________________

Gegenteile What are the opposites for these words?

1. dünn ______________
2. gut ______________
3. heiß ______________
4. hier ______________
5. klein ______________
6. kühl ______________
7. lang ______________
8. morgen ______________
9. sauber ______________
10. schnell ______________
11. teuer ______________
12. wunderbar ______________

Schritt 5

Zum Hören

GESPRÄCHE

S-12

Wie spät ist es? Hören Sie zu!

© Cengage Learning

RITA Hallo, Axel! Wie spät ist es?
AXEL Hallo, Rita! Es ist zehn vor acht.
RITA Oje, in zehn Minuten habe ich Philosophie.
AXEL Dann mach's gut, tschüss!
RITA Ja, tschüss!

PHILLIP Hallo, Steffi! Wie viel Uhr ist es denn?
STEFFI Tag, Phillip! Es ist halb zwölf.
PHILLIP Gehen wir jetzt essen?
STEFFI Okay, die Vorlesung beginnt erst um Viertel nach eins.

ANTON Wann bist du denn heute fertig?
PAUL Um zwei. Warum?
ANTON Spielen wir heute Tennis?
PAUL Ja, prima! Es ist jetzt halb eins. Um Viertel vor drei dann?
ANTON Gut! Bis später!

S-13

AUSSPRACHE: ch, ig, ck, ng, gn, kn, qu, pf, ps, w ⏮ For more practice pronouncing these sounds, see the Summary of Pronunciation Part III, subsections 5, 13–15, 19, 20–23 in the front of the main textbook.

Hören Sie zu und wiederholen Sie!

1. [k] **Ch**ristine, **Ch**ristian, **Ch**aos
2. [x] a**ch**t, au**ch**, brau**ch**en
3. [ç] i**ch**, ni**ch**t, wirkli**ch**
4. [iç] richt**ig**, wind**ig**, bill**ig**
5. [ks] se**chs**, se**chs**undsechzig
6. [k] Ja**ck**e, Ro**ck**, Pi**ck**ni**ck**
7. [ŋ] Engl**i**sch, Frühli**ng**, la**ng**
8. [gn] re**gn**et, resi**gn**ieren, Si**gn**al
9. [kn] **Kn**irps, **Kn**ie
10. [kv] **Qu**alität, **Qu**antität, **Qu**artett
11. [pf] **Pf**efferminz, A**pf**el
12. [ps] **Ps**ychologie, **Ps**ychiater, **Ps**ychoanalyse
13. [v] **W**ort, **w**ie, **w**as

Name ______________________ Datum ______________________ Kurs ______________________

S-14

VERSTEHEN SIE?

This section is intended to develop your listening skills. Listen carefully as the text is read twice. The questions that follow let you check your understanding of the passage.

Das ist Axels Stundenplan. While looking at the class schedule, listen to Axel answering questions about it.

Zeit	Montag	Dienstag	Mittwoch	Donnerstag	Freitag
7.55- 8.40	Physik	Chemie	Latein	Deutsch	Geographie
8.45- 9.30	Latein	Franz.	Englisch	Deutsch	Deutsch
9.45-10.30	Franz.	Physik	Deutsch	Englisch	Chemie
10.30-11.15	Mathe	Mathe	Religion	Geschichte	Mathe
11.35-12.20	Deutsch	Englisch	Mathe	Chemie	Physik
12.25-13.10	Musik	Geschichte	Mathe	Geographie	Franz.
13.10-14.00 Mittagspause					
14.00-14.45		Kunst			
14.45-15.30		Kunst			
15.45-16.30		Sport			
16.30-17.15		Sport			

© Ingrid Sevin

S-15

Welche Antwort ist richtig? Select the word or phrase that completes each sentence correctly.

1. Es ist _____.
   a. Montag b. Mittwoch c. Samstag
2. Axel hat heute _____.
   a. vier Stunden b. sechs Stunden c. keine Stunden
3. Die Mathematikstunde beginnt um _____.
   a. Viertel nach zehn b. halb elf c. Viertel vor zwölf
4. Axel beginnt morgens um _____.
   a. fünf vor acht b. zehn nach acht c. halb neun
5. Er ist um _____ fertig.
   a. zehn nach eins b. Viertel nach eins c. fünf nach halb eins

Zum Schreiben

Auf Deutsch bitte! Include the proper articles and plurals of nouns.

1. *the clock* ______________________
2. *the time* ______________________
3. *the lecture* ______________________
4. *to play tennis* ______________________
5. *to eat* ______________________
6. *What time is it?* ______________________
7. *I have a question.* ______________________
8. *I don't have time.* ______________________

Rückblick: Schritte

By now, you know quite a few German words and a number of idiomatic expressions. You have learned how to pronounce German sounds and to say a few things about yourself. You have also learned a good deal about how the German language works.

I. Nouns

1. German has three genders: MASCULINE, NEUTER, and FEMININE. Nouns are distinguished by **der, das,** and **die** in the singular. In the plural, there are no gender distinctions; the article **die** is used for all plural nouns:

Singular		Plural
der Herr, der Bleistift	**die**	Herren, Bleistifte
das Bild		Bilder
die Frau, die Tafel		Frauen, Tafeln

2. There are several ways to form the plural of nouns. You have learned how to interpret the most common plural abbreviations found in dictionaries and vocabulary lists.

Singular		Plural
das Fenster, **-**	**die**	Fenster
der Mantel, **¨**		M**ä**ntel
der Tag, **-e**		Tag**e**
der Stuhl, **¨e**		St**ü**hl**e**
das Kleid, **-er**		Kleid**er**
das Buch, **¨er**		B**ü**ch**er**
die Uhr, **-en**		Uhr**en**
die Sekunde, **-n**		Sekunde**n**
die Studentin, **-nen**		Studentin**nen**
der Kuli, **-s**		Kuli**s**

3. When you learn a noun, you must also learn its gender and plural form.

4. All nouns are capitalized.

   Ich brauche **B**leistifte, **K**ulis und **P**apier.

II. Pronouns

You have used the following pronouns:

ich	*I*	Ich heiße Sanders.
du	*you* (sg. fam.)	Wie heißt du?
es	*it*	Es regnet.
wir	*we*	Wir zählen von eins bis zehn.
sie	*they*	Sind sie müde?
sie	*you* (formal)	Wann sind Sie heute fertig?

- The pronoun **ich** is not capitalized unless it stands at the beginning of a sentence.
- The pronoun **Sie** (when it means *you*) is always capitalized. **Sie** is used in all formal relationships, and always when others are addressed with such titles as **Herr** and **Frau.** It is used to address one or more persons.

  Frau Thielemann, verstehen **Sie** das?
  Frau Thielemann und Herr Fiedler, verstehen **Sie** das?

III. Verbs

1. You have noticed that German verbs have different endings—they are INFLECTED, that is, CONJUGATED. You have used the following verb endings:

ich	-e	Ich brauch**e** Papier.
du	-st	Du brauch**st** Papier.
wir	-en	Wir brauch**en** Papier.
sie, Sie	-en	Sie brauch**en** Papier.

2. **Sein** *(to be)* and **haben** *(to have)* are two important verbs. As in English, their forms are not regular.

ich	bin	Ich bin müde.
du	bist	Du bist gut.
es	ist	Es ist spät.
sie, Sie	sind	Sie sind schnell.

ich	habe	Ich habe Zeit.
du	hast	Du hast Zeit.
es	hat	Es hat Zeit.
sie, Sie	haben	Sie haben Zeit.

IV. Sentence structure

You have encountered three basic sentence types: STATEMENTS, QUESTIONS, and IMPERATIVES. In all of them, verb position plays a significant role.

1. **Statements**

One of the most important observations you will make is that the verb is always the second element in a statement. As you see from the examples, a SENTENCE ELEMENT can consist of more than one word.

Mein Name	**ist**	Dieter Schneider.
Franziska und Sebastian	**sind**	hier.
Ich	**finde**	das schön.
Der Rock und die Bluse	**kosten**	80 €,–.

2. **Questions**

You have practiced two types of questions: INFORMATION QUESTIONS and QUESTIONS THAT ELICIT *YES/NO* ANSWERS.

a. Information questions begin with a question word or phrase and ask for specific information: *what, where, how*. In information questions, too, the verb is the second element. You have learned the following question words and phrases. Note that in German all question words begin with a **w**!

© Dieter Sevin

Wann	**haben**	Sie Deutsch?
Was	**kostet**	das?
Wo	**ist**	der Stuhl?
Wie	**geht**	es Ihnen?
Welche Farbe	**hat**	das Buch?
Wie viel Uhr	**ist**	es?
Wie viele Tage	**hat**	die Woche?

b. Questions eliciting a *yes/no* response, on the other hand, begin with the verb.

Haben	Sie Zeit?
Regnet	es morgen?
Spielen	wir heute Tennis?
Ist	das richtig?

3. **Imperatives**

Imperatives (commands, requests, suggestions) also begin with the verb. Note that they usually conclude with an exclamation mark.

Antworten Sie bitte!
Nehmen Sie die Kreide!
Öffnen Sie das Buch!
Sagen Sie das noch einmal!
Zählen Sie von zwanzig bis dreißig!

Übung macht den Meister.
Practice makes perfect.

WIEDERHOLUNG

The *Rückblick* exercises are intended for your own review before exams. Answers to all exercises in these sections are provided in the back of this *Arbeitsbuch*.

A. Was passt? (*What fits?*) Match each classroom expression on the left with the English equivalent on the right. Although not all of these are active vocabulary, you should be able to understand them.

_____	1. Alle zusammen!	a. *Make a sentence.*
_____	2. Antworten Sie bitte!	b. *Listen well.*
_____	3. Auf Deutsch bitte!	c. *Please learn that.*
_____	4. Bilden Sie einen Satz!	d. *Again, please.*
_____	5. Gehen Sie an die Tafel bitte!	e. *I don't understand that.*
_____	6. Hören Sie gut zu!	f. *Please repeat.*
_____	7. Ich habe eine Frage.	g. *In German, please.*
_____	8. Ich verstehe das nicht.	h. *Speak louder.*
_____	9. Ich weiß nicht.	i. *All together.*
_____	10. Lernen Sie das bitte!	j. *Please write.*
_____	11. Lesen Sie laut!	k. *I have a question.*
_____	12. Noch einmal bitte!	l. *Please answer.*
_____	13. Passen Sie auf!	m. *I beg your pardon?*
_____	14. Schreiben Sie bitte!	n. *Please, go to the board.*
_____	15. Sprechen Sie lauter!	o. *I don't know.*
_____	16. Sprechen Sie langsam!	p. *Pay attention.*
_____	17. Wie bitte?	q. *Read aloud.*
_____	18. Wiederholen Sie bitte!	r. *Speak slowly.*

B. Was sagen Sie? For each statement or question, select the appropriate response.

1. Guten Morgen!
   a. Gute Nacht! b. Guten Abend! c. Guten Tag!
2. Wie geht es Ihnen?
   a. Freut mich. b. Sehr gut, danke! c. Ich finde es schön.
3. Ich heiße Schulz. Und Sie?
   a. Es geht mir auch gut. b. Ich habe keine Zeit. c. Mein Name ist Fitzke.
4. Was bedeutet das?
   a. Ist das richtig? b. Ich weiß nicht. c. Schade!
5. Das Wetter ist heute furchtbar, nicht wahr?
   a. Ich habe eine Frage. b. Sprechen Sie nicht so schnell! c. Ja, es regnet und regnet.
6. Tschüss!
   a. Bis später! b. Ich auch. c. Prima!

C. Auf Deutsch bitte!

1. *Good morning. Please open the book to page 10.*

   ____

2. *Do you understand that?*

   ____

3. *Yes, but please read slowly.*

   ____

4. *What's the weather like?*

   ____

5. *It's raining, isn't it?*

   ____

6. *No, the sun is shining.*

   ____

7. *Really? I think that's wonderful.*

   ____

8. *What time is it?*

   ____

9. *It's a quarter to twelve.*

   ____

10. *Thank you.—You're welcome.*

   ____

11. *When do you eat?*

   ____

12. *At half past twelve. Good-bye!*

   ____

Kapitel 1 Familie, Länder, Sprachen

Zum Hören

GESPRÄCHE

1-1 **A. Am Goethe-Institut** You will hear the following dialogue. First, listen to it in its entirety. Then, play it again and stop the recording after each sentence and repeat it.

SHARON Roberto, woher kommst du?
ROBERTO Ich bin aus Rom. Und du?
SHARON Ich komme aus Sacramento, aber jetzt wohnt meine Familie in Seattle.
ROBERTO Hast du Geschwister?
SHARON Ja, ich habe zwei Schwestern und zwei Brüder. Und du?
ROBERTO Ich habe nur eine Schwester. Sie wohnt in Montreal, in Kanada.
SHARON Wirklich? So ein Zufall! Mein Onkel wohnt auch da.

© Cengage Learning

1-2 **B. Später** Listen to the following dialogue once. Then, read Sharon's lines aloud during the pauses provided.

ROBERTO Sharon, wann ist die Prüfung?
SHARON In zehn Minuten. Du, wie heißen ein paar Flüsse in Deutschland?
ROBERTO Im Norden ist die Elbe, im Osten die Oder, im Süden . . .
SHARON . . . die Donau?
ROBERTO Richtig! Und im Westen der Rhein. Wo liegt Düsseldorf?
SHARON Düsseldorf? Hm. Wo ist eine Landkarte?
ROBERTO Oh, hier. Im Westen von Deutschland, nördlich von Bonn, am Rhein.
SHARON Ach ja, richtig! Na, viel Glück!

1-3 **C. Richtig oder falsch?** You will hear five statements about the dialogues. For each statement, select **richtig,** if the answer is true; or **falsch**, if it is false.

1. richtig falsch
2. richtig falsch
3. richtig falsch
4. richtig falsch
5. richtig falsch

AUSSPRACHE: i, a, u

⏮ For more practice pronouncing these sounds, see the Summary of Pronunciation Part II, subsections 1, 3–4, 11–13, 17, 19–20 in the front of the main textbook.

1-4 **A. Laute *(Sounds)*** Listen and repeat.

1. [i:] **I**hnen, l**ie**gen, w**ie**der, W**ie**n, Berl**i**n
2. [i] b**i**n, b**i**tte, K**i**nd, Geschw**i**ster
3. [a:] Fr**a**ge, Spr**a**che, Amerik**a**ner, Sp**a**nier, V**a**ter
4. [a] St**a**dt, L**a**ndk**a**rte, K**a**n**a**d**a**, S**a**tz, T**a**nte
5. [u:] g**u**t, Br**u**der, K**u**li, Min**u**te, d**u**
6. [u] St**u**nde, J**u**nge, M**u**tter, Fl**u**ss, schm**u**tzig, k**u**rz

Name ____________ Datum ____________ Kurs ____________

1-5

B. Wortpaare Repeat the pairs of words in the pauses provided.

1. still / Stil
2. Stadt / Staat
3. Kamm / komm
4. Schiff / schief
5. Rum / Ruhm
6. Ratte / rate

Was hören Sie jetzt? Now you will hear one word from each of these pairs. Select the one you hear.

....

STRUKTUR

1.1 The present tense of regular verbs

In the following sections you will be asked to make structural changes. Listen closely to the cues and make the proper adjustments. Always repeat the correct answer after the speaker.

1-6

A. Im Klassenzimmer Replace the subject.

1. Ich lerne Deutsch. (wir)
   Wir lernen Deutsch.
   ....
2. Sie antworten jetzt. (er)
   Er antwortet jetzt.
   ....
3. Wir öffnen das Buch. (du)
   Du öffnest das Buch.
   ....

1-7

B. Die anderen auch *(The others, too)* Replace the subject.

Ich komme aus Amerika. (Paul)
Paul kommt auch aus Amerika.

....

1.2 The nominative case

1-8

C. Geographie Build sentences.

1. Hamburg / Stadt
   Hamburg ist eine Stadt.
   ....
2. der Rhein / Land
   Der Rhein ist kein Land.
   ....

1-9

D. *Wer* oder *was*?

Das ist der Vater. — Wer ist das?
Das ist ein See. — Was ist das?

....

1.3 Sentence structure

1-10

E. Winter in der Schweiz Say the same in a different way.

Es ist kalt im Winter. (im Winter)
Im Winter ist es kalt.

....

Name ____________________ Datum ____________________ Kurs ____________________

LESETEXT

Deutschland in Europa

1-11 ....

DIKTAT

1-12 These dictations, based on the chapter's reading text, are intended to develop your listening-comprehension and writing skills.

Listen three times to the following dictation: first to the entire passage, then to each individual sentence as you stop to write it down. Finally, listen again to compare for correctness.

Hören Sie zu und schreiben Sie, was Sie hören!

1. ____________________
2. ____________________
3. ____________________
4. ____________________
5. ____________________

VERSTEHEN SIE?

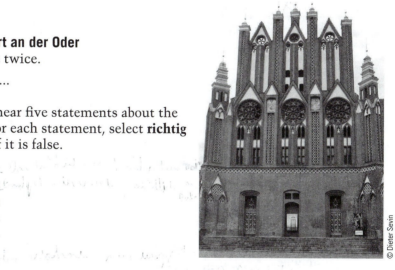

Frankfurt am Main und Frankfurt an der Oder

1-13 Listen to the following passage twice.

....

1-14 **Richtig oder falsch?** You will hear five statements about the passage you have just heard. For each statement, select **richtig** if the answer is true or **falsch** if it is false.

1. richtig falsch
2. richtig falsch
3. richtig falsch
4. richtig falsch
5. richtig falsch

© Dieter Sevin

Zum Sehen

The **Zum Sehen** section in each chapter of the *Arbeitsbuch* is divided into two parts corresponding to the two parts of the video: *Szenen* relates to the episodes about four people exploring the German-speaking countries; *Interviews* relates to the answers given by a variety of native speakers to questions about the chapter topic. Before viewing the videos and doing any of the follow-up work, make a point of glancing at the words and phrases listed under *Zum Erkennen*. Then pay close attention to what the speakers have to say, and finally respond to the activities that follow.

Name ______________ Datum ______________ Kurs ______________

VIDEO-SZENEN

© Cengage Learning

Jetzt aber los! Watch Lily, Hülya, Anton, and Paul as they are starting out on a train trip. Who are they and where are they going?

Zum Erkennen: Jetzt aber los! *(Let's go!)*; der Zug *(train)*; die Freundin, -nen *([girl]friend)*; fahren *(to drive, go)*; leben *(to live)*; unterwegs *(on the go)*

A. Alles verstanden?

1. Wohin fahren die Vier?
2. Wie alt sind sie ungefähr?
3. Wer kommt oft zu spät?
4. Ist Paul Lilys Bruder? Woher kommt er und was ist er?
5. Woher kommt Anton und was ist er?
6. Paul und Anton kennen sich erst zwei Tage, nicht wahr?
7. Woher kommt Lily? Was sind ihre Hobbys?
8. Wie heißt die Freundin? Wo wohnt sie und was studiert sie?
9. Woher kommt Hülyas Familie? Was sprechen Hülya und ihre Eltern zu Hause *(at home)*?
10. Paul sagt: „Guten Tag!" Was sagen Lily und Hülya?
11. Was sagt Anton als *(as)* Österreicher?
12. Wie sagen Sie „*Good-bye!*" auf Deutsch?

B. Wenn du mich fragst, . . . — Und du? Complete the following sentences in your own way. Then ask your classmate to respond.

1. Ich finde das Video . . .
2. Ich verstehe . . .
3. Die vier Leute tragen *(wear)* eine Jacke; es ist nicht sehr kalt. Ich glaube, *(think)* es ist . . . *(name a month or season)*.
4. Heute ist es . . . *(refer to the weather)*, nicht wahr?
5. Antons Jacke ist weiß und Lilys Pullover ist grün. Mein(e) . . . ist/sind . . . und mein(e) . . . ist/sind . . . *(Now ask someone else to describe their clothing. Whoever answers, continues.)*

Name ______________ Datum ______________ Kurs ______________

VIDEO-INTERVIEWS

Wer sind Sie?

Zum Erkennen: leben *(to live)*; älter als *(older than)*; der Freund, -e *(friend)*; im Ausland *(abroad)*; seit *(since)*

Rasi

A. Was lernen wir über sie *(about them)*?

1. Wer wohnt in Berlin-Köpenick?
   ____
2. Wie alt ist er?
   ____
3. Welche zwei Leute wohnen in Berlin-Kreuzberg?
   ____
4. Wie alt sind Herr Borchardt und sein Bruder?
   ____
5. Wie alt ist Rasi?
   ____
6. Woher kommt Sonja Zunker und wie lange lebt sie schon in Berlin?
   ____
7. Wie viele Geschwister hat sie?
   ____
8. Wie heißt ihre Tochter und wie alt ist die Tochter?
   ____
9. Wo ist Herr Zelmisi geboren?
   ____
10. Woher kommen seine Eltern?
    ____

B. Jetzt sind Sie dran! Now it's your turn. How would YOU answer the interview question? Write a connected paragraph of six to eight sentences about yourself and your family. Tell how old you are and where you come from? How big a family do you have? Where do they live? How old are they, and what are their names? Do you still have grandparents? Are there any foreign languages spoken in your family? If so, which ones? If you need more space for your answers, use a sheet of paper.

Name ____________________ Datum ____________________ Kurs ____________________

Zum Schreiben

A. Erweitern Sie Ihren Wortschatz! *(Increase your vocabulary.)*

In German, two or three simple words are frequently combined to create a new one. The last component of that compound noun determines the gender and the plural form.

Form a compound from each pair of nouns. Write it with the definite article to show its gender, and give its meaning in English.

BEISPIEL das Land + die Karte S → die Landkarte, *map*

1. der Sommer + das Wetter ____________________
2. die Mutter + die Sprache ____________________
3. der Berg + der See ____________________
4. die Bilder + das Buch ____________________
5. die Kinder + die Kleidung ____________________
6. die Stadt + der Teil ____________________
7. der Winter + der Mantel ____________________
8. die Stadt + der Mensch ____________________
9. der Vater + das Land ____________________
10. der Nachbar + der Staat ____________________

B. Was fehlt? Add the missing words with their articles and plurals.

MASCULINE		FEMININE	
Singular	**Plural**	**Singular**	**Plural**
der Vater	Väter	die Mutter	Mütter
der Sohn		die Tochter	
	Brüder	die Schwester	
der Junge			Mädchen
	Cousins	die Kusine	
der Onkel			Tanten
der Mann		die Frau	
	Großväter		Großmütter

Name ______________________ Datum ___________________________ Kurs ________________

C. Auf Deutsch bitte! Translate these words into German. Include the plurals of nouns.

1. *the capital* ______________________________
2. *the child* ______________________________
3. *the foreigner* ______________________________
4. *the human being* ______________________________
5. *the lake* ______________________________
6. *the mountain* ______________________________
7. *the neighbor* ______________________________
8. *the people* ______________________________
9. *to work* ______________________________
10. *to live, reside* ______________________________

D. Was sagen Sie? Select the most logical responses.

1. Jetzt regnet es schon wieder!
   a. Wie ist das Wetter? b. Es ist wirklich furchtbar. c. Das finde ich auch.
2. Heute ist es aber heiß!
   a. Schön, nicht wahr? b. Ja, es schneit schon wieder. c. Ich auch.
3. Woher sind Sie?
   a. Ich bin müde. b. Ich habe zwei Geschwister. c. Ich komme aus Frankreich.
4. Ich studiere hier.
   a. Ach, du bist auch Student? b. Um Viertel vor eins. c. Ich bin auch Professor.
5. Wie alt bist du?
   a. Ich bin im Mai geboren. b. Mein Bruder ist 21. c. Ich bin 23.
6. Wie findest du es hier?
   a. Ich weiß nicht wo. b. Meine Eltern wohnen in Frankfurt. c. Natürlich prima!

E. Udos Tag Use each word or phrase from the box to complete the conversation.

auf	aus	Deutsch	geht	habe
Hauptstadt	in fünf Minuten	liegt	Österreicher	Südosten

UTE Guten Tag, Udo! Wie geht's?

UDO Ach, es ______________ (1) mir schlecht. Um elf Uhr ______________ (2) ich eine Prüfung. Der Professor ist ______________ (3) Österreich. Er ist ______________ (4). Wir sprechen nur ______________ (5). Er fragt alles ______________ (6) Deutsch. Salzburg ist die ______________ (7) von Österreich, oder?

Name ______________________ Datum ______________________ Kurs ______________________

UTE Nein, Wien.

UDO Österreich ______________________ (8) südlich von Deutschland, richtig?

UTE Ja, im ______________________ (9).

UDO Du, ______________________ (10) beginnt die Prüfung. Auf Wiedersehen!"

F. Liechtenstein Form complete sentences. Provide the appropriate prepositions (where needed), articles, and verb endings. Use the correct word order.

1. Liechtenstein / liegen / westlich / Österreich / und / südlich / Deutschland
____
2. da / ungefähr / 33.500 Menschen / wohnen
____
3. es / haben / Großstadt / nur
____
4. Stadt / heißen / Vaduz
____
5. Liechtensteiner *(pl.)* / sprechen / Deutsch

G. Noch einmal Say it in German.

1. *We're learning German.*
____
2. *I'm counting slowly.*
____
3. *Where do you* (pl. fam.) *come from?*
____
4. *They come from Canada.*
____
5. *I'm from America.*
____
6. *Do you* (sg. fam.) *answer in English?*
____
7. *No, I'll speak German.*
____
8. *She's opening the book.*
____
9. *I do need the book.*
____

10. *What does she say?*

____

11. *Do you* (sg. fam.) *understand (that)?*

____

12. *Is she repeating that?*

____

13. *Her name is Sabrina.*

____

14. *They* *<u>do</u>* *live in Wittenberg.*

____

H. Was liegt wo? Look at the map. The capital letters represent different countries; lowercase letters represent rivers; numbers stand for cities. Create a key to the map by filling in the names in the spaces below. For reference, you may wish to check the map on the inside cover of your textbook.

LÄNDER	STÄDTE	FLÜSSE
A. ________	1. ________	a. ________
B. ________	2. ________	b. ________
C. ________	3. ________	c. ________
D. ________	4. ________	d. ________
E. ________	5. ________	e. ________
F. ________	6. ________	f. ________
G. ________	7. ________	
H. ________	8. ________	
I. ________	9. ________	
J. ________	10. ________	
K. ________	11. ________	
L. ________	12. ________	
	13. ________	
	14. ________	
	15. ________	

Name ______________________ Datum ________________________ Kurs __________________

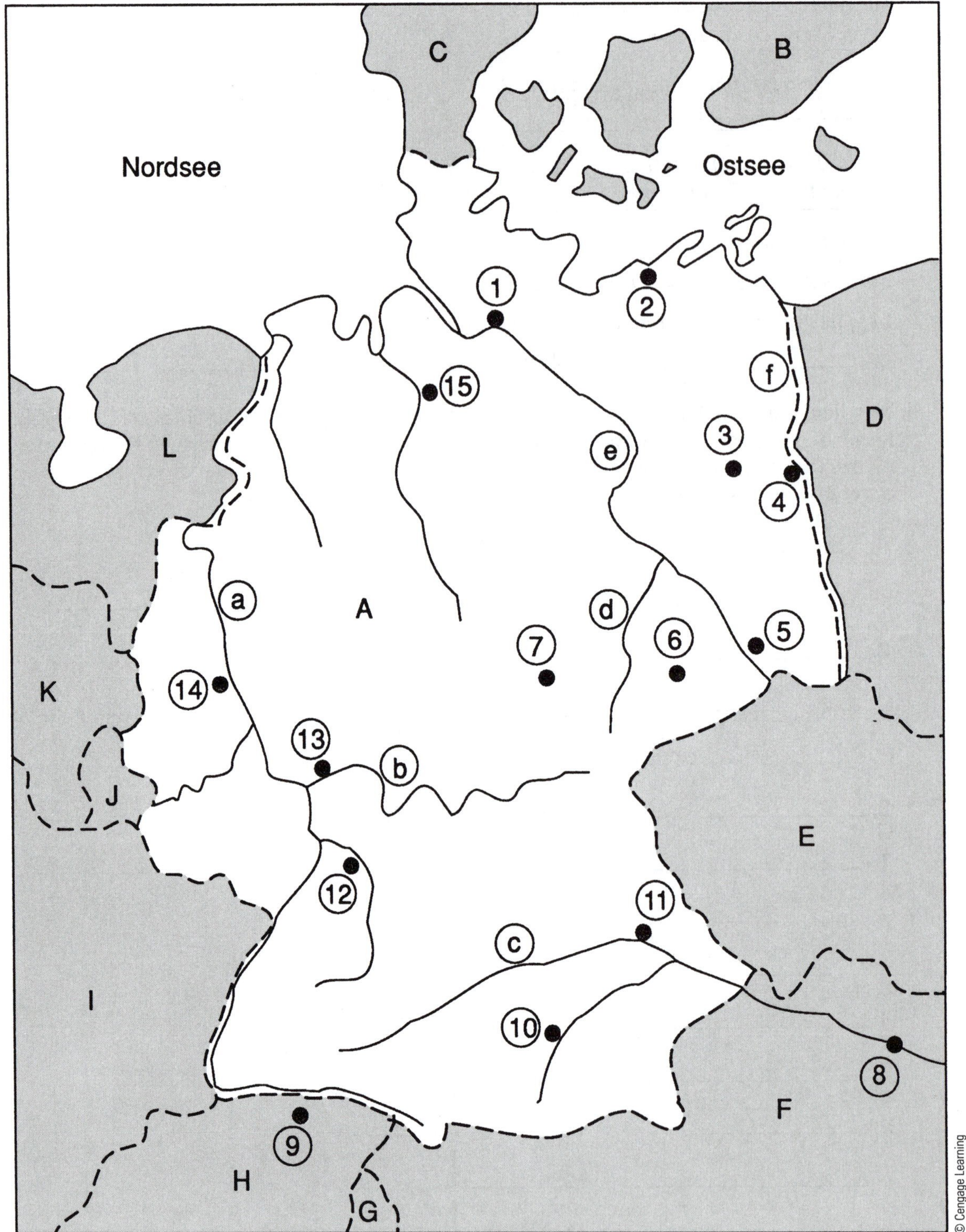

Name ______________________ Datum ______________________ Kurs ______________

I. Viele Länder, viele Sprachen Study the chart. Then, complete each statement with the letter of the correct answer.

INDOEUROPÄISCHE SPRACHEN				
Romanische Sprachen	**Germanische Sprachen**	**Slavische Sprachen**	**Andere indogermanische Sprachen**	**NICHT INDO-EUROPÄISCHE SPRACHEN**
Französisch Italienisch Spanisch Portugiesisch Rumänisch	Englisch Deutsch Niederländisch Schwedisch Norwegisch Dänisch Isländisch Afrikaans	Russisch Polnisch Tschechisch Slowakisch Serbokroatisch Bulgarisch	Griechisch Albanisch Irisch . . .	Ungarisch Finnisch Türkisch Japanisch Arabisch Hebräisch Chinesisch Swahili . . .

1. Deutsch, Dänisch und ______ sind germanische Sprachen.
   a. Rumänisch   b. Englisch   c. Ungarisch
2. Auch ______ in Südafrika ist eine germanische Sprache.
   a. Swahili   b. Serbokroatisch   c. Afrikaans
3. Die Italiener, Spanier und ______ sprechen eine romanische Sprache.
   a. Portugiesen   b. Finnen   c. Grönländer
4. Tschechisch, Slovakisch und ______ sind slavische Sprachen.
   a. Bulgarisch   b. Arabisch   c. Rumänisch
5. Französisch, Deutsch und Russisch sind alles ______ Sprachen.
   a. germanische   b. indoeuropäische   c. sonstige *(other)*
6. Sprachen wie Finnisch, Japanisch und ______ sind keine indoeuropäischen Sprachen.
   a. Türkisch   b. Albanisch   c. Griechisch

J. Aufsatz Write a short paragraph of six to eight sentences about Germany and Europe, using these questions as guidelines. For details, you might consult the map of Germany on the inside cover of your textbook.

Wo liegt Deutschland und wie heißen ein paar *(a couple of)* Nachbarländer?
Welche Sprache(n) sprechen die Leute da?
Wie heißen ein paar Flüsse und wohin fließen *(flow)* sie?
Wie heißen ein paar Städte und wo liegen sie?
Wo gibt es Berge und wie heißen sie?

Kapitel 2 Lebensmittel und Geschäfte

Zum Hören

GESPRÄCHE

2-1

A. Im Lebensmittelgeschäft You will hear the following dialogue. First, listen to it in its entirety. Then, play it again and stop the recording after each sentence and repeat it.

VERKÄUFER	Guten Tag! Was darf's sein?
OLIVER	Ich hätte gern etwas Obst. Haben Sie denn keine Bananen?
VERKÄUFER	Doch, da drüben.
OLIVER	Was kosten sie?
VERKÄUFER	90 Cent das Pfund.
OLIVER	Und die Orangen?
VERKÄUFER	45 Cent das Stück.
OLIVER	Gut, zwei Pfund Bananen und sechs Orangen bitte!
VERKÄUFER	Sonst noch etwas?
OLIVER	Ja, zwei Kilo Äpfel bitte!
VERKÄUFER	8,10 € bitte! Danke! Auf Wiedersehen!

© Cengage Learning

2-2

B. In der Bäckerei Listen to the following dialogue.

VERKÄUFERIN	Guten Morgen! Was darf's sein?
SIMONE	Guten Morgen! Ein Schwarzbrot und sechs Brötchen bitte!
VERKÄUFERIN	Sonst noch etwas?
SIMONE	Ja, ich brauche etwas Kuchen. Ist der Apfelstrudel frisch?
VERKÄUFERIN	Natürlich, ganz frisch.
SIMONE	Gut, dann nehme ich vier Stück.
VERKÄUFERIN	Ist das alles?
SIMONE	Ich möchte auch ein paar Plätzchen. Was für Plätzchen haben Sie heute?
VERKÄUFERIN	Zitronenplätzchen, Schokoladenplätzchen, Butterplätzchen . . .
SIMONE	Hm . . . Ich nehme 300 Gramm Schokoladenplätzchen.
VERKÄUFERIN	Noch etwas?
SIMONE	Nein, danke. Das ist alles.
VERKÄUFERIN	Das macht dann 9,55 € bitte.

2-3

Lesen Sie jetzt Simones Rolle! Beginnen wir!

2-4

C. Was ist richtig? You will hear four questions about the dialogues. Select each correct answer.

1. a. 25 Cent das Stück
   b. 5,60 €
   c. 0,90 € das Pfund

2. a. 2
   b. 6
   c. 50

3. a. 4
   b. 6
   c. 300

4. a. Apfelstrudel
   b. Weißbrot
   c. Schokoladenplätzchen

Name ______________________ Datum ______________________ Kurs ______________________

2-5 **AUSSPRACHE: e, o** For more practice pronouncing these sounds, see the Summary of Pronunciation Part II, subsections 2, 5, 14–16, 18, and 21 in the front of the main textbook.

A. Laute Hören Sie zu und wiederholen Sie!

1. [e:] **gehen, nehmen, Käse, Gegenteil, Amerika, Tee**
2. [e] **es, sprechen, Geschäft, Mensch, Hemd**
3. [o:] **ohne Bohnen, oder, groß, Obst, Brot**
4. [o] **kommen, doch, Osten, Norden, Sonne**

2-6 **B. Wortpaare** Hören Sie zu und wiederholen Sie!

1. *gate* / geht
2. *shown* / schon
3. zähle / Zelle
4. den / denn
5. Ofen / offen
6. Bonn / Bann

Was hören Sie jetzt? ....

STRUKTUR

2.1 The present tense of *sein* and *haben*

2-7 **A. Ich bin / Ich habe** Ersetzen Sie das Subjekt!

1. Er ist aus Amerika. (Peter und Ellen)
   Peter und Ellen sind aus Amerika.
   ....
2. Wir haben zwei Kinder. (Müllers)
   Müllers haben zwei Kinder.
   ....

2-8 **B. Die anderen auch** Ersetzen Sie das Subjekt!

Ich habe drei Brüder. (Eva)
Eva hat auch drei Brüder.
....

2.2 The accusative case

2-9 **C. Was braucht man?** Ersetzen Sie das Objekt!

1. Ich brauche eine Jacke. (Mantel)
   Ich brauche einen Mantel.
   ....
2. Wir nehmen die Butter. (Käse)
   Wir nehmen den Käse.
   ....
3. Sehen Sie das Mädchen? (Kinder)
   Sehen Sie die Kinder?
   ....
4. Das ist für meine Mutter. (Vater)
   Das ist für meinen Vater.
   ....
5. Wir gehen durch die Stadt. (Zimmer)
   Wir gehen durch das Zimmer.
   ....

2-10 **D. *Wen* oder *was*?** Stellen Sie Fragen!

Wir lernen Geographie.
Was lernen wir?
....

2.3 Sentence structure: Negation

2-11 **E. Das stimmt nicht!** Beantworten Sie die Fragen!

Kaufen Sie das für Ihren Großvater? (Onkel)
Nein, ich kaufe das für meinen Onkel.
....

Name ______________ Datum ______________ Kurs ______________

2-12 **F. Das ist kein . . . .** Verneinen Sie die Sätze!

Das ist ein Satz.
Das ist kein Satz.

....

2-13 **G. *Kein* oder *nicht*?** Verneinen Sie die Sätze!

Wir haben Plätzchen.
Wir haben keine Plätzchen.

....

DIALOG

2-14 **Geschäfte und Einkaufen**

....

DIKTAT

2-15

Hören Sie zu und schreiben Sie, was Sie hören!

1. ______________________________
2. ______________________________
3. ______________________________
4. ______________________________
5. ______________________________

VERSTEHEN SIE?

2-16 **Einkaufspläne** Hören Sie, was Julia und Annika sagen! Passen Sie auf!

Zum : nämlich *(namely)*; erst *(only)*; mit *(along)*

....

2-17 **Richtig oder falsch?**

1. richtig falsch
2. richtig falsch
3. richtig falsch
4. richtig falsch
5. richtig falsch
6. richtig falsch

© Ekaterina Pokrovsky/Shutterstock.com

Name ______________________ Datum ______________________ Kurs ______________

Zum Sehen

VIDEO-SZENEN

Was gibt's zu essen? Watch Lily, Hülya, Anton, and Paul as they start the day at their friend's place. Then follow them to the market place and back home.

© Cengage Learning

Zum Erkennen: Was gibt's zu essen? *(What's there to eat?)*; die Lieblingssorte, -n *(favorite kind)*; magst du *(do you like)*; der Pfirsich, -e *(peach)*; das Mehl *(flour)*; kochen *(to cook)*; die Soße, -n *(sauce)*; das Suppengrün *(greens for making soup)*; der Lauch *(leek)*; im Angebot *(on special)*; angebrannt riechen *(to smell burnt)*

A. Alles verstanden?

1. Was riecht gut in der Küche *(in the kitchen)*?
2. Was gibt's zu essen und zu trinken?
3. Wer mag keine Wurst zum Frühstück?
4. Warum mögen Anton und Hülya den Käse nicht? Aber wer liebt Käse?
5. Was für Obst kaufen Hülya und Anton beim Gemüsestand?
6. Was braucht Anton für die österreichische Spezialität „Scheiterhaufen"?
7. Welche Schweizer Spezialität mag Lily?
8. Was kochen Hülya und Paul?
9. Was gibt's im Angebot?
10. Warum gehen sie in ein Restaurant?

B. Wenn du mich fragst, . . . — Und du? Complete the following sentences in your own way. Then ask a classmate to respond.

1. Zum Frühstück esse ich auch gern . . . und . . . Und du?
2. Ich trinke gern . . . oder . . . , aber . . . kein(e/n) . . . Und du?
3. Ich esse gern . . .suppe, aber . . .suppe mag ich nicht. Und du?
4. Ich mag kein(e/n) . . . und auch kein(e/n) . . . Und du?
5. Ich koche sehr gern / nicht gern. Und du?

C. Genau gesehen Let's see how observant you were. Check (✓) all the things in the list that you saw in the video, and then orally complete the sentence below indicating your findings. Compare your list with that of your classmates.

Ich sehe . . . , aber kein(e/n) . . .

_____ Bananen	_____ Euros	_____ Milch
_____ Blumen	_____ Joghurt	_____ Orangen
_____ Brötchen	_____ Kartoffeln	_____ Radio *(n.)*
_____ Bücher	_____ Käse	_____ Uhr
_____ Erdbeeren	_____ Marmelade	_____ Wurst

Name ______________________ Datum ___________________________ Kurs ________________

VIDEO-INTERVIEWS

Was essen Sie zum Frühstück?

© Cengage Learning

Veit Schmetke

Zum Erkennen: aufstehen *(to get up)*; zum *(for)*; daraus besteht *(here: that is)*; eigentlich *(actually)*; täglich *(daily)*; am liebsten *(preferrably)*; gekocht *(boiled)*; im Gegensatz zu *(in contrast to)*; dazu *(with it)*; entweder . . . oder *(either . . . or)*; der Honig *(honey)*; das Knäckebrot *(crispbread)*

A. Wer hat was zum Frühstück? Listen and mark in the chart who has what for breakfast.

	Rasi	Siegmund	Schmetke	Müller	Wöllert
Trinken					
Brötchen					
Croissant					
Butter und Marmelade					
Honig					
Käse					
Wurst					
Nutella					
Eier					
Obst					

B. Was essen sie gern und was nicht? Give short answers for the following questions.

1. Wie viele Leute essen Brötchen oder Croissants? ______________________
2. Was haben Frau Siegmund und Herr Schmetke gern auf ihrem *(on their)* Brötchen oder Croissant? *(Name 2)* ______________________ ______________________
3. Was findet Herr Müller auch lecker *(delicious)* auf seinem Brötchen? *(Name 2)* ______________________
4. Was hat Frau Siegmund auch gern zum Frühstück? ______________________
5. Wie viele Leute trinken morgens eine Tasse Kaffee? ______________________
6. Wer trinkt gern ein Glas Milch? ______________________
7. Trinken sie auch Tee? ______________________
8. Wer geht morgens zum Frühstück schon in ein Café? ______________________

C. Jetzt sind Sie dran! Now it's your turn. How would YOU answer the interview question? Write a connected paragraph of six to eight sentences about when and what you like to eat for breakfast. Is breakfast important to you?

Name ______________ Datum ______________ Kurs ______________

Zum Schreiben

A. Erweitern Sie Ihren Wortschatz!

Because German and English are both members of the Germanic branch of the Indo-European language family, they share a lot of vocabulary. You already know quite a few cognates. Some are identical in spelling; some are very similar.

For each of the following English words, give the German cognate and, in the case of nouns, the gender, plural (where applicable), and the appropriate personal pronoun.

BEISPIEL *word*
das Wort, die Wörter / es

1. *shoe* ______________
2. *brother* ______________
3. *family* ______________
4. *weather* ______________
5. *butter* ______________
6. *land* ______________
7. *brown* ______________
8. *green* ______________
9. *to cost* ______________
10. *to begin* ______________
11. *to drink* ______________
12. *to bring* ______________

B. Läden und Lebensmittel

In each category, list some appropriate items related to shopping.

Läden	Obst	Gemüse	Getränke	Sonstiges *(other)*

C. Auf Deutsch bitte!

1. *a couple of* ______________
2. *a cup of coffee* ______________
3. *a glass of milk* ______________
4. *a piece of meat* ______________
5. *a pound of apples* ______________
6. *I'm hungry.* ______________
7. *I'm thirsty.* ______________
8. *Of course!* ______________
9. *together* ______________
10. *You are welcome.* ______________

Name ______________________ Datum ____________________________ Kurs __________________

D. Kreuzworträtsel Fill in the crossword puzzle with the words from the box. For umlauts, write Ä, Ö, or Ü.

Bier	*Ei*	*Bohne*	*Fleisch*	*Stück*	*Gemüse*	*Drogerie*
Erdbeeren	*Plätzchen*	*Käse*	*Tomate*	*Brot*	*Tee*	*Hunger*

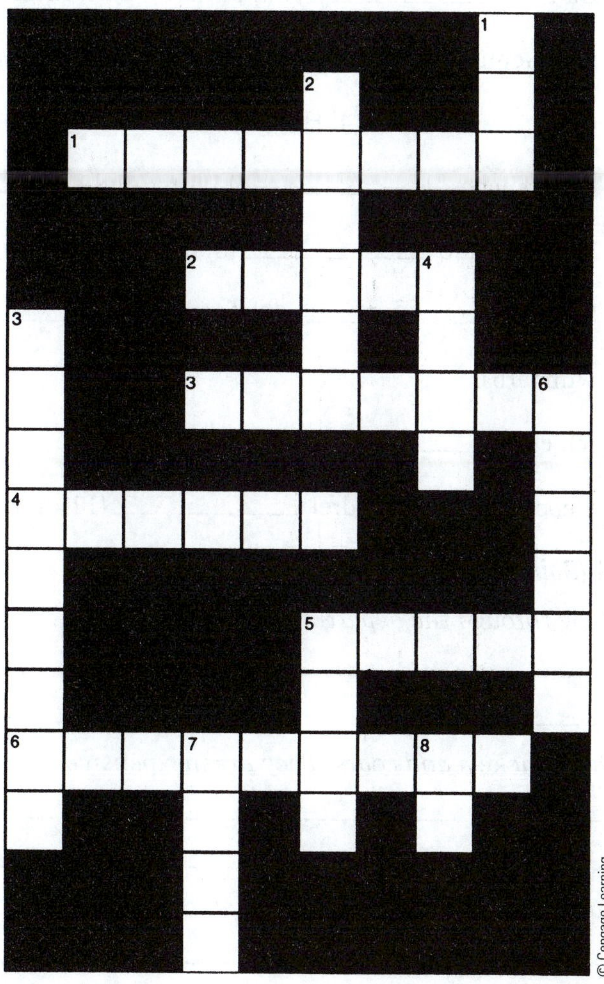

HORIZONTAL

1. Die . . . ist ein Geschäft. Da kauft man Shampoo, aber keine Medizin.
2. Möchten Sie ein . . . Kuchen?
3. Mittags essen die Deutschen oft . . . mit Gemüse und Kartoffeln.
4. Eine . . . ist rot.
5. Eine . . . ist lang und grün.
6. Man kauft oft . . . im Frühling. Ein Kuchen mit . . . schmeckt prima.

VERTIKAL

1. In England trinkt man viel . . .
2. Bohnen, Erbsen und Kartoffeln sind . . .
3. Kinder essen gern . . .
4. . . . ist ein Milchprodukt.
5. Studenten trinken gern . . .
6. Ich esse etwas. Ich habe . . .
7. Ich esse . . . mit Butter und Käse.
8. Morgens esse ich auch gern ein gekochtes . . .

Name ______________________ Datum ______________________ Kurs ______________

E. Im Supermarkt Write each word or phrase from the box to complete the conversation.

den	er	ein	gern	etwas	habe	was	ein	ein paar	es	er	Stück

FRAU WERNER Da ist __________ (1) Supermarkt. __________ (2) ist sehr gut.

Das Gemüse ist nicht billig, aber __________ (3) ist sehr frisch.

FRAU FRITSCH Ich __________ (4) Hunger. __________ (5) kaufen wir?

FRAU WERNER Ich brauche __________ (6) Wurst und Käse, __________ (7)

Tomaten und __________ (8) Brot.

FRAU FRITSCH Sehen Sie __________ (9) Apfelkuchen? __________ (10) ist

wunderbar.

FRAU WERNER Ich esse __________ (11) Apfelkuchen.

FRAU FRITSCH Geben Sie mir bitte drei __________ (12) Apfelkuchen!

F. Einkaufsbummel *(Going shopping)* Say it in German.

1. *We are walking through the department store.*

____

____

2. *There they have jackets and coats. They are inexpensive.*

____

____

3. *What do you* (sg. fam.) *have against the coat?*

____

____

4. *I don't need a coat, and I wouldn't like a jacket.*

____

____

5. *I would like a cup of coffee without milk.*

____

____

6. *What kind of cake would you* (sg. fam.) *like?—Cheesecake, of course!*

____

____

Name ______________________ Datum ___________________________ Kurs _________________

G. Lebensmittel und Preise Fill in the missing information based on the items in the advertisement.

Frische **Zwiebelmettwurst** 100 g **–,99**	**Baguette** 4 Sorten 250-/300-g-Packung **1.19**	Stets frisch! **Gehacktes** Rind- u. Schweinefleisch gemischt 1 kg **4.–**
Frischwurst-Aufschnitt 6fach sortiert 100 g **–,79**	**Frischkäse** versch. Sorten je 200-g-Packung **–,99**	Frisches **Schweinefilet** 1 kg **11.99**
Westfälische **Salami oder Cervelatwurst** je 100 g **1.29**	Holl. **Gouda** mittelalt, 48 % F. i. Tr. 100 g **–,79**	**Sauerbraten** nach Hausfrauen Art 1 kg **5.59**
Leberwurst grob oder fein je 100 g **–,69**	Holl. **Boterkaas** 50 % F. i. Tr. 100 g **–,99**	**Krombacher Pils** Kst. = 20 x 0,5-l-Fl. + 3,- Pfand **11.99**

1. Hier gibt es Wurst, zum Beispiel ______________________ und ______________________. 2. Der Preis ist für je *(each)* ______________________ Gramm. 3. Natürlich haben sie auch ______________________, zum Beispiel Baguettes. 4. Eine Baguette ______________________ 1,19 €. 5. Es gibt auch Käse, zum Beispiel ______________________ und ______________________. 6. „Boterkaas" ist Butterkäse auf Deutsch. Der Boterkaas kommt aus ______________________. 7. Gehacktes und Sauerbraten sind ______________________. 8. Der Preis ist für je ______________________ Kilogramm. 9. Zwanzig Flaschen Krombacher Bier ______________________ 11,99 €. 10. Das Pfand *(deposit)* für zwanzig ______________________ Bier ist 3,– €.

Name ______________________ Datum ______________________ Kurs ______________

H. Dialog: Auf dem Markt

It's your turn to make a salad [fruit, mixed, Mediterranean, tuna, potato, etc.] and buy the ingredients at a German vegetable market. Decide which recipe you want to follow and make up your shopping list with the help of a dictionary, if needed. Be prepared that some items may not be available or not meet your expectations (some merchandise may be too small, too green, too old, too expensive, etc.). Begin with the expressions shown below and complete the dialogue as you see fit. Be creative, but try to use the vocabulary and expressions you already know!

KÄUFER(IN)	Guten Tag!
VERKÄUFER(IN)	Guten Tag! Was darf's sein?
KÄUFER(IN)	Ich hätte gern . . . bitte.
VERKÄUFER(IN)	Wir haben heute kein(e/en) . . . Aber . . . ist/sind ganz frisch.
KÄUFER(IN)	Nein, danke. Die sind zu . . . Haben Sie . . . ?

____

____

____

____

____

____

____

____

____

____

____

____

I. Aufsatz: Einkaufen hier in . . .

Write a short paragraph about shopping in your hometown by answering these questions.

Was für Geschäfte gibt es in der Nähe *(nearby)*? Sind die Geschäfte billig oder teuer?
Wo kaufen Sie gewöhnlich Ihre Lebensmittel? Ihre Medizin? Ihre Kosmetik?
Wann haben die Geschäfte offen und wann sind sie zu?
Gibt es bei Ihnen auch einen Markt? Wenn ja, wann und wo? Was verkauft man da?

Kapitel 3 Im Restaurant

Zum Hören

GESPRÄCHE

3-1

A. Im Restaurant You will hear the following dialogue. First, listen to it in its entirety. Then, play it again and stop the recording after each sentence and repeat it.

Axel	Herr Ober, die Speisekarte bitte!
Ober	Hier bitte!
Axel	Was empfehlen Sie heute?
Ober	Die Menüs sind alle sehr gut.
Axel	Gabi, was nimmst du?
Gabi	Ich weiß nicht. Was nimmst du?
Axel	Ich glaube, ich nehme Menü 1: Schnitzel und Kartoffelsalat.
Gabi	Und ich nehme Menü 2: Rindsrouladen mit Kartoffelklößen.
Ober	Möchten Sie etwas trinken?
Gabi	Ein Glas Apfelsaft, und du?
Axel	Mineralwasser. *(Der Ober kommt mit dem Essen.)* Guten Appetit!
Gabi	Danke, gleichfalls . . . Hm, das schmeckt.
Axel	Das Schnitzel auch.

© Cengage Learning

3-2

B. Später Listen to the following dialogue.

Gabi	Wir möchten zahlen bitte!
Ober	Ja, bitte. Alles zusammen?
Gabi	Ja. Geben Sie mir die Rechnung bitte!
Axel	Nein, nein, nein!
Gabi	Doch, Axel! Heute bezahle ich.
Ober	Also, einmal Menü 1, einmal Menü 2, ein Apfelsaft, ein Mineralwasser, zwei Tassen Kaffee. Sonst noch etwas?
Axel	Ja, ein Brötchen.
Ober	Das macht 30,30 € bitte.
Gabi	*(Sie gibt dem Ober 40,– €)* 32 Euro bitte.
Ober	Und acht Euro zurück. Vielen Dank!

3-3

Lesen Sie jetzt Gabis Rolle! Beginnen wir!

3-4

C. Richtig oder falsch? You will hear five statements about the dialogues. For each statement, select **richtig** or **falsch.**

1. richtig falsch
2. richtig falsch
3. richtig falsch
4. richtig falsch
5. richtig falsch

Name ______________________ Datum ______________________ Kurs ______________

AUSSPRACHE: ü ⏮ For more practice pronouncing these sounds, see the Summary of Pronunciation Part II, subsections 22–28 in the front of the main textbook.

3-5 **A. Laute** Hören Sie zu und wiederholen Sie!

1. [ü:] **über**, **Tür**, **für**, **Frühling**, **Prüfung**, **Gemüse**, **südlich**, **grün**, **natürlich**, **müde**
2. [ü] **Flüsse**, **Würste**, **Stück**, **Jürgen Müller**, **München**, **fünf**, **fünfundfünfzig**

3-6 **B. Wortpaare** Hören Sie zu und wiederholen Sie!

1. vier / für
2. missen / müssen
3. Stuhle / Stühle
4. Mutter / Mütter
5. fühle / Fülle
6. Goethe / Güte

Was hören Sie jetzt? ....

STRUKTUR

3.1 Verbs with vowel changes

3-7 **A. Was nehmen Sie?** Ersetzen Sie das Subjekt!

1. Nehmen Sie den Pudding? (ihr)
   Nehmt ihr den Pudding?
   ....
2. Wir fahren langsam. (er)
   Er fährt langsam.
   ....
3. Sie wird schnell fertig. (du)
   Du wirst schnell fertig.
   ....

3.2 The dative case

3-8 **B. Touristen** Ersetzen Sie das Dativobjekt!

1. Die Stadt gefällt dem Engländer. (Amerikaner)
   Die Stadt gefällt dem Amerikaner.
   ....
2. Der Mantel gehört dem Mädchen. (Schwester)
   Der Mantel gehört der Schwester.
   ....
3. Ich kaufe meinem Vater ein Buch. (Mutter)
   Ich kaufe meiner Mutter ein Buch.
   ....

3-9 **C. Im Restaurant** Ersetzen Sie das Dativobjekt!

1. Die Bedienung kommt mit der Speisekarte. (Salz)
   Die Bedienung kommt mit dem Salz.
   ....
2. Das Restaurant ist bei dem Markt. (Kaufhaus)
   Das Restaurant ist bei dem Kaufhaus.
   ....
3. Die Uhr ist von meinem Großvater. (Großmutter)
   Die Uhr ist von meiner Großmutter.
   ....

Name ______________ Datum ______________ Kurs ______________

3-10 **D. *Wem* oder *wen*?** Stellen Sie Fragen!

Er hilft dem Freund.
Wem hilft er?

....

3-11 **E. *Zu Hause* oder *nach Hause*?** Bilden Sie neue Sätze!

Sie sind zu Hause. (fahren)
Sie fahren nach Hause.

....

LESETEXT

3-12 **Man ist, was man isst.**

....

DIKTAT

3-13 Hören Sie zu und schreiben Sie, was Sie hören!

1. ____
____
2. ____
____
3. ____
____
4. ____
____
5. ____
____

VERSTEHEN SIE?

3-14 **Frau Wagner geht einkaufen.** Listen to the following passage twice. Passen Sie auf!

Zum Erkennen: die Metzgerei *(butcher shop)*

....

3-15 **Richtig oder falsch?**

1. richtig falsch
2. richtig falsch
3. richtig falsch
4. richtig falsch
5. richtig falsch

© Ingrid Sevin

Name ______________________ Datum ______________________ Kurs ______________

Zum Sehen

VIDEO-SZENEN

© Cengage Learning

Guten Appetit! Listen to Lily, Hülya, Anton, and Paul as they disagree on how to make coffee, boil eggs, and what to call rolls. Then follow them into a restaurant and on a stroll through Berlin-Kreuzberg with its multicultural atmosphere.

Zum Erkennen: schwach *(weak)*; stark *(strong)*; gleich *(the same)*; Ach du meine Güte! *(My goodness!)*; Keine Angst! *(Don't worry!)*; sticht an *(pricks)*; gewählt *(selected)*; gemischt *(mixed)*; das Lammkotelett, -s *(lamb chop)*; die Vorspeise, -n *(appetizer)*; getrennt *(separate)*; teilen *(to divide)*; bummeln *(to stroll)*; bunt *(colorful, diverse)*; das Lokal, -e *(restaurant)*

A. Alles verstanden?

1. Was für Kaffee macht Paul?
2. Wie finden Lily, Anton und Hülya seinen Kaffee?
3. Was ist für Hülya der beste Kaffee?
4. Beim Eierkochen gibt es auch Varianten. Wie lange kochen Lily und Anton ein Frühstücksei?
5. Auch bei den Brötchennamen gibt es Varianten. Wie heißen Brötchen zum Beispiel in Österreich und in Berlin?
6. Was essen Lily, Hülya und Anton im Restaurant?
7. Wer isst Suppe als Vorspeise?
8. Gibt's auch Nachtisch?
9. Zahlt Paul für alle oder zahlt jeder separat?
10. Was gefällt den vier Studenten in Kreuzberg?

B. Wenn du mich fragst, . . . — Und du? Complete the following sentences in your own way, and then ask your classmate to respond. Be ready to tell the class about your findings.

1. Ich trinke meinen Kaffee . . . (schwach / stark . . .). Und du?
2. Ich esse gern Rühreier *(scrambled eggs)*, Spiegeleier *(fried eggs sunny side-up)* oder gekochte Eier *(boiled eggs)*. Wenn ich ein Ei koche, dann koche ich es ungefähr . . . Minuten. Und du?
3. Als *(As)* Vorspeise im Restaurant bestelle ich manchmal . . . Und du?
4. Unsere Restaurants sind auch international. Ich gehe z. B. gern zu(r) / zum . . . Und du?

C. Genau gesehen Let's see how observant you were. Check (✓) all the things in the list that you saw in the video, and then orally complete the sentence below indicating your findings. Compare your list with those of your classmates.

Ich sehe . . . , aber kein(e/n) . . .

_____ Blumen	_____ Lampe *(f.)*	_____ Speisekarte
_____ Cola	_____ Ober	_____ Tischdecke *(tablecloth, f.)*
_____ Flaschen	_____ Pommes frites	_____ Wein
_____ Karotten	_____ Schwarzbrot	_____ Zucker
_____ Kerze *(f.)*	_____ Servietten	_____ Zwiebeln *(onions)*

Name ________________ Datum ________________ Kurs ________________

VIDEO-INTERVIEWS

Was essen Sie gern zum Mittagessen?

Renate Siegmund

Zum Erkennen: der Eintopf *(stew)*; das einfache Gericht, -e *(simple dish)*; zubereiten *(to prepare)*; die Vorspeise, -n *(appetizer)*; fettig *(greasy)*; schwer *(heavy)*; allerdings *(however)*; das Eisbein *(pork knuckle)*; der Inder, - *(person from India)*; der Asiate, -n, -n / die Asiatin, -nen *(Asian person)*

A. Was passt? Fill in each blank with a word from the box. Not everything will be used.

Bier	französische	Nachtisch	Suppe
Braten	Inder	Pizza	Wein
Cola	Italienisch	Reis	
Eintopf	Nudeln	Sauerkraut	Weißwurst

1. Herr Borchardt isst gern ________________.
2. Lutz Krebs isst gern ________________ mit Soße.
3. Frau Siegmund und ihr Mann gehen gern in italienische oder ________________ Restaurants. Als Vorspeise essen sie gern ________________ und nach dem Essen gibt es oft einen ________________. Machmal trinken sie zum Mittagessen auch ein Glas ________________.
4. Matin liebt Pasta und ________________.
5. Frau Wöllert findet, dass ________________ typisch Deutsch ist, aber auch ________________ und fettige Soßen. Sie isst gern deutsche Speisen, aber nicht gern ________________ und Eisbein. Natürlich geht sie auch gern zum Italiener, ________________ oder anderen Asiaten.

B. Jetzt sind Sie dran! Now it's your turn. How would YOU answer the interview question? Write a connected paragraph of six to eight sentences about your lunch and dinner preferences. Where do you like to eat, and what kind of international dishes are your favorites? What dishes don't you like? What do you prefer to drink with a meal and what not?

Name ______________ Datum ______________ Kurs ______________

Zum Schreiben

A. Erweitern Sie Ihren Wortschatz!

By comparing groups of cognates, you can see that differences between English and German cognates developed quite systematically.

For each German word below, give the English cognate and indicate what the systematic difference is. Follow the example.

BEISPIELE klar *clear* *a > ea*
Jahr *year*

1. alt ______________ > ______
   kalt ______________
   lang ______________
2. Tee ______________ > ______
   See ______________
3. Bier ______________ > ______
   Knie ______________
4. Sommer ______________ > ______
   Sonne ______________
   Onkel ______________
5. Osten ______________ > ______
   Bohne ______________
6. gut ______________ > ______
   Buch ______________
   Nudel ______________
7. Suppe ______________ > ______
   jung ______________

B. Was passt nicht? Select the word that does not belong.

1. das Restaurant—das Café—die Mensa—der Nachtisch
2. die Bedienung—der Ober—die Freundin—die Kellnerin
3. die Speisekarte—die Pommes (frites)—die Serviette—die Rechnung
4. das Frühstück—das Messer—die Gabel—der Löffel
5. die Flasche—die Blume—die Tasse—das Glas
6. der Zucker—der Pfeffer—das Salz—das Wasser
7. der Reis—die Kartoffeln—die Suppe—die Nudeln
8. das Würstchen—das Eis—der Pudding—der Kuchen

C. Auf Deutsch bitte!

1. *to order*

   ____

2. *to recommend*

   ____

3. *to stay*

   ____

4. *especially*

   ____

5. *usually*

____

6. *sometimes*

____

7. *everywhere*

____

8. *perhaps*

____

9. *something to eat*

____

10. *nothing to drink*

____

D. Was ist was? Write the German word for each numbered item in the photo. Include the proper article and the plural form.

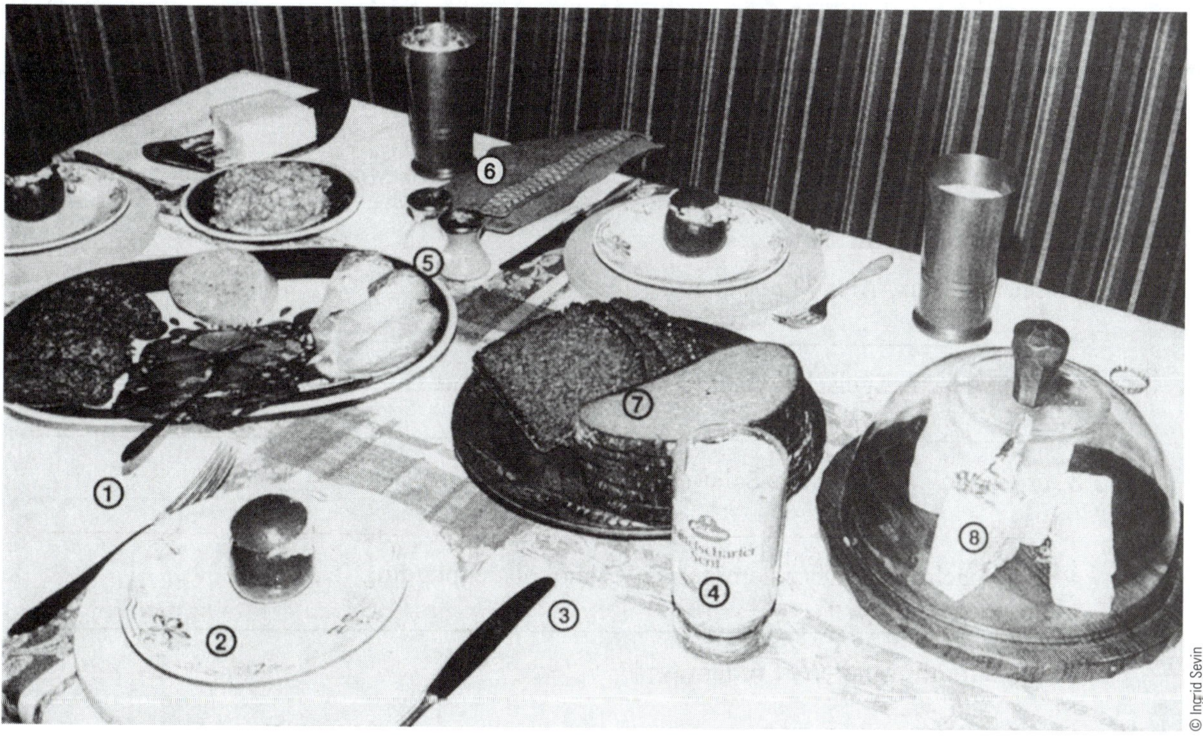

© Ingrid Sevin

1. ______________
2. ______________
3. ______________
4. ______________
5. ______________
6. ______________
7. ______________
8. ______________

Name ______________ Datum ______________ Kurs ______________

E. Tom studiert in Heidelberg Complete the sentences using the words and phrases from the box.

aus	ein Glas	zur	nach	nach
bei	eine Tasse		um	
das	frühstückt	kalt		zum

Tom ist Amerikaner. Er kommt __________ (1) Milwaukee. Er wohnt jetzt in Heidelberg __________ (2) Familie Schneider. Da __________ (3) er und ist auch dort zum Abendessen. __________ (4) Frühstück gibt es Joghurt oder Ei, Brot, Butter, Wurst oder Marmelade und Kaffee. __________ (5) dem Frühstück geht Tom zur Universität. Mittags geht er __________ (6) Mensa. Da ist __________ (7) Mittagessen nicht teuer. __________ (8) fünf oder halb sechs geht er __________ (9) Hause. Das Abendessen ist __________ (10). Herr Schneider trinkt gern __________ (11) Wein, aber Frau Schneider trinkt __________ (12) Tee. Tom trinkt Milch, wie (*like*) die Kinder.

F. Was isst Alex? Form sentences.

1. Ober / geben / Alex / Speisekarte

   ____

2. Alex / lesen / Speisekarte / und / nehmen / Reis mit Hühnchen

   ____

3. er / essen / auch / etwas Salat / und / trinken / Glas Wein

   ____

4. zum Nachtisch / Ober / empfehlen / Schokoladenpudding

   ____

5. Restaurant / gefallen / Student (*sg.*)

   ____

G. Noch einmal Say it in German using **gefallen, möchten, mögen,** or **schmecken.**

BEISPIEL: *My cousin likes Hamburg.*
Hamburg gefällt meinem Cousin.

1. *Ms. Bayer likes the country, but my father likes the city.*

   ____

   ____

2. *Your sister likes the lakes, and my brothers and sisters like the mountains.*

3. *My grandparents like the student, and the student likes my grandparents.*

4. *I like German, but I don't like French.*

5. *What do you* (pl. fam.) *like to eat?*

6. *I would like to have a Bratwurst, and Julia would like a Schnitzel.*

7. *Do you* (sg. fam.) *like fish?*

8. *My friends like fish, but I don't like fish.*

9. *Ben loves to eat fish.*

10. *The fish platter* (**die Platte**) *tastes especially good.*

H. Dialog: Gehen wir zum Brunch? Some friends are planning to have brunch at *Le Weekend* on Sunday morning. Your friend Tom calls you and wonders if you and your family would like to join them. Look at the illustration, read what Tom has to say, and then write down your responses to complete the dialog.

TOM Hallo, wie geht's?

SIE ________________

TOM Ein paar Freunde und ich gehen am Sonntag zum Brunch. Kommst ihr auch?

SIE ________________

TOM Zu *Le Weekend.*

SIE ________________

TOM Von zehn bis zwei. Das Brunch ist wirklich gut und deine Kinder finden das bestimmt auch toll.

Name ______________________ Datum ____________________________ Kurs ________________

Le Weekend
Ihr Café und Bistro
im Herzen
von Hamburg
Familien-Brunch in Hamburg-Lokstedt
Genießen Sie unser frisches, vielseitiges Brunch-Angebot soviel Sie mögen.
Jeden Sonn- und Feiertag 10 bis 14 Uhr für 18,20 € pro Person (inkl. einem Kaffee und einem frisch gepressten Saft 0,3 l).
Neu: Ab Januar 2014 jeden zweiten Sonntag im Monat gibt es ein Extra-Buffet für Kinder. Rabatt auf der Rückseite.
© Beatrix Brockman

SIE ____

TOM Der Orangensaft ist frisch gepresst und der Kaffee kostet nichts extra. Was isst du gern zum Brunch?

SIE ____

TOM Hmm. Ich esse gern Omelett oder Waffeln mit Erdbeeren und Schlagsahne.

SIE ____

TOM Geh mal zum Internet! Da siehst du, was sie haben! Alles sehr lecker *(delicious).*

SIE ____

TOM 18,20 € pro Person.

SIE ____

TOM Von zehn bis zwei? Wir kommen so um elf.

SIE ____

TOM Also dann, bis Sonntag!

SIE ____

I. Aufsatz: Essgewohnheiten Describe two of the following people in four to five sentences each.

1. Oskar, who is on a diet
2. Petra, who is a vegetarian
3. Nicole, who loves junk food
4. Irene, who thinks well-balanced meals and good nutrition are very important

BEISPIEL Andreas, who doesn't care about calories

Andreas hat immer Hunger. Zum Frühstück isst er Cornflakes, Brötchen mit Butter und Marmelade und trinkt ein Glas Milch. Mittags isst er Fleisch, Gemüse und Kartoffeln, und zum Nachtisch Kuchen oder Eis. Nachmittags trinkt er Cola und isst Chips und abends isst er Butterbrot mit Wurst oder Käse und etwas Obst.

Rückblick: Kapitel 1–3

The review sections give a periodic summary of material that has been introduced in the preceding chapters. They are intended for reference and as a preparation for quizzes, tests, and finals.

I. Verbs

1. **Forms:** PRESENT TENSE

a. Most verbs inflect like **danken:**

singular	plural
ich dank**e**	wir dank**en**
du dank**st**	ihr dank**t**
er dank**t**	sie dank**en**

b. Verbs whose stem ends in **-d, -t,** or certain consonant combinations inflect like **antworten,** e.g., arbeiten, bedeuten, finden, kosten, öffnen, regnen.

singular	plural
ich antworte	wir antworten
du antwort**est**	ihr antwort**et**
er antwort**et**	sie antworten

c. Some verbs have vowel changes in the second and third person singular, e.g., essen, geben, helfen, nehmen, werden; empfehlen, lesen; gefallen, tragen.

	e → i sprechen	e → ie sehen	a → ä fahren	au → äu laufen
ich	spreche	sehe	fahre	laufe
du	**sprichst**	**siehst**	**fährst**	**läufst**
er	**spricht**	**sieht**	**fährt**	**läuft**

d. Some verbs have irregular forms.

	haben	sein	werden	essen	nehmen
ich	habe	**bin**	werde	esse	nehme
du	**hast**	**bist**	**wirst**	**isst**	**nimmst**
er	**hat**	**ist**	**wird**	**isst**	**nimmt**
wir	haben	**sind**	werden	essen	nehmen
ihr	habt	**seid**	werdet	esst	nehmt
sie	haben	**sind**	werden	essen	nehmen

2. **Usage**

a. German has only one verb to express what English says with several forms.

Er **antwortet** meinem Vater. { *He **answers** my father.* / *He **is answering** my father.* / *He **does answer** my father.* }

b. The present tense occasionally expresses future time.

Im Mai **fährt** sie nach Aachen. { *She **is going** to Aachen in May.* / *She **will be going** to Aachen in May.* }

II. Nouns and pronouns

1. You have learned three of the four German cases.

   a. The NOMINATIVE is the case of the subject.

      Da kommt **der Ober. Er** bringt das Essen.

      It is also used for PREDICATE NOUNS following the linking verbs **heißen, sein,** and **werden.**

      Der Herr **heißt** Oskar Meyer.
      Er **ist** Wiener.
      Er **wird** Vater.

   b. The ACCUSATIVE is the case of the direct object.

      Wir fragen **den Freund.**

      It follows the prepositions durch, für, gegen, ohne, um.

   c. The DATIVE is the case of the indirect object.

      Rotkäppchen bringt **der Großmutter** den Wein.

      It follows the prepositions aus, außer, bei, mit, nach, seit, von, zu.

      It also follows the verbs antworten, danken, gefallen, gehören, glauben, helfen, schmecken.

      Nouns in the dative plural have an **-n** ending unless the plural ends in **-s**.

      die Freunde / den Freunde**n** BUT die Kulis / den Kulis

   d. *N*-nouns

      Some masculine nouns have an **-n** or **-en** ending in all cases (singular and plural) except in the nominative singular.

      der Franzose, **-n, -n** — der Mensch, **-en, -en**
      der Herr, **-n, -en** — der Nachbar, **-n, -n**
      der Junge, **-n, -n** — der Student, **-en, -en**

      Der Junge fragt den Nachbar**n.** Der Nachbar antwortet dem Junge**n.**

2. The following chart shows the case forms of the DEFINITE and INDEFINITE ARTICLES.

	SINGULAR			PLURAL
	masc.	**neut.**	**fem.**	
nom.	der ein kein	das ein kein	die eine keine	die – keine
acc.	den einen keinen			
dat.	dem einem keinem	dem einem keinem	der einer keiner	den – keinen

Mein, dein, and **Ihr** follow the pattern of **ein** and **kein.**

3. These are the case forms of the INTERROGATIVE PRONOUNS.

	persons	things and ideas
nom.	wer?	was?
acc.	wen?	was?
dat.	wem?	

III. Sentence structure

1. **Verb position**

a. In a German statement, the verb must be the second GRAMMATICAL ELEMENT. The element before the verb is not necessarily the subject.

1	2	
Ich	**sehe**	meinen Vater morgen.
Morgen	**sehe**	ich meinen Vater.
Meinen Vater	**sehe**	ich morgen.

b. A verb phrase consists of an inflected verb and a complement that completes its meaning. Such complements include predicate nouns, predicate adjectives, some accusatives, and other verbs. When the verb phrase consists of more than one part, the inflected part (V1) is the second element in a statement, and the other part (V2) stands at the very end of the sentence.

Das **ist**	**meine Schwester.**
Du **bist**	**prima.**
Er **spielt** sehr gut	**Tennis.**
Jetzt **gehen** wir schnell	**essen.**
V1	V2

2. **Negation**

a. nicht + (ein) = kein

Möchten Sie **ein** Eis? Nein, ich möchte **kein** Eis.
Möchten Sie Erdbeeren? Nein, ich möchte **keine** Erdbeeren.

b. S V1 O definite time expression ↑ other adverbs or adverbial phrases V2.
nicht

Wir spielen heute **nicht** mit den Kindern Tennis.

3. **Clauses**

Coordinate clauses are introduced by COORDINATING CONJUNCTIONS.

aber, denn, oder, und

Coordinating conjunctions do not affect the original word order of the two sentences.

Ich bezahle den Kaffee **und** du bezahlst das Eis.

Answers to all exercises in this section are given in the Answer Key in the back of this *Arbeitsbuch*.

Name ____________ Datum ____________ Kurs ____________

WORTSCHATZWIEDERHOLUNG

A. Nennen Sie das Gegenteil!

1. kaufen ____________
2. fragen ____________
3. kommen ____________
4. nördlich ____________
5. im Westen ____________
6. offen ____________
7. alles ____________
8. billig ____________
9. dick ____________
10. groß ____________
11. schnell ____________
12. toll ____________

B. Nennen Sie den Artikel!

1. ____ Buttermilch
2. ____ Bananeneis
3. ____ Kartoffelsalat
4. ____ Salatkartoffel
5. ____ Lebensmittelrechnung
6. ____ Limonadenflasche
7. ____ Marmeladenbrot
8. ____ Obstkuchen
9. ____ Zitronenpudding

C. Was fehlt?

1. Vater, Mutter und Kinder sind zusammen eine ____________.
2. In Deutschland isst man Brot mit Wurst, Käse oder Fisch zum ____________.
3. Für Suppe, Pudding oder Eis braucht man einen ____________.
4. Orangen, Bananen, Erdbeeren und Äpfel sind ____________.
5. Erbsen, Karotten und Bohnen sind ____________.
6. Der Vater von meiner Mutter ist mein ____________, aber der Bruder von meiner Mutter ist mein ____________.
7. Zum Schreiben braucht man einen ____________ oder einen ____________ und ein Stück ____________.
8. Im Winter braucht man einen ____________ oder eine ____________.
9. Hier essen die Studenten: ____________.
10. Hier essen die Leute Kuchen und trinken Kaffee oder Tee: ____________.
11. Hier kauft man Röcke und Blusen, Jacken und Hosen, auch Schuhe: ____________.

Name ________________ Datum ________________ Kurs ________________

STRUKTURWIEDERHOLUNG

D. Verben Write it in German.

1. **Ich trinke Saft.**
   We drink juice. Do you **(ihr)** *drink juice? She doesn't drink juice.*

   ____

   ____

2. **Sie antwortet den Leuten.**
   I'm answering the people. They answer the people. Does she answer the people? Answer (formal) *the people. Don't* (formal) *answer the people. Why aren't you* **(ihr)** *answering the people?*

   ____

   ____

   ____

   ____

3. **Er fährt nach Stuttgart.**
   They're driving to Stuttgart. Why is she driving to Stuttgart? I'm not going to drive to Stuttgart. Are you **(ihr)** *driving to Stuttgart? Drive* (formal) *to Stuttgart. Don't* (formal) *drive to Stuttgart.*

   ____

   ____

   ____

   ____

4. **Wir essen Fisch.**
   Who's eating fish? Are you **(ihr)** *eating fish? They don't eat fish. Eat* (formal) *fish.*

   ____

   ____

5. **Sie werden müde.**
   I'm getting tired. She's not getting tired. Don't (formal) *get tired. Who's getting tired? We're getting tired, too.*

   ____

   ____

6. **Er hat Hunger.**
   I'm hungry. Are you **(ihr)** *hungry? Who's hungry? They're hungry. They're not hungry. We're hungry.*

   ____

   ____

7. **Sie ist sehr groß.**
   You're **(ihr)** *very tall. They're not very tall. I'm very tall. Isn't he tall?*

   ____

   ____

E. Nominativ, Akkusativ und Dativ Say it in German.

1. **Herr Díaz ist Spanier.**
   Mr. Schmidt is (an) Austrian. No, he's from Switzerland. Is Ms. Bayer an Austrian? She's not an Austrian either. (She's also not an Austrian.) They say Ms. Klein is an American. Joe is an American, too.

2. **Hier gibt es einen Supermarkt.**
   There's a river here (a restaurant, no cafeteria, no lake). There are mountains here (bakeries, lakes, no stores, no cafés).

3. **Das Geschäft gehört den Großeltern.**
   Who does the store belong to? (To whom does the store belong?) What belongs to the grandfather? She says it doesn't belong to the brother. It doesn't belong to the aunt.

4. **Der Herr bringt der Freundin Blumen.**
   What is he bringing to the girlfriend? Who's he bringing flowers to? (To whom is he bringing flowers?) Who's bringing flowers? Why is he bringing flowers? Isn't he bringing flowers to the girlfriend? They're bringing the children some cookies. Is she bringing the friends a bottle of wine? He's bringing the neighbors apples. I'm bringing the sisters some books.

Name ______________________ Datum ______________________ Kurs ______________

F. Präpositionen Fill in the blanks.

BEISPIEL durch / Land für / Herr
durch das Land *für den Herrn*

durch: ____ Stadt, ____ Kaufhaus, ____ Supermarkt

für: ____ Kuchen, ____ Vater, ____ Junge____ *(sg.)*, ____ Eltern, ____ Familie

gegen: ____ Leute, ____ Restaurant, ____ Bedienung, ____ Ober, ____ Mensch____ *(pl.)*

ohne: ____ Essen, ____ Speisekarte, ____ Pudding, ____ Herr____, ____ Geschwister

um: ____ Geschäft, ____ Markt, ____ Mensa, ____ Tisch

aus: ____ Flasche, ____ Gläser____, ____ Supermarkt, ____ Bäckerei, ____ Café

außer: ____ Bruder, ____ Eltern, ____ Schwester, ____ Leute____, ____ Student____ *(sg.)*

bei: ____ Supermarkt, ____ Apotheke, ____ Nachbar____ *(sg.)*, ____ Familie

mit: ____ Herr____ *(sg.)*, ____ Freundin, ____ Löffel, ____ Messer, ____ Gabel

nach: ____ Frühstück, ____ Mittagessen, ____ Vorlesung, ____ Kaffee

seit: ____ Abendessen, ____ Frühling, ____ Zeit

von: ____ Ober, ____ Tante, ____ Kinder____, ____ Mutter, ____ Studentin

zu: ____ Restaurant, ____ Mensa, ____ Markt, ____ Apotheke

G. Beantworten Sie alle Fragen mit *kein* oder *nicht*!

1. Gibt es heute Schokoladenpudding? ______________________
2. Hilft der Junge dem Vater? ______________________
3. Sehen Sie den Ober? ______________________
4. Haben Sie ein Messer? ______________________
5. Brauchen wir heute Milch? ______________________
6. Geht ihr nach Hause? ______________________
7. Haben Sie Rindsrouladen? ______________________
8. Trinkt er Kaffee? ______________________
9. Isst sie gern Eis? ______________________
10. Ist Max dein Freund? ______________________
11. Hast du Durst? ______________________
12. Ist es heute sehr kalt? ______________________

Name ______________________ Datum ___________________________ Kurs ________________

H. Was fehlt?

1. Heute geht Frau Müller ____________ (*from the*) Drogerie ____________ (*to the*) Bäckerei und ____________ (*to the*) Supermarkt. 2. Dann geht sie ____________ (*to the*) Markt. 3. Da kauft sie Blumen ____________ (*for the*) Großmutter, denn sie hat Geburtstag *(birthday)*. 4. Frau Müller braucht auch ein paar Flaschen Wein, denn Freunde ____________ (*from*) Wien kommen. 5. Dann geht sie wieder ____________ (*to*) Hause und macht das Mittagessen ____________ (*for the*) Familie: ____________ (*for the*) Vater und ____________ (*for the*) Kinder. 6. ____________ (*at*) eins sind alle ____________ (*at*) Hause. 7. ____________ (*for the*) Mittagessen gibt es heute Schnitzel, Kartoffelsalat und Bohnen. 8. ____________ (*after the*) Mittagessen machen die Kinder Hausaufgaben. 9. ____________ (*at*) halb fünf geht Frau Müller ____________ (*with the*) Kindern ____________ (*to the*) Großmutter. 10. ____________ (*at the*) Großeltern feiern *(celebrate)* sie ____________ (*with*) Kaffee und Kuchen. 11. ____________ (*after the*) Kaffee gehen Müllers ____________ (*through the*) Stadt ____________ (*to*) Hause. 12. Die Kinder essen abends ____________ (*without the*) Eltern, denn sie gehen früh *(early)* schlafen. 13. Die Eltern lesen und sprechen noch etwas ____________ (*after the*) Abendessen, aber nicht lange, denn sie sind schon *(already)* ____________ (*since*) halb sieben auf. 14. ____________ (*at*) zehn gehen sie auch schlafen.

I. Was ist richtig?

1. _____ gehört die Apotheke?
   a. Wer   b. Was   c. Wen   d. Wem
2. Dieser Herr ist _____ Amerikaner.
   a. _____   b. ein   c. einen   d. einem
3. Wie gefällt Ihnen _____?
   a. der See   b. den See   c. dem See   d. die Seen
4. _____ ihr noch nicht fertig?
   a. Sein   b. Seid   c. Sind   d. Bist
5. _____ du die Landkarte?
   a. Hat   b. Habt   c. Hast   d. Habe
6. Ist das Buch für _____ Vater?
   a. Ihr   b. Ihren   c. Ihrem   d. Ihre
7. Mein Cousin _____ morgen nach Berlin.
   a. fahre   b. fährst   c. fährt   d. fahrt
8. Außer _____ Studentin sind alle hier.
   a. der   b. die   c. dem   d. den

9. _____ ihr auch Hunger?
   a. Hast b. Hat c. Habt d. Habe

10. _____ du gern Äpfel?
   a. Esse b. Isst c. Esst d. Ist

11. Die Uhr ist von _____ Großeltern.
   a. mein b. meine c. meinem d. meinen

12. Rotkäppchen bringt _____ Großmutter _____ Kuchen.
   a. die / dem b. der / den c. der / dem d. die / den

13. Der Kellner empfiehlt _____ Herrn _____ Fisch.
   a. dem / den b. den / dem c. der / dem d. die / den

14. Hier gibt es _____ Supermarkt.
   a. kein b. keinem c. keine d. keinen

15. Ich gehe jetzt zu _____ Freundin.
   a. meine b. meinem c. mein d. meiner

16. Das Kind wohnt _____ seiner Tante.
   a. mit b. ohne c. zu d. bei

17. Geht ihr noch nicht _____ Hause?
   a. _____ b. nach c. zu

18. _____ die Kusine nicht Englisch?
   a. Sprecht b. Spricht c. Spreche d. Sprechen

19. Ich nehme Käsekuchen. Was _____ du?
   a. nehmt b. nehme c. nimmt d. nimmst

20. Außer _____ Bruder essen alle Suppe.
   a. mein b. meiner c. meinen d. meinem

J. Auf Deutsch bitte!

1. *Mr. and Mrs. Schmidt are coming for dinner.*

   ____

2. *Axel and I are helping at home.*

   ____

3. *He's carrying the plates and I'm carrying the knives and forks.*

   ____

   ____

4. *What's for dessert, pudding or ice cream?*

   ____

5. *I have no pudding and no ice cream.*

   ____

6. *But I would like something for dessert!*

____

7. *They don't like to eat dessert.*

____

8. *My goodness, they are already here!*

____

Ohne Fleiß kein Preis.
No pain, no gain.

Kapitel 4 Feiertage und Feste

Zum Hören

GESPRÄCHE

4-1

A. Am Telefon Hören Sie gut zu. Wiederholen Sie dann das Gespräch noch einmal und wiederholen Sie jeden *(each)* Satz!

NADJA Hallo, Simon!
SIMON Hallo, Nadja! Wie geht's dir denn?
NADJA Nicht schlecht, danke. Was machst du am Wochenende?
SIMON Nichts Besonderes. Warum?
NADJA Erik hat übermorgen Geburtstag und wir geben eine Party.
SIMON Super! Aber bist du sicher, dass Erik übermorgen Geburtstag hat? Ich glaube, sein Geburtstag ist am siebten Mai.
NADJA Quatsch! Erik hat am dritten Mai Geburtstag. Und Samstag ist der dritte.
SIMON Na gut. Wann und wo ist die Party?
NADJA Samstag um sieben bei mir. Aber nichts sagen! Es ist eine Überraschung.
SIMON Okay! Also, bis dann!
NADJA Tschüss! Mach's gut!

© Cengage Learning

4-2

B. Erik klingelt bei Nadja. Hören Sie zu!

NADJA Grüß dich, Erik! Herzlichen Glückwunsch zum Geburtstag!
ERIK Wie bitte?
SIMON Ich wünsche dir alles Gute zum Geburtstag.
ERIK Tag, Simon! . . . Hallo, Silke! Tobias und Sabine, ihr auch?
ALLE Wir gratulieren dir zum Geburtstag!
ERIK Danke! So eine Überraschung! Aber ich habe nicht heute Geburtstag, mein Geburtstag ist am siebten.
NADJA Echt? Na, dann hat Simon doch recht gehabt. Ach, das macht nichts. Wir feiern heute.

4-3

Lesen Sie jetzt die Rolle von Erik! Beginnen wir!

4-4

C. Was stimmt? Antworten Sie kurz *(briefly)* auf Deutsch!

1. ______________________________
2. ______________________________
3. ______________________________
4. ______________________________

AUSSPRACHE: ch, ck

For more practice pronouncing these sounds, see the Summary of Pronunciation Part III, subsections 13–15 in the front of the main textbook.

4-5

A. Laute Hören Sie zu und wiederholen Sie!

1. [ç] **ich**, ni**ch**t, fur**ch**tbar, viellei**ch**t, man**ch**mal, spre**ch**en, Re**ch**nung, Mäd**ch**en, Mil**ch**, dur**ch**, gewöhnli**ch**, ri**ch**tig, wi**ch**tig
2. [x] a**ch**, a**ch**t, ma**ch**en, Weihna**ch**ten, au**ch**, brau**ch**en, Wo**ch**e, no**ch**, do**ch**, Bu**ch**, Ku**ch**en, Ba**ch**, Ba**ch**ara**ch**
3. [ks] se**chs**, se**chs**te
4. [k] di**ck**, Zu**ck**er, Bä**ck**er, Ro**ck**, Ja**ck**e, Frühstü**ck**, schme**ck**en

Name ______________ Datum ______________ Kurs ______________

4-6

B. Wortpaare Hören Sie zu und wiederholen Sie!

1. mich / misch
2. Kirche / Kirsche
3. nickt / nicht
4. lochen / locken
5. Nacht / nackt
6. möchte / mochte

Was hören Sie jetzt? ....

STRUKTUR

Ordinals

4-7

A. Daten Lesen Sie die folgenden Daten laut!

1.11.
der erste November

1.11. 12.4. 31.12. 12.7. 22.3. 18.5. 11.11. 1.8. 30.1.

4.1 The present perfect with *haben*

4-8

B. Essen und Einkaufen Ersetzen Sie das Subjekt!

1. Ich habe Obst gekauft. (wir)
   Wir haben Obst gekauft.
   ....
2. Hat sie schon gegessen? (ihr)
   Habt ihr schon gegessen?
   ....

4-9

C. Kevin und Vera Ersetzen Sie das Verb!

1. Ich habe Kevin ein Buch gekauft. (geben)
   Ich habe Kevin ein Buch gegeben.
   ....
2. Wir haben Vera nicht gesehen. (finden)
   Wir haben Vera nicht gefunden.
   ....

4-10

D. Was haben Sie am Wochenende gemacht? Bilden Sie Sätze!

eine Party geben
Ich habe eine Party gegeben.
....

4.2 The present perfect with *sein*

4-11

E. Nach Hause Ersetzen Sie das Subjekt!

Sie ist nach Hause gegangen. (wir)
Wir sind nach Hause gegangen.
....

4-12

F. Jetzt und früher Sagen Sie es im Perfekt!

Sie laufen um den See.
Sie sind um den See gelaufen.
....

4.3 Subordinating conjunctions

4-13

G. Fragen Beginnen Sie mit *Er fragt, . . .* !

Wie viel Uhr ist es?
Er fragt, wie viel Uhr es ist.

....

4-14

H. Briefe Beginnen Sie mit *Sie schreibt, dass . . .* !

Erik hat Geburtstag gehabt.
Sie schreibt, dass Erik Geburtstag gehabt hat.

....

BERICHT

4-15

Da macht das Feiern Spaß!

....

DIKTAT

4-16

Hören Sie zu und schreiben Sie, was Sie hören!

1. ____
____
2. ____
____
3. ____
____
4. ____
____
5. ____
____

VERSTEHEN SIE?

4-17

Der Geburtstag Hier ist ein Bild von Marianne. Hören Sie zu, was ihr Mann Peter gemacht hat!

....

4-18

Richtig oder falsch?

1. richtig falsch
2. richtig falsch
3. richtig falsch
4. richtig falsch
5. richtig falsch

© Ingrid Sevin

Name ______________________ Datum ___________________________ Kurs ________________

Zum Sehen

VIDEO-SZENEN

Heute ist ja Feiertag! Watch as Hülya is in for a big surprise. Then accompany the four on a special train ride and to a grill party. Listen to what they have to say about the various holidays.

© Cengage Learning

Zum Erkennen: kapieren *(to understand);* die Einheit *(here: unification);* die Fahne, -n *(flag);* vergessen *(to forget);* passieren *(to happen);* durcheinander *(all confused);* der Unterschied, -e *(difference);* keine Ahnung *(no idea);* da freue ich mich drauf *(I'm looking forward to that);* aus sich rausgehen *(to go out of one's shell);* die Verwandten *(relatives);* mich ärgert *(I'm annoyed)*

A. Alles verstanden?

1. Warum bringen die Freunde Lily ein Plätzchen mit einer Kerze?
2. Singen Sie das Geburtstagslied auf English oder auf Deutsch?
3. Zuerst *(first)* sind die Vier in einem ICE *(Intercity-Express).* Wie finden Sie die ICE-Züge *(trains)*?
4. Der nächste *(next)* Zug ist kein ICE. Wie finden Sie den Zug?
5. Warum sind an dem Tag alle Geschäfte zu?
6. Was ist Pauls Lieblingsfeiertag und warum?
7. Was ist Lilys und Hülyas Lieblingsfeiertag und warum?
8. Was gibt's zu essen bei der Grillparty im Garten?

B. Wenn du mich fragst, . . . — Und du? Complete the following sentences in your own way, and then ask your classmate to respond. Be ready to tell the class about your findings.

1. Meinen Geburtstag feiere ich gewöhnlich . . . Da gibt es . . . Und wie ist das bei dir?
2. Am 4. Juli gibt es bei uns *(us)* . . . Und wie ist das bei euch *(you, pl.)*?
3. Thanksgiving feiern wir gewöhnlich . . . und zu essen gibt es . . . Und wie ist das bei euch?
4. . . . feiere ich nicht (mehr). Und du?
5. Meine Verwandten sehe ich . . . Und wie ist das bei dir?

C. Genau gesehen Let's see how observant you were. Check (✓) all the things in the list that you saw in the video. What wasn't there? Compare your results with one of your classmates' answers.

Ich sehe . . . , aber kein (e/n) . . .

_____ Bier	_____ Grill *(m.)*	_____ Sauerkraut
_____ Blumen	_____ Kerze	_____ Schlagsahne
_____ Geburtstagsservietten	_____ Ketchup *(n.)*	_____ Sekt
_____ Geburtstagstorte	_____ Nachtisch	_____ Stühle
_____ Geschenke	_____ Salat	_____ Teller

Name ______________________ Datum __________________________ Kurs ______________

VIDEO-INTERVIEWS

Was ist Ihr Lieblingsfeiertag und warum?

© Cengage Learning

Helmut Borchart

Zum Erkennen: Lieblings- *(favorite)*; sich treffen *(to meet)*; der Gänsebraten, - *(roast goose)*; sich unterhalten *(to chat)*; miteinander *(together)*; sich auskennen mit *(to be familiar with)*; nach vorne schauen *(to look ahead)*; vergangen *(past)*; gelungen *(successful)*; umfassen *(to include)*; meistens *(mostly)*; zelebrieren *(to celebrate)*; blumenreich *(with lots of flowers)*; deswegen *(therefore)*; lange *(for a long time)*; trotzdem *(still)*; aufholen *(to catch up)*

A. Was sagen sie über die Feiertage? Antworten Sie kurz *(briefly)*!

1. Wer kommt bei Borchardts zu Weihnachten zusammen?

   ____

2. Was gibt es am Heiligabend?

   ____

3. Was essen sie traditionell am ersten Feiertag?

   ____

4. Wo feiert Herr Axer Weihnachten?

   ____

5. Wie viele Leute kommen da zusammen?

   ____

6. Warum ist für Frau Zunker Silvester und Neujahr besonders schön?

   ____

7. Was gefällt Frau Passaro an der Osterzeit?

   ____

8. Was gefällt ihr generell an Feiertagen?

   ____

9. Wann ist Nationalfeiertag in Deutschland.

   ____

10. Tut Herr Zelmisi an dem Tag etwas Besonderes?

   ____

B. Jetzt sind Sie dran! Now it's your turn. How would YOU answer the interview question? Write a connected paragraph of six to eight sentences about your favorite holiday and how you celebrate it.

Name ____________________ Datum ____________________ Kurs ____________________

Zum Schreiben

A. Erweitern Sie Ihren Wortschatz!

German and English cognates have several very regular patterns of correspondence.

In each group, give the German equivalents of the English words and determine the particular consonant relationship as shown.

BEISPIEL *have*
haben v > b

1. *book* ____________ > ______
   cake ____________
   milk ____________
   to make ____________
2. *thick* ____________ > ______
   thin ____________
   brother ____________
   to thank ____________
3. *pound* ____________ > ______
   pepper ____________
   penny ____________
   apple ____________
4. *water* ____________ > ______
   hot ____________
   white ____________
   great ____________
5. *two* ____________ > ______
   ten ____________
   time ____________
   salt ____________
6. *right* ____________ > ______
   neighbor ____________
   eight ____________
   daughter ____________
7. *good* ____________ > ______
   loud ____________
   cold ____________
   door ____________

B. Wortkombinationen Give the missing article and the English equivalent.

1. die Geburt *(birth)* + das Datum = ______ Geburtsdatum; ____________
2. der Geburtstag + die Überraschung = ______ Geburtstagsüberraschung; ____________
3. die Kinder + der Geburtstag + das Geschenk = ______ Kindergeburtstagsgeschenk; ____________
4. (das) Weihnachten + die Kerze = ______ Weihnachtskerze; ____________
5. die Lieder + das Buch = ______ Liederbuch; ____________
6. die Ferien + der Kalender = ______ Ferienkalender; ____________
7. die Familie + die Feier = der Tag = ______ Familienfeiertag; ____________
8. das Fest + der Tag + das Essen = ______ Festtagsessen; ____________

C. Kreuzworträtsel

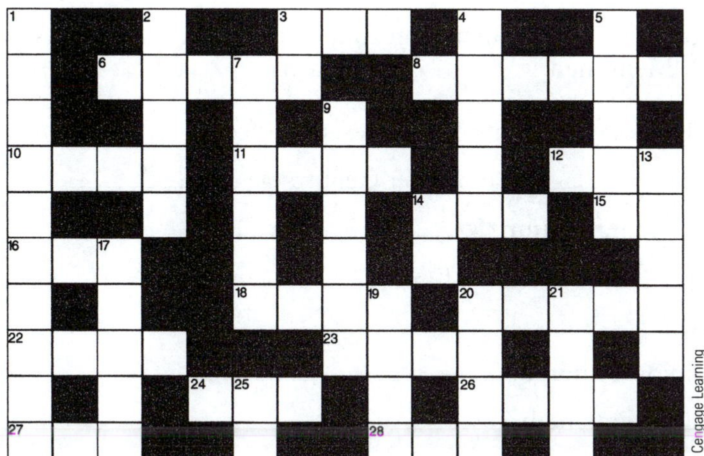

VERTIKAL
1. *understood*
2. *candle*
3. *pronoun for holiday*
4. *done*
5. *celebrations*
7. *although*
9. *sure*
13. *(the) first birthday*
14. *around*
17. *sun*
19. *there*
20. *when?*
21. *skirt*
25. *whether*

HORIZONTAL
3. *ice cream*
6. *before*
8. *vacation*
10. *sentence*
11. *because*
12. *girl's name*
14. *and*
15. *pronoun for birthday*
16. *out of*
18. *song*
20. *you* (sg. fam.) *are becoming*
22. *because*
23. *pink*
24. *ago*
26. *still*
27. *never*
28. *to do*

D. Christkindlmarkt

Remember the *Fokus* section and illustration on "The Christmas Season"? This photo is taken at the same place. Complete the statements.

© Ingrid Sevin

1. Das Bild zeigt den Christkindlmarkt in _____.
   a. Leipzig
   b. Nürnberg
   c. Hamburg
2. Es ist _____.
   a. Morgen
   b. Mittag
   c. Abend
3. Das Wetter ist schön und _____.
   a. die Sonne scheint
   b. es ist windig
   c. es regnet
4. Viele Leute tragen _____, denn es ist nicht sehr warm.
   a. Mäntel b. Jacken c. Röcke
5. Auf dem Markt _____ es Hunderte von Buden und die Atmosphäre ist prima.
   a. geben b. gibt c. gebt
6. In den Buden *(booths)* verkauft man Weihnachtsdekorationen, Spielzeug und Lebkuchen, aber das _____ man hier nicht so gut.
   a. sehen b. seht c. sieht

7. Der Christkindlmarkt ____ gewöhnlich vier Wochen, vom 1. Advent bis Weihnachten.
   a. dauert b. feiert c. arbeitet

8. Über *(over)* zwei Millionen ____ kommen dann zu diesem Markt.
   a. Freunde b. Menschen c. Nachbarn

E. Der Geburtstag Fill in the blanks with forms of the present perfect.

1. haben — Am Samstag ______ mein Vater Geburtstag ____________.
2. werden — Er ______ fünfundfünfzig ____________.
3. sein — Meine Großeltern, Onkel, Tanten, Cousins und Kusinen ______ hier ____________.
4. kommen — Auch ein paar Freunde ______ ____________.
5. gratulieren — Alle ______ meinem Vater ____________.
6. bekommen — Er ______ viele Geschenke ____________.
7. schenken — Wir ______ meinem Vater ein paar Flaschen Wein und eine DVD ____________.
8. trinken/essen — Wir ______ Kaffee ____________ und Kuchen ____________.
9. bleiben — Meine Großeltern ______ zum Abendessen ____________.
10. öffnen — Meine Mutter ______ eine Flasche Sekt ____________.
11. singen/tanzen — Wir ______ ____________ und auch etwas ____________.
12. machen — Die Party ______ meinem Vater Spaß ____________.

F. Meine Ferien Form sentences.

1. Harald / sagen // dass / er / fahren / nach Hause / zu Weihnachten

   ____

2. ich / kaufen / für alle / Geschenke // bevor / ich / fahren / nach Hause

   ____

3. obwohl / ich / haben / nur eine Woche / Ferien // es / sein / da / immer / sehr schön

   ____

4. zu / Silvester / kommen / noch / Freunde *(present perfect)*

   ____

5. das / machen / viel Spaß *(present perfect)*

   ____

6. es / geben / viel Gutes / zu essen und zu trinken *(present perfect)*

   ____

7. wir / sehen / auch / ein Feuerwerk *(present perfect)*

   ____

8. du / fragen // wie lange / wir / feiern *(second clause present perfect)*

   ____

9. wir / schlafen / nicht viel *(present perfect)* // weil / wir / gehen / erst morgens um sechs / schlafen *(both clauses in present perfect)*

____

____

10. am Morgen / schlafen / wir / dann natürlich / lange *(present perf.)*

____

G. Auch wir haben gefeiert. Say it in German, using the present perfect.

1. *On New Year's Eve, we went to the* Münchner Ratskeller.

____

____

2. *That was not cheap, but it was a lot of fun.*

____

3. *The food tasted great.*

____

4. *At midnight* **(um Mitternacht),** *we drank a glass of champagne and ate some sausages.*

____

____

5. *I also liked to go the dessert buffet* **(das Buffet).**

____

6. *The celebration began at 6:30 P.M. and we danced until 3 A.M. in the morning.*

____

H. Wann sagt man das? On a separate piece of paper, describe situations in which these expressions are appropriate responses.

BEISPIEL Ich gratuliere Ihnen!

Meine Musiklehrerin hat einen Musikpreis bekommen.

1. Gute Besserung!
2. Das ist nett von dir!
3. Das gibt's doch nicht!
4. Vielen Dank!
5. Herzlichen Glückwunsch!
6. Schönes Wochenende!
7. Bis später!
8. Viel Glück!
9. So eine Überraschung!
10. Bitte, bitte! Nichts zu danken!

I. Eine E-Mail: Grüße aus . . . Write a short note to your family or friends telling them how you are and how you spent your weekend.

BEISPIEL *Am Wochenende bin ich einkaufen gegangen . . .*

Kapitel 5 In der Stadt

Zum Hören

GESPRÄCHE

5-1

A. Entschuldigen Sie! Wo ist . . . ? Hören Sie gut zu. Wiederholen Sie dann das Gespräch noch einmal und wiederholen Sie jeden *(each)* Satz!

TOURIST Entschuldigen Sie! Können Sie mir sagen, wo das Hotel Sacher ist?
WIENER Erste Straße links hinter der Staatsoper.
TOURIST Und wie komme ich von da zum Stephansdom?
WIENER Geradeaus, die Kärntner Straße entlang.
TOURIST Wie weit ist es zum Dom?
WIENER Nicht weit. Sie können zu Fuß gehen.
TOURIST Danke!
WIENER Bitte schön!

5-2

B. Da drüben! Hören Sie zu!

TOURIST Entschuldigung! Wo ist das Burgtheater?
HERR Es tut mir leid. Ich bin nicht aus Wien.
TOURIST Verzeihung! Ist das das Burgtheater?
DAME Nein, das ist nicht das Burgtheater, sondern die Staatsoper. Fahren Sie mit der Straßenbahn zum Rathaus! Gegenüber vom Rathaus ist das Burgtheater.
TOURIST Und wo hält die Straßenbahn?
DAME Da drüben links.
TOURIST Vielen Dank!
DAME Bitte sehr!

5-3

Lesen Sie jetzt die Rolle des Touristen! Beginnen wir!

5-4

C. Was stimmt? Sie hören drei Fragen. Antworten Sie sie kurz auf Deutsch!

1. ______________________________
2. ______________________________
3. ______________________________

AUSSPRACHE: ö ◀◀ For more practice pronouncing these sounds, see the Summary of Pronunciation Part II, subsections 29–36 in the front of the main textbook.

5-5

A. Laute Hören Sie zu und wiederholen Sie!

1. [ö:] **Ö**sterreich, Br**ö**tchen, G**oe**the, sch**ö**n, gew**öh**nlich, franz**ö**sisch, h**ö**ren
2. [ö] **ö**ffnen, **ö**stlich, k**ö**nnen, L**ö**ffel, zw**ö**lf, n**ö**rdlich, m**ö**chten

5-6

B. Wortpaare Hören Sie zu und wiederholen Sie!

1. kennen / können
2. Sehne / Söhne
3. große / Größe
4. schon / schön
5. Sühne / Söhne
6. Höhle / Hölle

Was hören Sie jetzt? ....

Name ____________ Datum ____________ Kurs ____________

STRUKTUR

5.1 Personal pronouns

5-7

A. *Er, sie* oder *es*? Ersetzen Sie das Subjekt mit einem Pronomen!

Da kommt Ihr Onkel.
Da kommt er.

....

5-8

B. Ja, das stimmt. Antworten Sie mit **ja** und ersetzen Sie das Objekt!

1. Fragt ihr den Großvater?
   Ja, wir fragen ihn.
   ....
2. Gehört es dem Touristen?
   Ja, es gehört ihm.
   ....
3. Ist das für Heidi?
   Ja, das ist für sie.
   ....
4. Fährst du mit den Touristen?
   Ja, ich fahre mit ihnen.
   ....

5.2 Modal auxiliary verbs

5-9

C. *Müssen, können, wollen, mögen* Ersetzen Sie das Subjekt!

1. Wir müssen einen Stadtplan kaufen. (du)
   Du musst einen Stadtplan kaufen.
   ....
2. Sie können zu Fuß gehen. (man)
   Man kann zu Fuß gehen.
   ....
3. Ich will lange schlafen. (Erika)
   Erika will lange schlafen.
   ....
4. Ich möchte ihm glauben. (wir)
   Wir möchten ihm glauben.
   ....

5.3 Personal pronouns

5-10

D. Wer bekommt was? Antworten Sie mit einem Akkusativpronomen!

Wem gibst du die Schokolade? (meiner Schwester)
Ich gebe sie meiner Schwester.

....

5-11

E. Was zeigst du ihnen? Ersetzen Sie das Dativobjekt!

Was zeigst du dem Amerikaner? (den Dom)
Ich zeige ihm den Dom.

....

BRIEF

5-12

Grüße aus Wien

....

DIKTAT

5-13

Hören Sie zu und schreiben Sie, was Sie hören!

1. ____
   ____
2. ____
   ____

Name ______________ Datum ______________ Kurs ______________

3. ______________________________

4. ______________________________

5. ______________________________

VERSTEHEN SIE?

5-14

Beim Heurigen Hören Sie zu!
Zum Erkennen: der Heurige *(new wine)*; die Heurigen schänke, -n *(Viennese wine-tasting inn)*; der Musikant, -en *(musician)*

5-15

Richtig oder falsch?

1. richtig falsch
2. richtig falsch
3. richtig falsch
4. richtig falsch
5. richtig falsch

© Lonely Planet/Getty Images

Zum Sehen

VIDEO-SZENEN

Mein Salzburg Accompany Anton, Hülya, Lily, and Paul on their tour of Salzburg and see how well they do learning to waltz.

Zum Erkennen: innen *(inside)*; eindrucksvoll *(impressive)*; das Festspielhaus *(festival hall)*; berühmt *(famous)*; auf jeden Fall *(in any case)*; Bedient euch! *(Help yourselves!)*; es lohnt sich *(that's worth it)*; weitergehen *(to go on)*; der Walzer, - *(waltz)*; führen *(to lead)*; die Bewegung, -en *(movement)*; demnächst *(soon)*

© Cengage Learning

A. Alles verstanden?

1. Wer ist aus Salzburg?
2. Welcher berühmte Komponist *(composer)* ist in Salzburg geboren? Was wollen die Vier einmal von innen sehen?
3. Wohin möchte Hülya gern einmal zu einem Konzert gehen?
4. Welche Salzburger Spezialität muss man wirklich einmal probieren *(taste)*.
5. Welches Schloss möchte Anton ihnen zeigen?
6. Zu was für einem Kurs gehen die Vier?
7. Wer kann schon ganz gut tanzen und wer nicht?

Name ______________________ Datum ______________________ Kurs ______________

B. Wenn du mich fragst, . . . — Und du? Complete the following sentences in your own way, and then ask your classmate to respond. Be ready to tell the class about your findings.

1. Ich bin noch nie in Salzburg gewesen, aber ich möchte gern einmal . . . sehen. Und du?
2. Klassische Musik gefällt mir und natürlich auch Mozarts Musik. Und wie ist das mit dir?
3. Ich liebe *(love)* Mozartkugeln. Und du?
4. Walzertanzen ist nichts für mich. Ich tanze lieber *(rather)* . . . Und du, was tanzt du gern?
5. Burgen und Schlösser gefallen mir. Bist du schon einmal in einem Schloss oder einer Burg gewesen? Wenn ja, wo?

C. Genau gesehen Let's see how observant you were. Check (✓) all the things in the list that you saw in the video. Then orally complete the sentence below indicating your findings. Compare your list with those of your classmates.

Ich sehe . . . , aber kein(e/n) . . .

_____ Bahnhof	_____ Fahrräder	_____ Mozartdenkmal
_____ Brücke	_____ Festspielhaus	_____ Rucksack
_____ Burg	_____ Gras *(n.)*	_____ Rathaus
_____ Bus	_____ Haltestelle	_____ Straßenbahn
_____ Donau *(f.)*	_____ Mozartkugeln	_____ U-Bahn

VIDEO-INTERVIEWS

Was gefällt Ihnen in Österreich?

Zum Erkennen: deshalb *(therefore)*; landschaftlich *(scenerywise)*; deftig *(solid)*; herzhaft *(tasty)*; fetthaltig *(fatty)*; die Süßspeise, -n *(sweet, dessert)*; die Rosine, -n *(raisin)*; einfallen *(to come to mind)*; vor allen Dingen *(mainly)*; lecker *(delicious)*; anbieten *(to offer)*

© Cengage Learning

Mark Müller

A. Richtig oder falsch?

_____ 1. Herr Axer ist noch nie in Österreich gewesen.
_____ 2. Er fährt furchtbar gern nach Frankreich.
_____ 3. Weil er den Süden von Deutschland so schön findet, mag er auch Österreich.
_____ 4. Das österreichische Essen schmeckt ihm nicht, weil es viel zu fettig ist.
_____ 5. Süßspeisen wie Kaiserschmarren schmecken ihm aber gut.
_____ 6. Kaiserschmarren isst man gewöhnlich mit Schokolade und Eis.
_____ 7. Mark Müller isst auch gern Desserts und findet den österreichischen Nachtisch lecker.
_____ 8. Sie sagen nichts von Wiener Würstchen.
_____ 9. Herr Axer spricht auch vom Skilaufen in Österreich.
_____ 10. Da kann man natürlich gut Ski laufen, weil es da so viele Seen gibt.

B. Jetzt sind Sie dran! Now it's your turn. How would YOU answer the interview question? Write a connected paragraph of six to eight sentences of what comes to mind when you think of Austria. Have you ever been there? If not, what would you like to see there? What kind of Austrian food would you like to eat?

Name ____________________ Datum ________________________ Kurs ________________

Zum Schreiben

A. Erweitern Sie Ihren Wortschatz!

Some cognates have changed their meaning over the centuries, although one can readily see the common element.

Match each German word on the left with its English cognate on the right. Then give the modern English equivalent. The first one is done as an example.

1. Hose	*j* *pants*	a. *bloom*
2. Tafel	____ ______________	b. *dame*
3. Herbst	____ ______________	c. *dish*
4. Zeit	____ ______________	d. *dome*
5. Eltern	____ ______________	e. *elders*
6. weit	____ ______________	f. *fare*
7. fahren	____ ______________	g. *flesh*
8. Fleisch	____ ______________	h. *flask*
9. Dom	____ ______________	i. *harvest*
10. Dame	____ ______________	✓ j. *hose*
11. Flasche	____ ______________	k. *mantle*
12. Mantel	____ ______________	l. *stool*
13. Tisch	____ ______________	m. *table*
14. Blume	____ ______________	n. *tide*
15. Stuhl	____ ______________	o. *wide*

B. In der Stadt Fill in the blanks with new vocabulary from this chapter.

1. Wenn man mit dem Bus oder der Straßenbahn fahren möchte, geht man zur ______________.
2. Vor dem Bahnhof gibt es gewöhnlich viele ______________. Sie bringen Sie, wohin Sie wollen.
3. Vor oder unter dem Bahnhof gibt es oft auch eine ______________-Station.
4. Wer mit dem Fahrrad fährt, kann auf der ______________ fahren oder auf einem ______________.
5. Ein Stadtplan zeigt, wo die Straßen und ______________ in einer Stadt sind.
6. Eine ______________ geht gewöhnlich über einen Fluss.
7. Mit sechs Jahren müssen alle Kinder zur ______________ gehen.
8. Wenn sie groß sind, gehen viele von ihnen dann zur ______________.
9. Wenn man Bücher nicht kaufen möchte, sondern nur lesen, dann kann man in die ______________ gehen.
10. Zu den Attraktionen einer Stadt gehören ______________, ______________ und ______________.

Name ______________________ Datum ______________________ Kurs ______________

C. Auf Deutsch bitte!

1. *across from* ______________________
2. *enough* ______________________
3. *for hours* ______________________
4. *in the vicinity* ______________________
5. *pleasant, cozy* ______________________
6. *unfortunately* ______________________
7. *well-known* ______________________
8. *to stroll* ______________________
9. *to visit (a site)* ______________________
10. *I'm sorry.* ______________________

D. Elisabeth schreibt ihren Eltern Fill in the blanks.

euch	euch	ihr	in der Nähe vom	kann	soll	Tage
möchte	mir	mir	mir	könnt	nach Hause	sondern	wollen	zu

Graz, den 12. Juni

Liebe Eltern!

Jetzt bin ich schon drei ______________ (1) in Graz. Mein Hotel liegt ganz zentral, ______________ (2) Bahnhof. Ich bringe ______________ (3) einen Stadtplan, wenn ich ______________ (4) komme. Dann ______________ (5) ihr sehen, wo alles liegt. Graz gefällt ______________ (6) sehr gut. Von meinem Hotel ______________ (7) man nicht nur die Stadt, ______________ (8) auch den Fluss, den Dom und die Berge sehen. Ich gehe hier viel ______________ (9) Fuß. Erika, eine Studentin, hilft ______________ (10) viel. Wir ______________ (11) morgen ein Zimmer suchen. Ich ______________ (12) mit ______________ (13) am Sonntag zum Schlossberg gehen. Von dort ______________ (14) man Graz wunderbar sehen. Wie ihr seht, geht es ______________ (15) sehr gut. Ich schreibe ______________ (16) wieder.

Viele Grüße,

Eure Elisabeth

Name ______________________ Datum ____________________________ Kurs ________________

E. Pläne für den Nachmittag Form sentences.

1. heute / wir / wollen / bummeln / durch / Stadt

____

2. ich / nicht / wollen / fahren / mit / Bus // sondern / Fuß / gehen

____

3. ich / müssen / gehen / zu / Post

____

4. wir / können / einkaufen gehen / mit / Steffen // wenn / er / kommen / aus / Mensa

____

____

5. hier / es / geben / ein Schloss / und / ein Schlosspark

____

6. können / du / sagen / mir // ob / es / sein / offen / heute?

____

F. Noch einmal Say it in German.

1. **Sätze mit Dativverben**

   a. *Did I write (to) you* (sg. fam.) *that Anna and Tom surprised us with a party?*

   ____

   b. *They congratulated us and also gave me some flowers.*

   ____

   c. *You* (pl. fam.) *don't believe me?*

   ____

   d. *I'll show you* (pl. fam.) *a couple of pictures.*

   ____

   e. *Who does that belong to (To whom does that belong)?*

   ____

   f. *That belongs to me.*

   ____

2. **Sätze mit Modalverben**

   a. *He wants to see the cathedral.*

   ____

   b. *We are hungry and have to eat something.*

   ____

   c. *You* (pl. fam.) *are supposed to speak German.*

   ____

   d. *Would you* (pl. fam.) *like a fish sandwich (fish roll)?*

   ____

e. *Could you* (formal) *tell us please, where there is a Nordsee-Restaurant?*

____

f. *May I see your city map?*

____

G. Österreich The capital letters on the map of Austria represent different countries; lowercase letters represent rivers, lakes, mountains, or mountain passes; numbers stand for cities. Create a key to the map by filling in the names in the spaces provided. You may wish to check the map in your textbook.

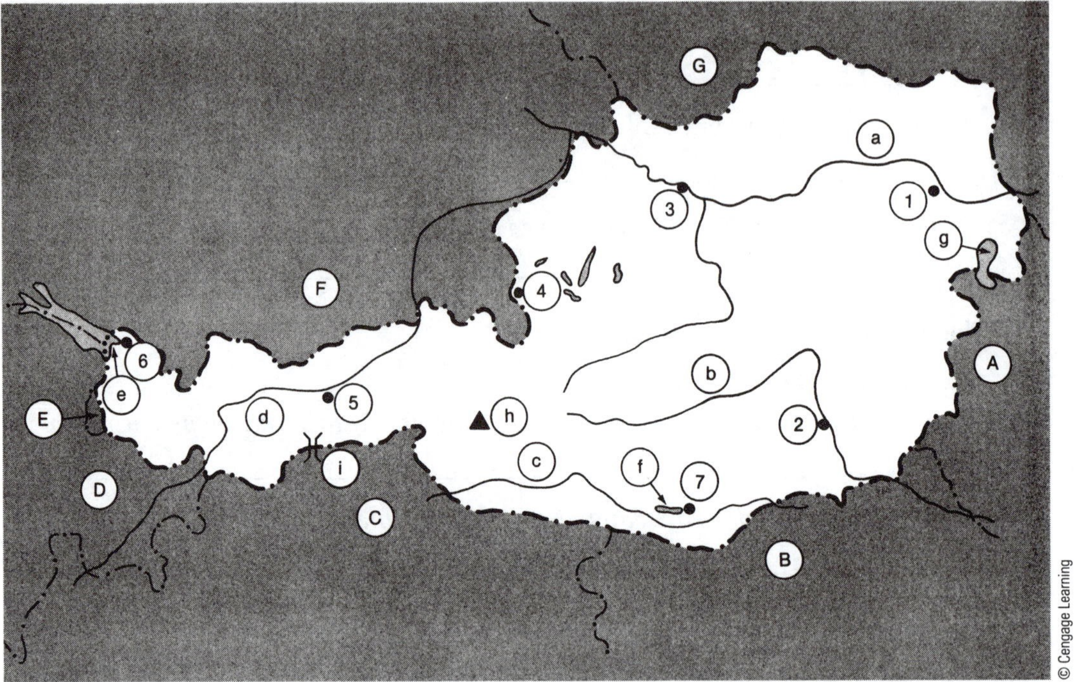

© Cengage Learning

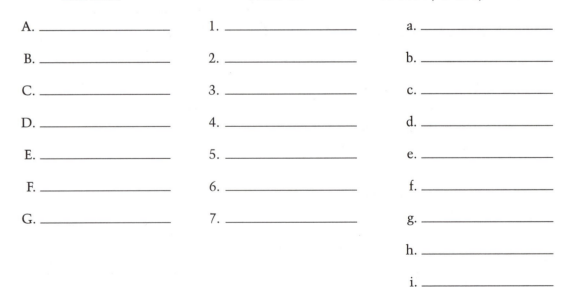

LÄNDER	STÄDTE	FLÜSSE / SEEN / BERGE
A. ______	1. ______	a. ______
B. ______	2. ______	b. ______
C. ______	3. ______	c. ______
D. ______	4. ______	d. ______
E. ______	5. ______	e. ______
F. ______	6. ______	f. ______
G. ______	7. ______	g. ______
		h. ______
		i. ______

Name ______________________ Datum ______________________ Kurs ______________

H. Fragen zum Stadtplan A tourist is asking you questions about how to get to certain places in Vienna. Refer to the map and give them directions by selecting the correct phrase in parentheses. You are first prompted with the starting location.

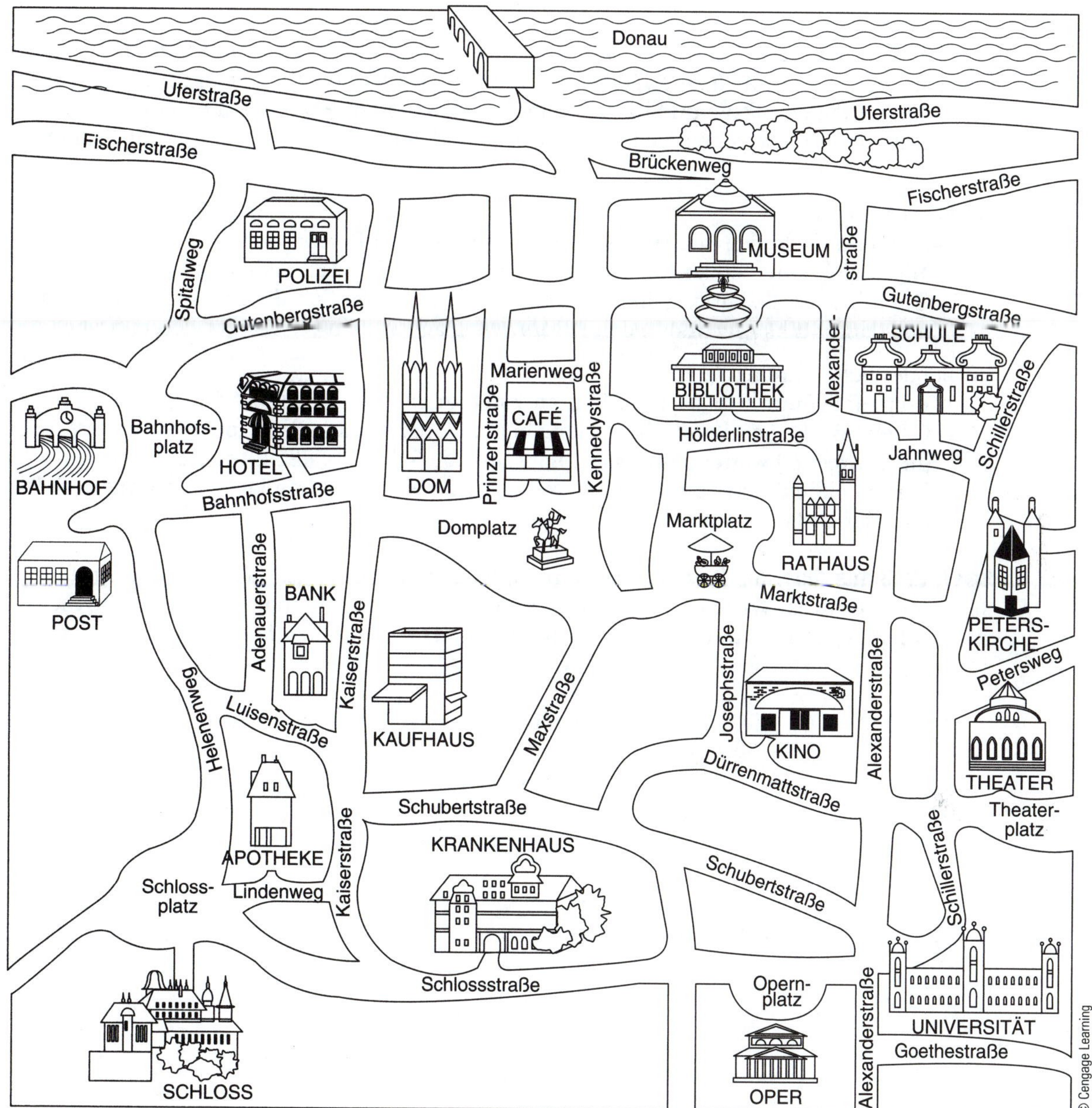

BEISPIEL am Bahnhof
—Entschuldigen Sie, bitte! Wie komme ich von hier zum Hotel?
—Da drüben ist die Bahnhofsstraße. Gehen Sie immer geradeaus die Bahnhofsstraße entlang. Dann sehen Sie (links / rechts) das Hotel.

1. am Hotel
—Entschuldigen Sie, bitte! Wie kommt man von hier zur Oper?
—Sehen Sie den Dom? Beim Dom gehen Sie (links / rechts) in die Kaiserstraße und immer geradeaus bis zur Schlossstraße, am Krankenhaus vorbei, und dann kommen Sie direkt zum Opernplatz mit der Oper (links / rechts).

2. am Opernplatz
   —Bitte, wo ist das Rathaus?
   —Da drüben bei der Universität ist die Alexanderstraße. Gehen Sie die Alexanderstraße entlang, immer geradeaus. Dann sehen Sie (links / rechts) das Rathaus.

3. am Rathaus
   —Verzeihung! Können Sie mir sagen, wie ich von hier zum Museum komme?
   —Gehen Sie da drüben zum Domplatz und dann (links / rechts) neben dem Café in die Kennedystraße und immer geradeaus bis zur Gutenbergstraße! Auf der Gutenbergstraße gehen Sie (links / rechts) und dann sehen Sie (links, rechts) schon das Museum.

4. beim Museum
   —Ach, entschuldigen Sie! Wie weit ist es von hier zur Peterskirche?
   —Nicht weit. Die Peterskirche ist in der Nähe vom Theater. Gehen Sie die Gutenbergstraße entlang bis zur Schillerstraße, auf der Schillerstraße (links / rechts) und dann (links / rechts) in den Petersweg. Dann stehen Sie vor der Peterskirche.

5. bei der Peterskirche
   —Können Sie mir bitte sagen, wie man von hier zum Schloss kommt?
   —Gehen Sie die Schillerstraße entlang bis zur Universität. Dann gehen Sie etwas (links / rechts) weiter zum Opernplatz und die Schlossstraße immer geradeaus. Da kommen Sie direkt zum Schloss. Wenn das zu weit ist, können Sie auch mit dem Bus oder der U-Bahn fahren.

I. Brief: Gruß aus Amerika Pretend that you are a German exchange student in the United States or in Canada. Write eight to ten sentences to your family in Germany telling them about what is going on in your life and about the city of your host family.

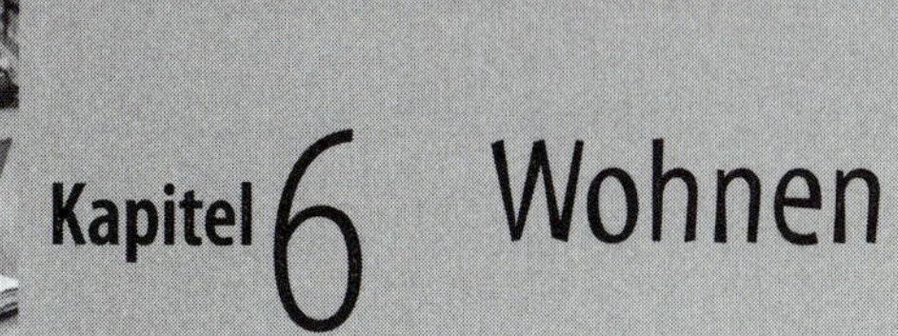

Kapitel 6 Wohnen

Zum Hören

GESPRÄCHE

6-1

A. Wohnung zu vermieten Hören Sie gut zu. Wiederholen Sie dann das Gespräch noch einmal und wiederholen Sie jeden Satz!

ANNA Hallo, mein Name ist Anna Moser. Ich habe gehört, dass Sie eine Zweizimmerwohnung zu vermieten haben. Stimmt das?
VERMIETER Ja, in der Nähe vom Dom, mit Blick auf den Marktplatz.
ANNA Wie alt ist die Wohnung?
VERMIETER Ziemlich alt, aber sie ist renoviert und schön groß und hell. Sie hat sogar einen Balkon.
ANNA Einen Balkon? Das ist ja toll! Ich habe viele Pflanzen. In welchem Stock liegt sie?
VERMIETER Im dritten Stock.
ANNA Ist sie möbliert oder unmöbliert?
VERMIETER Unmöbliert.
ANNA Und was kostet die Wohnung?
VERMIETER 550 Euro.
ANNA Ist das kalt oder warm?
VERMIETER Kalt.
ANNA Oje, das ist mir ein bisschen zu teuer. Na ja, vielen Dank! Auf Wiederhören!
VERMIETER Auf Wiederhören!

© Cengage Learning

6-2

B. In der WG (Wohngemeinschaft) Hören Sie zu!

ANNA Euer Haus gefällt mir!
JÖRG Wir haben noch Platz für dich. Komm, ich zeige dir alles! . . . Hier links ist unsere Küche. Sie ist klein, aber praktisch.
ANNA Wer kocht?
JÖRG Wir alle: Benno, Verena und ich.
ANNA Und das ist das Wohnzimmer?
JÖRG Ja. Es ist ein bisschen dunkel, aber das ist okay.
ANNA Eure Sessel gefallen mir.
JÖRG Sie sind alt, aber echt bequem . . . So, und hier oben sind dann vier Schlafzimmer und das Bad.
ANNA Mm, das Schlafzimmer ist sehr gemütlich, aber nur ein Bad?
JÖRG Ja, leider! Aber unten ist noch eine Toilette.
ANNA Was bezahlt ihr im Monat?
JÖRG Jeder 200 Euro.
ANNA Nicht schlecht! Und wie kommst du zur Uni?
JÖRG Kein Problem. Ich gehe zu Fuß.
ANNA Klingt gut!

6-3

Lesen Sie jetzt Annas Rolle! Beginnen Sie!

Name ______________ Datum ______________ Kurs ______________

6-4

C. Was stimmt? Sie hören vier Fragen über *(about)* den Dialog. Welche Antwort ist richtig?

1. Warum kann Anna die Wohnung am Dom nicht nehmen?
   a. Sie ist ziemlich alt.
   b. Sie ist schön groß und hell.
   c. Sie ist unmöbliert.
   d. Sie kostet zu viel.

2. Wie viele Leute wohnen in der WG?
   a. Benno, Verena und Jörg
   b. Anna
   c. der Vermieter
   d. acht Studenten

3. Wie viele Schlafzimmer hat das Haus?
   a. eins
   b. vier
   c. 200
   d. viele

4. Wie sind die Sessel?
   a. klein, aber praktisch
   b. ein bisschen dunkel
   c. schön groß und hell
   d. alt, aber sehr bequem

AUSSPRACHE: ei, au, eu, äu For more practice pronouncing these sounds, see the Summary of Pronunciation Part II, subsections 37–39 in the front of the main textbook.

6-5

A. Laute Hören Sie zu und wiederholen Sie!

1. [ai] **wei**t, **lei**der, **ei**gentlich, z**ei**gen, f**ei**ern, bl**ei**ben
2. [au] **au**f, bl**au**grau, B**au**m, K**au**fh**au**s, br**au**chen, l**au**fen
3. [oi] **eu**ch, h**eu**te, t**eu**er, L**eu**te, Fr**eu**nde, H**äu**ser, B**äu**me

6-6

B. Wortpaare Hören Sie zu und wiederholen Sie!

1. *by* / bei
2. *Troy* / treu
3. *mouse* / Maus
4. Haus / Häuser
5. aus / Eis
6. euer / Eier

Was hören Sie jetzt? ....

STRUKTUR

6.1 Two-way prepositions

6-7

A. *Wo* oder *wohin*? Ersetzen Sie die Präposition!

1. Die Jungen spielen vor dem Haus. (an / See)
   Die Jungen spielen am See.
   ....

2. Stellen Sie das Fahrrad vor das Haus! (in / Garage)
   Stellen Sie das Fahrrad in die Garage!
   ....

6-8 **B. In der Stadtmitte oder zu Hause** Antworten Sie mit der neuen Präposition!

1. Wo ist die Bank? (neben / Hotel)
   Neben dem Hotel.
   ....
2. Wohin sollen wir die Kommode stellen? (in / Schlafzimmer)
   Ins Schlafzimmer!
   ....

6.2 Imperatives

6-9 **C. Wünsche und Befehle** Bilden Sie den Imperativ!

1. Sagen Sie Frau Meier, was sie tun soll! (gut schlafen)
   Schlafen Sie gut!
   ....
2. Sagen Sie Detlef, was er tun soll! (Deutsch sprechen)
   Sprich Deutsch!
   ....

6.3 *Wissen* vs. *kennen*

6-10 **D. Wer weiß?** Ersetzen Sie das Subjekt!

Sie wissen die Antwort. (er)
Er weiß die Antwort.
....

6-11 **E. Ich weiß, dass . . .** Antworten Sie mit *Nein, aber ich weiß, dass* . . . und ersetzen Sie das Pronomen!

Kennst du Jutta? (interessant)
Nein, aber ich weiß, dass sie interessant ist.
....

LESETEXT

6-12 **Schaffen, sparen, Häuschen bauen**

....

DIKTAT

6-13 Hören Sie zu und scheiben Sie, was Sie hören!

1. ____
   ____
2. ____
   ____
3. ____
   ____
4. ____
   ____
5. ____
   ____

Name ______________ Datum ______________ Kurs ______________

 6-14

VERSTEHEN SIE?

© Dieter Sevin

Beate in Freiburg Sehen Sie auf das Bild und hören Sie zu!

Was stimmt?

1. a. auf einem Fahrradweg b. mitten auf der Straße c. über eine Brücke
2. a. eine Lampe b. ein Teppich c. eine Uhr
3. a. vor einem Haus b. in der Garage c. im Garten
4. a. aus einem Café b. um die Ecke c. in die Wohnung
5. a. ersten b. zweiten c. dritten

Name ______________ Datum ______________ Kurs ______________

Zum Sehen

VIDEO-SZENEN

Wann kommt denn der Bus? Watch as Paul, Anton, Hülya, and Lily are waiting impatiently for the bus and see about the big surprise for Paul.

© Cengage Learning

Zum Erkennen: spannend *(suspenseful)*; Wart's ab! *(Just wait!)*; ich hab' keine Lust zu warten *(I don't feel like waiting)*; der Kasten, ¨ *(box)*; die Grenze, -n *(border)*; beobachten *(to watch)*; man wundert sich *(one wonders)*; fleißig *(industrious)*; der Märchenkönig *(fairy-tale king)*

A. Alles verstanden?

1. Was ist los mit dem Bus?
2. Wer ist besonders ungeduldig *(impatient)*?
3. Wer findet das alles nicht so schlimm *(bad)* und warum nicht?
4. Wer fährt meistens mit dem Fahrrad?
5. Was tun sie, weil der Bus nicht pünktlich ist?
6. Was findet Paul in Füssen besonders schön?
7. Was findet er ungewöhnlich?
8. Was für eine Überraschung haben Anton, Hülya und Lily für Paul?
9. Wer hat das gebaut?
10. Wer ist seine Kusine gewesen?

B. Wenn du mich fragst, . . . — Und du? Complete the following sentences in your own way, and then ask your classmate to respond. Be ready to tell the class about your findings.

1. Ich bin manchmal auch ungeduldig, besonders wenn . . . Und du?
2. Ich fahre nicht viel mit dem Fahrrad, weil . . . Und du?
3. Ich möchte auch gern mal nach Füssen, weil . . . Und du?
4. Ich liebe Überraschungen. Einmal hat mir mein Vater ein Klavier geschenkt. DAS ist eine Überraschung gewesen! Und du? Wer hat dich mal überrascht?
5. Ich finde Schlösser wie Neuschwanstein . . . Hier gibt es so etwas . . . Bist du schon einmal in . . . gewesen?

C. Genau gesehen Let's see how observant you were. Check (✓) all the things in the list that you saw in the video, and then orally complete the sentence below indicating your findings. Compare your list with those of your classmates.

Ich habe alles gesehen außer . . .

_____ Bahnhof	_____ Feldweg	_____ Postkarte
_____ Baum	_____ Haltestelle	_____ Studentenwohnheim
_____ Brücke	_____ Museum	_____ Stühle
_____ Bürgersteige	_____ Hotel	_____ Tische
_____ Fahrplan *(m.)*	_____ Post	_____ Toilette

Name ______________ Datum ______________ Kurs ______________

VIDEO-INTERVIEWS

Was finden Sie typisch Deutsch?

Zum Erkennen: pünktlich *(punctual)*; sparsam *(thrifty)*; entspannt *(relaxed)*; die Weltmeisterschaft, -en *(world championship)*; der Beweis, -e *(proof)*; die Eigenschaft, -en *(characteristic)*; die Ernsthaftigkeit *(seriousness)*; die Gewissenhaftigkeit *(conscientiousness)*; darüber hinaus *(beyond that)*; eher *(rather)*; das Anfangsstadium *(beginning stage)*; im Vergleich zu *(in comparison to)*; sich verlassen auf *(to rely on)*; abfahren *(to depart)*; erscheinen *(to appear)*; dadurch, dass *(because)*; umso deutlicher klar *(all the more clear)*; erklären *(to explain)*; achten auf *(to pay attention to)*

Matin

A. Was haben sie gesagt?

1. Was finden Herr Krebs, Herr Axer und Matin typisch für die Deutschen?

   ____

2. Wo sieht man das laut *(according to)* Matin besonders?

   ____

3. In welchen europäischen Ländern soll das nicht so sein?

   ____

4. Herr Borchardt findet, dass die Deutschen viel offener geworden sind und was noch?

   ____

5. Wo hat man das besonders gesehen?

   ____

6. Mit wem arbeitet Frau Passaro viel zusammen?

   ____

7. Was findet sie typisch bei den Deutschen?

   ____

8. Wie wollen sie zeigen, dass sie diszipliniert sind?

   ____

9. Was gehört zum typischen deutschen Essen?

   ____

10. Was ist noch im Anfangsstadium in der deutschen Küche?

    ____

B. Jetzt sind Sie dran! Now it's your turn. How would YOU answer the interview question? Write a connected paragraph of six to eight sentences of what you see as typically German.

Name ____________________ Datum ____________________ Kurs ____________________

Zum Schreiben

A. Erweitern Sie Ihren Wortschatz!

Both German and English have a large amount of vocabulary based on Greek and Latin. However, the pronunciation and syllable stress are different in German and in English.

For each word below, put a stress mark (') at the end of the stressed syllable. If you don't remember, look up the word in the vocabulary at the end of your textbook. The first one is done for you as an example.

1. Atmosphä're
2. Biologie
3. Bibliothek
4. Dialekt
5. Information
6. Konsulat
7. Medizin
8. Museum
9. Republik
10. Theater
11. Universität
12. Zentrum
13. diskutieren
14. reservieren
15. studieren
16. demokratisch
17. interessant
18. privat
19. modern
20. typisch

B. Leben in der Stadt

Fill in the blanks with new vocabulary from this chapter.

1. Viele Leute in der Stadt wohnen in einer ____________________. Für den Besitzer *(owner)* ist es seine ____________________.
2. Wenn viele Häuser direkt nebeneinander *(next to each other)* stehen, sind das ____________________.
3. Studenten wohnen relativ billig in ____________________.
4. Eine Wohnung hat typischerweise eine ____________________, ein ____________________ und ein oder zwei ____________________.
5. Natürlich braucht man auch ein ____________________.
6. Zur Küche gehören ein ____________________ und auch ein Herd mit einem Ofen.
7. Im Wohnzimmer gibt es gewöhnlich ein ____________________ und ein Tischchen, ein paar ____________________ und vielleicht auch einen Esstisch mit ____________________.
8. Für das Schlafzimmer braucht man ein ____________________, einen ____________________ und vielleicht auch eine ____________________.
9. Im Arbeitszimmer steht ein ____________________ mit einem ____________________.
10. An den Wänden hängen oft ____________________, oben an der Decke *(ceiling)* eine ____________________ und vor den Fenstern ____________________.

C. Auf Deutsch bitte!

1. *a little bit* ____________________
2. *almost* ____________________

3. *downstairs / upstairs* ______________________
4. *even* ______________________
5. *not yet* ______________________
6. *quite* ______________________
7. *in the country* ______________________
8. *in the evening* ______________________
9. *in the middle of* ______________________
10. *That sounds good.* ______________________

D. Ferienwohnung zu verkaufen Look at the floor plan and complete the statements about it.

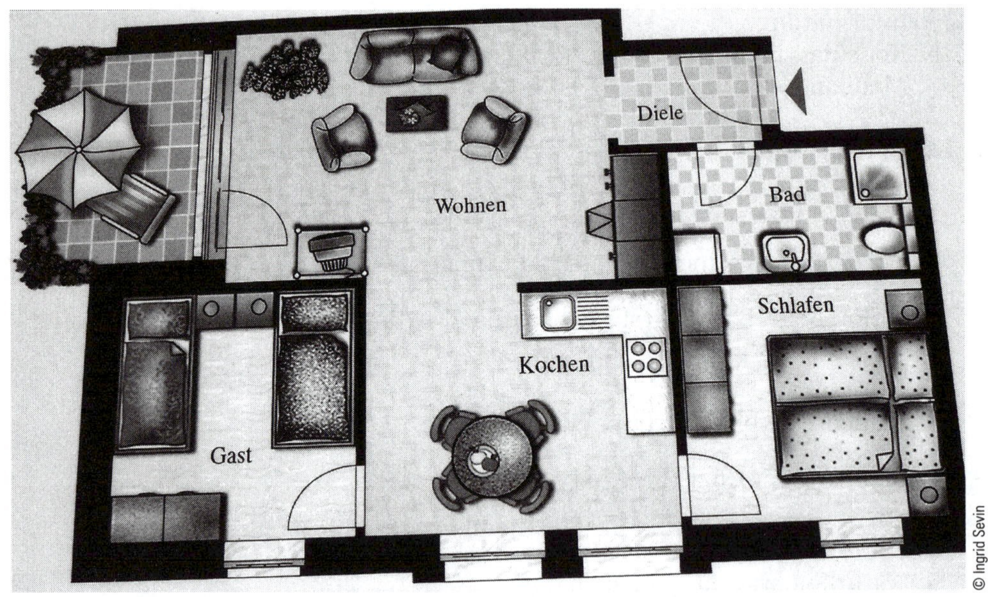

1. Hier sieht man den Grundriss *(floor plan)* von einer ____________ in d____ Ferienparadies *(n.)* Zingst. 2. Das Städtchen liegt auf ein____ Halbinsel *(f., peninsula)* an d____ Ostsee *(f.)*. 3. Die Wohnung ist i____ ersten ____________ und ____________ 129.920 €. 4. Am Eingang *(entrance)* gibt es eine Diele und neben d____ Diele ein ____________ mit Dusche und Waschmaschine. 5. Von der Diele geht es weiter in____ ____________. 6. Gegenüber vom Wohnzimmer sieht man einen ____________ mit vier ____________. 7. Diese Essecke ist nicht separat in ein____ ____________, sondern mitten in d____ ____________. 8. Von da geht es links und rechts in ein____ ____________. 9. Sie haben kein Bad, aber es gibt ja das Bad neben d____ ____________. 10. Vom Wohnzimmer kommt man auf ein____ ____________ mit einem Sonnenschirm *(m., umbrella)* und einer Liege *(f., lounge chair)*.

11. Auf d____ Liege unter d____ Sonnenschirm kann man schön schlafen. 12. Die Wohnung liegt ganz in d____ Nähe vom Stadtzentrum, nur zehn Minuten zu Fuß. 13. Der Strand *(m., beach)* ist auch nicht weit. 14. Man muss nur über d____ Straße und über ein____ Fahrradweg gehen und da ist man schon a____ Strand. 15. Wer gern Fahrrad fährt, kann auf d____ Weg stundenlang durch die Natur fahren. Das macht Spaß!

E. Reisepläne Form sentences.

1. wohin / ihr / fahren / Sommer?

____

2. ich / fahren / in / Schweiz // weil / mein Bruder / leben / in / Schweiz

____

____

3. wir / können / schwimmen / in / See / oder / gehen / in / Wald

____

4. Sie *(formal)* / kennen / Hermann?

____

5. Sie *(formal)* / wissen // wo / er / arbeiten?

____

6. ich / glauben // in / Geschäft / zwischen / Drogerie / und / Supermarkt

____

____

F. Wohin? Say it in German.

1. *Put* (formal) *the plates in the kitchen.*

____

2. *Put* (pl. fam.) *the carpet in the living room.*

____

3. *Where am I supposed to hang the picture?*

____

4. *I don't know. Hang* (sg. fam.) *it over the sofa.*

____

____

5. *Where is the bathroom?*

____

6. *Go* (formal) *into the hallway. It's next to the bedroom.*

____

Name ______________ Datum ______________ Kurs ______________

G. Wohnungssuche Read the rental ads and then write your own.

Holger (24) sucht WG-Zimmer bis 225 €, warm, ab 15.12., Tel.: 29 88 23	Mein Hund und ich (27) suchen ein Zuhause zum 1.12., hell, ruhig, mit Garten. Tel.: 43 56 91.
Suche 2-Zimmer, Küche, Bad, möglichst zentral und billig. Steffi: 86 29 58	Paar (Nichtraucher) sucht 3-4 Zimmerwohnung, U-Bahn-Nähe, sind so gut wie nie da, zahlen pünktlich unsere Miete. Tel.: 59 52 21
Studentin (23) sucht ruhiges Zimmer oder Wohnung, max. 400 €, zum 15.11., Tel.: 72 35 55 (ab 17 Uhr).	Familie mit 3 Kindern sucht Haus oder Wohnung, mindestens 4 1/2 Zimmer, Balkon oder Garten. Tel.: 83 32 48

____

____

____

____

____

____

H. Anzeigen

1. Zimmer / Wohnung zu vermieten
   You have decided to rent out the place where you currently live because you will be in a foreign studies program for a year. Write an ad in German. If possible, include a photo to make it more enticing!
2. Mein Traumhaus
   What is your dream house? If you had all the money in the world, what would the house ad say so that you would be compelled to respond to it instantly? In German, write an ad for your dream house.

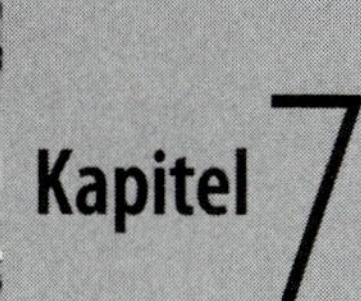

Kapitel 7 Auf der Bank und im Hotel

Zum Hören

GESPRÄCHE

7-1

A. Auf der Bank Hören Sie gut zu. Wiederholen Sie dann das Gespräch noch einmal und wiederholen Sie jeden Satz!

TOURISTIN Guten Tag! Wo kann ich hier Dollar umtauschen?
ANGESTELLTE Haben Sie eine Kreditkarte?
TOURISTIN Ja, eine Kreditkarte und eine Debitkarte aus Kanada.
ANGESTELLTE Nun, dann gehen Sie am besten da drüben oder draußen am Eingang an den Geldautomaten. Mit der Debitkarte ist der Wechselkurs etwas besser.
TOURISTIN Vielen Dank!
ANGESTELLTE Bitte, bitte!

7-2

B. An der Rezeption im Hotel Hören Sie zu!

EMPFANGSDAME Guten Abend!
GAST Guten Abend! Haben Sie ein Einzelzimmer frei?
EMPFANGSDAME Für wie lange?
GAST Für zwei oder drei Nächte; wenn möglich ruhig und mit Bad.
EMPFANGSDAME Leider haben wir heute nur noch ein Doppelzimmer, und das nur für eine Nacht. Aber morgen wird ein Einzelzimmer frei. Wollen Sie das Doppelzimmer sehen?
GAST Ja, gern.
EMPFANGSDAME Zimmer Nummer 12, im ersten Stock rechts. Hier ist der Schlüssel.
GAST Sagen Sie, kann ich meinen Koffer einen Moment hier lassen?
EMPFANGSDAME Ja, natürlich. Stellen Sie ihn da drüben in die Ecke!
GAST Danke! Noch etwas, wann machen Sie abends zu?
EMPFANGSDAME Um 24.00 Uhr. Wenn Sie später kommen, müssen Sie klingeln.

7-3

Lesen Sie jetzt die Rolle vom Gast! Beginnen wir!

7-4

C. Richtig oder falsch? Sie hören sechs Sätze. Stimmt das?

1. richtig falsch
2. richtig falsch
3. richtig falsch
4. richtig falsch
5. richtig falsch
6. richtig falsch

AUSSPRACHE: ei, ie

For more practice pronouncing these sounds, see the Summary of Pronunciation Part II, subsections 37, 40–41 in the front of the main textbook.

7-5

A. Laute Hören Sie zu und wiederholen Sie!

1. [ei] s**ei**t, w**ei**ßt, bl**ei**bst, l**ei**der, fr**ei**, R**ai**ner, M**ey**er, B**ay**ern
2. [ie] w**ie**, w**ie** v**ie**l, n**ie**, l**ie**ben, l**ie**gen, m**ie**ten, l**ie**s, s**ie**h, D**ie**nstag
3. v**ie**ll**ei**cht, B**ei**sp**ie**l, bl**ei**ben / bl**ie**ben, h**ei**ßen / h**ie**ßen, W**ie**n / W**ei**n, W**ie**se / w**ei**ß

Name ______________________ Datum ______________________ Kurs ______________

7-6

B. Wortpaare Hören Sie zu und wiederholen Sie!

1. See / Sie
2. beten / bieten
3. biete / bitte
4. Miete / Mitte
5. leider / Lieder
6. Mais / mies

Was hören Sie jetzt? ....

STRUKTUR

Formal time

7-7

A. Wie spät ist es? Lesen Sie die Uhrzeiten laut!

BEISPIEL: 22.10 Uhr
Es ist zweiundzwanzig Uhr zehn.

13.35 Uhr / 4.28 Uhr / 9.15 Uhr / 16.50 Uhr / 19.45 Uhr / 12.12 Uhr

7.1 *Der*- and *ein*-words

7-8

B. Mein oder dein? Ersetzen Sie den Artikel!

1. dieser Ausweis *(every)*
   jeder Ausweis
   ....
2. in meiner Tasche *(her)*
   in ihrer Tasche
   ....

7-9

C. Das Gepäck Beantworten Sie die Fragen!

1. In welchem Zimmer ist das Gepäck? (sein)
   In seinem Zimmer.
   ....
2. Trägst du keinen Koffer? (ihr)
   Doch, ich trage ihren Koffer.
   ....

7.2 Separable-prefix verbs

7-10

D. Wer geht heute aus? Ersetzen Sie das Subjekt!

Robert geht heute aus. (ich)
Ich gehe heute aus.
....

7-11

E. Hans' Stundenplan Ersetzen Sie das Verb!

1. Wann steht Hans auf? (ankommen)
   Wann kommt Hans an?
   ....
2. Ich weiß, dass du heute ausgehst. (abfahren)
   Ich weiß, dass du heute abfährst.
   ....

7-12

F. Was soll ich machen? Antworten Sie mit *ja*!

Soll ich den Scheck einlösen?
Ja, lös den Scheck ein.
....

LESETEXT

7-13

Übernachtungsmöglichkeiten

....

Name ______________ Datum ______________ Kurs ______________

DIKTAT

7-14 Hören Sie zu und schreiben Sie, was Sie hören!

1. ______________________________

2. ______________________________

3. ______________________________

4. ______________________________

5. ______________________________

VERSTEHEN SIE?

7-15 **Im Hotel** Passen Sie auf!

....

7-16 **Welche Antwort ist richtig?**

© Beatrix Brockman

1. Wie heißt das Hotel?
   a. Parkhotel
   b. Schlosshotel
   c. Hotel am See
2. Wo liegt das Elternschlafzimmer?
   a. im Parterre
   b. im ersten Stock
   c. im zweiten Stock
3. Wann macht das Restaurant mittwochs auf?
   a. um halb sieben
   b. um sieben
   c. um acht
4. Warum frühstücken sie nicht so früh?
   a. Sie müssen erst lange duschen.
   b. Sie schlafen gern lange.
   c. Das Frühstück schmeckt nicht.
5. Wann nehmen sie einen Hausschlüssel vom Hotel mit?
   a. Wenn sie abfahren.
   b. Wenn sie lange schlafen.
   c. Wenn sie nach zwölf nach Hause kommen.

Name ______________ Datum ______________ Kurs ______________

Zum Sehen

VIDEO-SZENEN

© Cengage Learning

Ausflug ins Grüne Accompany Anton, Hülya, Lily, and Paul as they venture out on an exciting bike tour.

Zum Erkennen: der Ausflug ins Grüne *(excursion into nature);* wandern *(to hike);* leihen *(here: to rent);* ich bin dabei *(I'm coming along);* in Ordnung *(Okay);* Los geht's! *(Let's go!);* für alle Fälle *(just in case);* viermal *(four times);* Hin und zurück *(return ticket);* ein·schlafen *(to fall asleep);* anstrengend *(strenuous);* nee (coll.: *no*); Verflixt noch mal! *(Darn it!);* passieren *(to happen);* mein Reifen ist platt *(I have a flat tire);* ich hab' keine Lust *(I don't feel like);* flicken *(to patch);* das Werkzeug *(tools);* schlimm *(bad);* das kriegen wir wieder hin *(we'll fix it)*

A. Alles verstanden?

1. Was wollen die Vier machen?
2. Wo kann man Fahrräder leihen?
3. Wann müssen sie wieder zurück sein?
4. Wohin darf man die Fahrräder auch mitnehmen?
5. Was nehmen sie zu essen mit?
6. Was brauchen sie auch für alle Fälle?
7. Wie lange müssen sie warten, bis das Schiff kommt?
8. Was kostet die Fahrt für alle Vier und ihre Fahrräder?
9. Warum ist Paul so müde?
10. Was passiert mit Antons Reifen?

B. Wenn du mich fragst, . . . — Und du? Complete the following sentences in your own way, and then ask your classmate to respond. Be ready to tell the class about your findings.

1. Ich habe kein Fahrrad, weil . . . Und du, hast du ein Fahrrad? Wenn ja, wo kann man hier Fahrrad fahren?
2. Ich gehe lieber *(rather)* . . . Und du?
3. Ich weiß nicht, wo man hier mit einem Schiff fahren kann. Weißt du, wo man das tun kann?
4. Wenn das Wetter schön ist, kann man hier am Wochenende . . . Was tust du dann gern?

C. Genau gehört Let's see how well you listened. Check (✓) all the things in the list that you heard in the video, and then orally complete the sentence below indicating what you didn't hear. Compare the result with your classmates.

Ich habe alles gehört außer . . .

_____ Bitte schön!
_____ Das gibt's doch nicht!
_____ Das kann doch nicht wahr sein!
_____ Das tut mir leid.
_____ Gehen wir packen!
_____ Gute Idee!
_____ In Ordnung.
_____ Los geht's!
_____ Nee!
_____ Pass auf!
_____ Quatsch!
_____ Schönen Tag!
_____ Verflixt noch mal!
_____ Vorsicht!
_____ Warte!

Name ____________________ Datum ________________________ Kurs ______________

VIDEO-INTERVIEWS

Wohin fahren Sie gern in den Ferien?

Zum Erkennen: der Hund, -e *(dog)*; der letzte Urlaub *(last vacation)*; verbringen *(to spend [time])*; das Meer *(ocean)*; auf jeden Fall *(definitely)*; am Strand *(at the beach)*; ab und zu *(once in a while)*; gucken nach (coll.: *to look for)*; wachsen *(to grow)*; die Küste, -n *(coast)*; entfernt *(away)*; gestritten *(argued)*; deswegen *(therefore)*; der Erfolg *(success)*

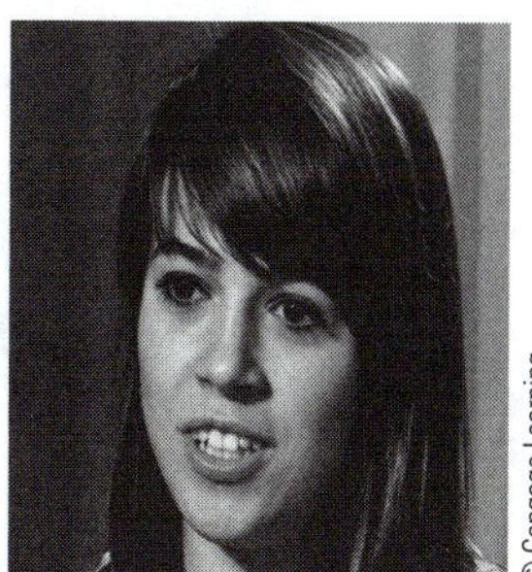

Lucia Lange

A. Was stimmt?

1. Wenn die Borchardts in den Urlaub fahren, fahren sie gewöhnlich mit _____.
   a. dem Zug b. einem Caravan c. einem Bus
2. Sie nehmen dann auch ihre _____ mit.
   a. Nachbarn b. Kinder c. Hunde
3. Meistens fahren sie in den Süden, weil man da schön _____ kann.
   a. baden b. fischen c. Ski laufen
4. Beim letzten Urlaub waren sie in _____.
   a. Griechenland b. Kroatien c. der Türkei
5. Sie haben einen Campingplatz _____ gefunden.
   a. an einem See b. an einem Fluss c. am Meer
6. Frau Lang will nächstes Jahr nach _____ fahren.
   a. Norwegen b. Spanien c. Polen
7. Wie die Borchardts sind die Schmetkes letzten Sommer im Urlaub _____.
   a. Boot gefahren b. Wasserski gelaufen c. einkaufen gegangen
8. In Italien haben sie viele _____ gesehen.
   a. Obstbäume b. Olivenbäume c. Tannenbäume
9. Herr Axer ist in St. Sebastian _____ gewesen.
   a. an der Nordsee b. am Mittelmeer c. am Atlantik
10. Das Wetter ist _____ gewesen.
    a. nicht besonders gut b. wirklich furchtbar c. einfach prima
11. Mit _____ hat er dort Probleme gehabt.
    a. seiner Freundin b. seinem Freund c. seinen Eltern
12. In den nächsten Ferien will er _____ fliegen.
    a. in die USA b. nach Mexiko c. nach Kuba
13. Frau von Heyden will in den nächsten Ferien eine Woche nach _____ fahren.
    a. Paris b. London c. Rom
14. _____ sind ihre nächsten Ferien.
    a. Weihnachten b. Ostern c. Pfingsten
15. Sie will das zusammen mit _____ tun.
    a. ihrer Schwester b. ihren Geschwistern c. dem Vater und der Stiefmutter

B. Jetzt sind Sie dran! Now it's your turn. How would YOU answer the interview question? Write a connected paragraph of six to eight sentences of where and how you spent your last vacation, or where you would like to go and why? What can you do there? Do you travel alone? Or if not, whom would you like to take along?

Name ______________________ Datum __________________________ Kurs ______________

Zum Schreiben

A. Erweitern Sie Ihren Wortschatz!

The first element in a compound noun is not always a noun. It can be a verb or an adjective.

1. **Bilden Sie Substantive!** List the compound nouns with their articles and English eqivalents.

BEISPIEL essen + Zimmer = das Esszimmer, - *(dining room)*
Baden + Zimmer = das Badezimmer, - *(bathroom)*

a. reisen + Wetter ______________________
b. duschen + Vorhang ______________________
c. kaufen + Haus ______________________
d. kochen + Buch ______________________
e. lesen + Ecke ______________________
f. liegen + Stuhl ______________________
g. parken + Platz ______________________
h. tanzen + Stunde ______________________
i. tragen + Tasche ______________________
j. wechseln + Geld ______________________

2. **Welches Adjektiv ist in dem Wort?** Separate the adjective and the noun by drawing a line between the two elements in the following compound words. Then, find the English equivalent of the compound.

BEISPIEL Schwarz|wald *Black Forest*

breakfast	change	express route	leisure time	marinated pot roast
old (part of the) town	prefabricated house	refrigerator	regular mail	white bread

a. Altstadt ______________________
b. Fertighaus ______________________
c. Freizeit ______________________
d. Frühstück ______________________
e. Kleingeld ______________________
f. Kühlschrank ______________________
g. Normalpost ______________________
h. Sauerbraten ______________________
i. Schnellweg ______________________
j. Weißbrot ______________________

Name ______________________ Datum ______________________ Kurs ______________

B. Was passt nicht?

1. die Tür—der Eingang—der Ausgang—der Ausweis
2. der Gast—das Bargeld—der Scheck—die Kasse
3. der Koffer—die Tasche—das Gepäck—das Gebäck
4. der Gasthof—die Jugendherberge—das Erdgeschoss—die Pension
5. der Wald—der See—der Fluss—das Hotel
6. geöffnet—zu—offen—auf

C. Was ist das Gegenteil?

1. laut ______________________
2. hell ______________________
3. bequem ______________________
4. leicht ______________________
5. weit ______________________
6. oben ______________________
7. sauber ______________________
8. schnell ______________________
9. billig ______________________
10. dick ______________________

D. Auf Deutsch bitte!

1. *the location* ______________________
2. *a view of* ______________________
3. *Careful!* ______________________
4. *I don't believe that.* ______________________
5. *Just a minute!* ______________________
6. *Nonsense!* ______________________
7. *That can't be true.* ______________________
8. *That depends.* ______________________
9. *That's impossible.* ______________________
10. *Watch out!* ______________________

Name ____________ Datum ____________ Kurs ____________

E. Kreuzworträtsel

© Cengage Learning

HORIZONTAL
1. *her* (dat.) 3. *you* 4. *cash* 7. *my* (attr. pl.) 9. *only* 11. *he* 12. *guest* 14. *around* 15. *to go swimming* 17. *ice cream* 19. *into* 21. *trip* 23. *and* 25. *free* 26. *cold* 27. *counter* 29. *almost* 30. *night* 34. *off* (prefix) 35. *couch* 36. *entrance* 38. *it* 39. *with* 43. *to change* 46. *your* (pl. fam.) 50. *banks* 51. *after* 52. *red* 53. *closed* 54. *our* 55. *egg*

VERTIKAL
2. *not a* 3. *the* (m.) 5. *ID card* 6. *to the* 8. *new* 9. *number* 10. *one* (pronoun) 13. *lake* 15. *until* 16. *to cash* 18. *juice* 20. *exit* 22. *key* 24. *Sure I do.* 26. *suitcase* 28. *has* 31. *day* 32. *lamp* 33. *Thank you!* 40. *tea* 41. *bed* 42. *the* (n.) 44. *are* 45. *near* 47. *watch* 48. *Red*

F. Übernachtung in einer Burg

Fill in the endings.

1. Auf dies__ Bild sieht man Burg Stahleck, eine Burg *(f.)* aus d__ 13. Jahrhundert *(century, n.)*. 2. Am Rhein gibt es viele Burgen, aber nicht all__ Burgen sind Jugendherbergen. 3. So ein__ Jugendherberge mit

© Carola Koserowsky/Photolibrary

einer solch__ Lage ist sehr ungewöhnlich. 4. In dies__ Jugendherberge haben wir mit unser __ Freunden zwei Nächte übernachtet. 5. Von mein__ Zimmer habe ich ein__ Blick auf viele Weinberge *(vineyards)* und d__ Fluss mit sein__ Schiffen *(pl.)* gehabt. 6. Der Weg von Bacharach zu dies__ Burg ist natürlich etwas anstrengend *(strenuous)* gewesen. 7. Manch __ Leute fahren vom Bahnhof mit ein__ Taxi dorthin, aber mein__ Freunde und ich sind gelaufen. 8. Wenn man mit wenig Gepäck reist, ist das kein__ Problem. 9. Hier hat jed__ Stadt und jed__ Städtchen etwas Besonderes. 10. Ich liebe solch__ Reisen.

G. Reisepläne Form sentences.

1. Karl // bitte aufschreiben / dein / Hausnummer!
   ich / wollen vorbeibringen / morgen / mein / Scheck

   ____

   ____

   ____

2. ihr / ausgehen / heute?
   ja // wir / wollen / besuchen / unser / Freund *(pl.)*

   ____

   ____

3. in / welch- / Hotel / ihr / übernachten?
   wir / übernachten / in / Pension / gegenüber von / Bahnhof

   ____

   ____

   ____

4. wissen / du // wann / Geschäft / aufmachen?
   dies- / Geschäft / aufmachen / 10 Uhr

   ____

   ____

5. ich / mögen / bezahlen / mein / Rechnung
   hier / sein / mein / Kreditkarte

   ____

   ____

6. dürfen / ich / sehen / Ihr / Ausweis / oder / Ihr / Pass?

   ____

   ____

   ____

H. Noch einmal Say it in German.

1. ***Der* and *ein*-words**

   a. *Shall I bring your* (sg. fam.) *luggage to* (***in***) *your room?*

   ____

   ____

   b. *For which door is this key?*

   ____

   c. *Is it for all doors and also for this entrance?*

   ____

   d. *Do you* (pl. fam.) *know your room number?*

   ____

   e. *We're taking our keys along because some hotels close at 11 o'clock.*

   ____

   ____

2. **Separable-prefix verbs**

   a. *You* (sg. fam.) *didn't close your book.*

   ____

   b. *Listen!* (formal)

   ____

   c. *They came back on the weekend.*

   ____

   d. *Are you* (pl. fam.) *still going out?*

   ____

   e. *I don't know if she's coming along.*

   ____

   f. *Do you* (sg. fam.) *know when she went out?*

   ____

   ____

   g. *I exchanged our money.*

   ____

   h. *Whom did you* (formal) *bring along?*

   ____

Name ______________________ Datum ______________________ Kurs ______________

I. Wie spät ist es jetzt dort? Look at the map and complete the sentences.

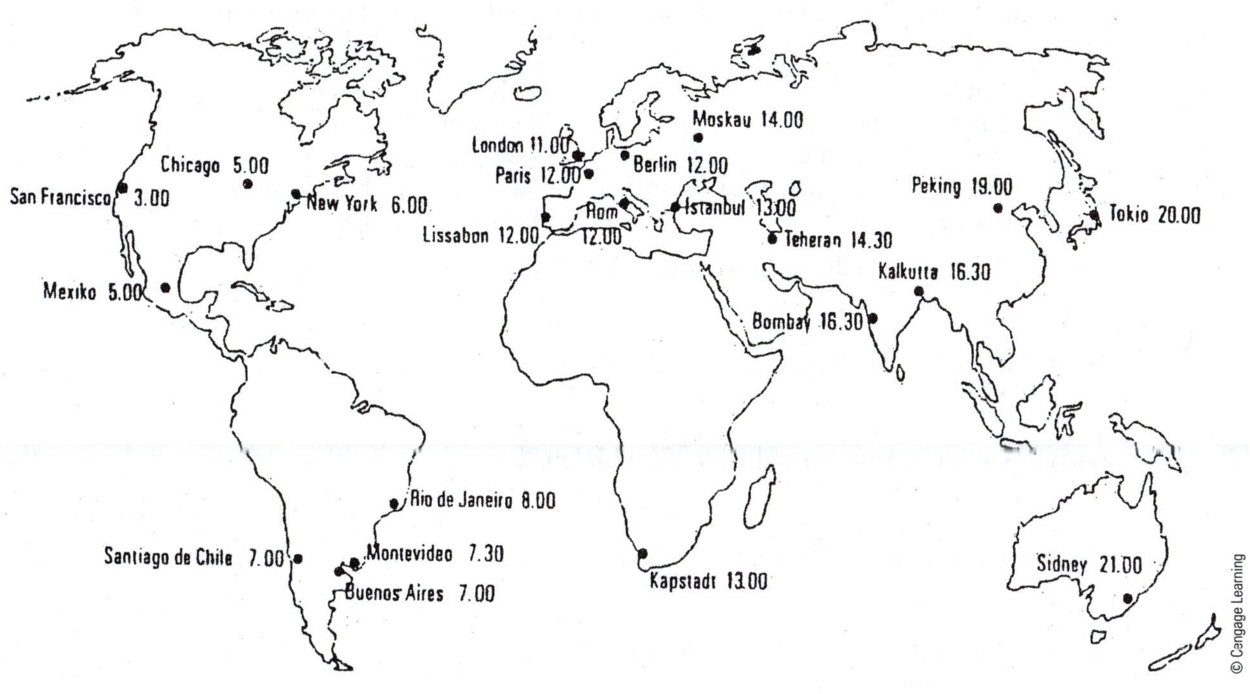

1. Wenn es in Berlin zwölf Uhr ist, wie spät ist es dann in . . . ?
   a. Mexiko: ____________ d. Kalkutta: ____________
   b. New York: ____________ e. Tokio: ____________
   c. Kapstadt: ____________ f. Sidney: ____________
2. Wo ist es so spät wie in Berlin?

   ____________ ____________ ____________
3. Wie viele Stunden später ist es in . . . ?
   a. Istanbul: ____________
   b. Moskau: ____________
   c. Peking: ____________
4. Wie viele Stunden früher *(earlier)* ist es in . . . ?
   a. Chicago: ____________
   b. San Francisco: ____________
   c. Rio de Janeiro: ____________
   d. Santiago de Chile: ____________

J. Was tun? You are traveling during summer vacation and have run into a problem with accommodations. React to the information given with different expressions of disbelief, such as the ones listed here.

Ach du liebes bisschen!	Du bist wohl verrückt!
Das gibt's doch nicht!	Nein danke!
Das glaube ich nicht.	Quatsch!
Das kann doch nicht wahr sein!	Vielleicht du, aber ich nicht.
Du bist lustig.	Wenn's sein muss.

BEATE Du, die Jugendherberge ist diese Woche geschlossen.

SIE ______________________________

BEATE Ich habe überall gefragt, aber es gibt kein Hotelzimmer und kein Gästezimmer mehr.

SIE ______________________________

BEATE Vielleicht müssen wir im Park schlafen.

SIE ______________________________

BEATE Sollen wir einfach wieder nach Hause fahren?

SIE ______________________________

BEATE Oder wir fahren in der Nacht mit dem Zug *(train)* irgendwohin und sind am Morgen wieder hier.

SIE ______________________________

BEATE Nein, nein, nein! Zu allem sagst du nein. Vielleicht können wir bei der Polizei schlafen.

SIE ______________________________

BEATE Du, ich glaube, ich habe mein Portemonnaie in der Telefonzelle gelassen *(left)*.

SIE ______________________________

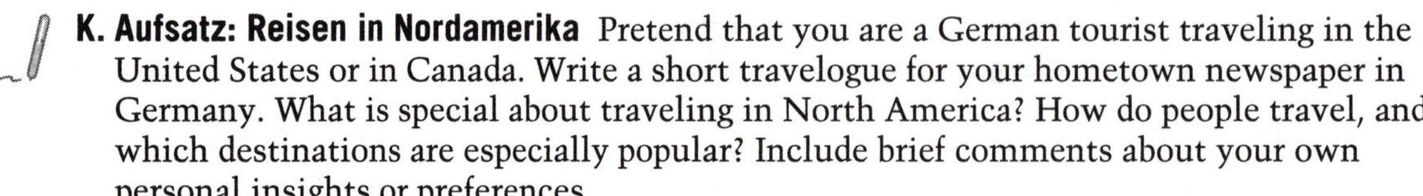

K. Aufsatz: Reisen in Nordamerika Pretend that you are a German tourist traveling in the United States or in Canada. Write a short travelogue for your hometown newspaper in Germany. What is special about traveling in North America? How do people travel, and which destinations are especially popular? Include brief comments about your own personal insights or preferences.

Rückblick: Kapitel 4-7

I. Verbs

1. Wissen

Wissen, like the modals below, is irregular in the singular of the present tense. It means *to know a fact,* as opposed to **kennen,** which means *to be acquainted with a person or thing.*

singular	plural
ich weiß	wir wissen
du weißt	ihr wisst
er weiß	sie wissen

2. Modals

	dürfen	können	müssen	sollen	wollen	mögen	möchten
ich	darf	kann	muss	soll	will	mag	möchte
du	darfst	kannst	musst	sollst	willst	magst	möchtest
er	darf	kann	muss	soll	will	mag	möchte
wir	dürfen	können	müssen	sollen	wollen	mögen	möchten
ihr	dürft	könnt	müsst	sollt	wollt	mögt	möchtet
sie	dürfen	können	müssen	sollen	wollen	mögen	möchten

The modal is the second sentence element (V1); the infinitive of the main verb (V2) stands at the end of the sentence.

Sie **sollen** ihr den Kaffee **bringen.** *You're **supposed to bring** her the coffee.*
V1 V2

3. Imperatives

The forms of the familiar imperative have no pronouns; the singular familiar imperative has no **-st** ending.

formal sg. + pl.	fam. sg. (du)	fam. pl. (ihr)	1st pers. pl. (*Let's* . . .)
Schreiben Sie!	Schreib!	Schreibt!	Schreiben wir!
Antworten Sie!	Antworte!	Antwortet!	Antworten wir!
Fahren Sie!	**Fahr**!	Fahrt!	Fahren wir!
Nehmen Sie!	**Fahr**!	Nehmt!	Nehmen wir!

4. Present perfect

a. Past participles

T-verbs (weak and mixed verbs)	*N*-verbs (strong verbs)
(ge) + stem(change) + (e)t	(ge) + stem(change) + en
gekauft	geschrieben
gearbeitet	
gebracht	
eingekauft	mitgeschrieben
verkauft	unterschrieben
reserviert	

b. Most verbs use **haben** as the auxiliary. Those that use **sein** are intransitive (take no object) and imply a change of place or condition; **bleiben** and **sein** are exceptions to the rule.

Wir haben Wien gesehen.
Wir sind viel gelaufen.
Abends sind wir müde gewesen.

5. **Verbs with inseparable and separable prefixes**

a. Inseparable-prefix verbs (verbs with the unstressed prefixes **be-, emp-, ent-, er-, ge-, ver-** and **zer-**) are never separated.

Was bedeutet das?
Das verstehe ich nicht.
Was empfehlen Sie?
Wer bezahlt das Mittagessen?

The prefixes **über-, unter-,** and **wieder-** can be used as separable or inseparable prefixes, depending on the particular verb and meaning.

Übernach'tet ihr in der Jugendherberge?
Unterschrei'ben Sie bitte hier!
Wiederho'len Sie bitte! BUT Hol das bitte wieder!

b. Separable-prefix verbs (verbs where the prefix is stressed) are separated in statements, questions, and imperatives.

Du **bringst** deine Schwester **mit.**
Bringst du deine Schwester **mit?**
Bring doch deine Schwester **mit!**

They are not separated when used with modals, in the present perfect, or in dependent clauses.

Du **sollst** deine Schwester **mitbringen.**
Hast du deine Schwester **mitgebracht?**
Sie will wissen, ob du deine Schwester **mitbringst.**

II. Cases

1. **Interrogative pronouns**

nom.	wer?	was?
acc.	wen?	was?
dat.	wem?	

2. ***Der*-words and *ein*-words**

Der-words have the same endings as the definite article **der**; and **ein**-words (or possessive adjectives) have the same endings as **ein** and **kein.**

dieser	solcher (so ein)
jeder	welcher
mancher	alle

mein	unser
dein	euer
sein, sein, ihr	ihr, Ihr

3. **Two-way prepositions: accusative or dative?**

an, auf, hinter, in, neben, über, unter, vor, zwischen

The nine two-way prepositions take either the dative or the accusative, depending on the verb.

wo? LOCATION, activity within a place → dative
wohin? DESTINATION, motion to a place → accusative

Remember the difference between these two sets of verbs:

to put (upright)	Er **stellt** den Koffer neben den Ausgang.
to stand	Der Koffer **steht** neben dem Ausgang.
to put (flat), lay	**Legen** Sie den Ausweis auf den Tisch!
to lie (flat)	Der Ausweis **liegt** auf dem Tisch.

4. **Summary of the three cases**

<table>
<tr><th></th><th>use</th><th>follows . . .</th><th>masc.</th><th>neut.</th><th>fem.</th><th>pl.</th></tr>
<tr><td>nom.</td><td>SUBJECT,
PREDICATE
NOUN</td><td>heißen, sein, werden</td><td>der
dieser
ein
mein</td><td rowspan="3">das
dieses
ein
mein</td><td rowspan="3">die
diese
eine
meine</td><td rowspan="3">die
diese
keine
meine</td></tr>
<tr><td rowspan="2">acc.</td><td rowspan="2">DIRECT
OBJECT</td><td>durch, für, gegen,
ohne, um</td><td rowspan="2">den
diesen
einen
meinen</td></tr>
<tr><td>an, auf, hinter,
in, neben, über,
unter, vor, zwischen</td></tr>
<tr><td>dat.</td><td>INDIRECT
OBJECT</td><td>aus, außer, bei, mit,
nach, seit, von, zu

antworten, danken,
gefallen, gehören,
helfen, zuhören</td><td>dem
diesem
einem
meinem</td><td>dem
diesem
einem
meinem</td><td>der
dieser
einer
meiner</td><td>den
diesen
keinen
meinen</td></tr>
</table>

5. **Personal pronouns**

	singular					plural			sg. / pl.
nom.	ich	du	er	es	sie	wir	ihr	sie	Sie
acc.	**mich**	**dich**	**ihn**	**es**	**sie**	**uns**	**euch**	**sie**	**Sie**
dat.	**mir**	**dir**	**ihm**	**ihm**	**ihr**	**uns**	**euch**	**ihnen**	**Ihnen**

Don't confuse these pronouns with the **ein**-words or possessive adjectives which are always followed by a noun.

III. Sentence structure

1. **Verb position**

a. V1—V2

In declarative sentences, *yes/no* questions, and imperatives, two-part verb phrases are split:

- the inflected part (V1) is the first or second sentence element.
- the other part (V2) appears at the end of the clause.

Er **ist** hier an der Uni **Student.**
Er **ist** wirklich sehr **interessant.**
Hast du ihn schon **kennen gelernt?**
Ich **kann** jetzt nicht lange **sprechen.**
<u>**Komm**</u> doch später bei uns <u>**vorbei!**</u>
V1 V2

b. **Subordinate clauses**

- Subordinate clauses are introduced by subordinating conjunctions or interrogatives.

bevor, dass, ob, obwohl, weil, wenn, etc.

wer? wen? wem? was? was für ein(e)? wohin? woher? wo?
wann? warum? wie? wie lange? wie viel? wie viele? etc.

- In subordinate clauses, the subject usually comes immediately after the conjunction, and the inflected verb (V1) is at the end of the clause.

Sie sagt, **dass** sie das Einzelzimmer **nimmt.**
Er sagt, **dass** er den Zimmerschlüssel **mitbringt.**

- Two-part verb phrases appear in this order: V2 V1.

Sie sagt, **dass** er den Koffer **mitbringen soll.**

- If a subordinate clause is the first sentence element, then the inflected part of the verb in the main clause comes right after the comma, retaining second position in the overall sentence.

Ich **habe** den Schlüssel **mitgenommen,** weil das Hotel um 24.00 Uhr zumacht.
Weil das Hotel um 24.00 Uhr zumacht, **habe** ich den Schlüssel **mitgenommen.**

2. **Sequence of objects**

The indirect object usually precedes the direct object, unless the direct object is a pronoun.

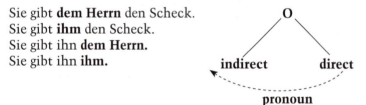

Sie gibt **dem Herrn** den Scheck.
Sie gibt **ihm** den Scheck.
Sie gibt ihn **dem Herrn.**
Sie gibt ihn **ihm.**

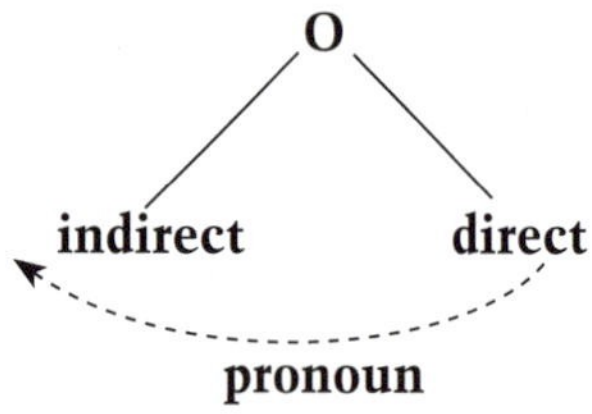

3. ***Sondern*** vs. ***aber***

Sondern must be used when the first clause is negated and the meaning *but on the contrary* is implied.

Er wohnt hier, **aber** er ist gerade nicht zu Hause.
Heinz ist nicht hier, **aber** er kommt in zehn Minuten zurück.
Heinz ist nicht hier, **sondern** bei Freunden.

Wer den Pfennig nicht ehrt, ist den Taler nicht wert.
He who doesn't value a penny, isn't worth a dollar.
Take care of the pennies, and the pounds will look after themselves.

Name ______________________ Datum ______________________ Kurs ______________

WORTSCHATZWIEDERHOLUNG

A. Nennen Sie das Gegenteil!

1. der Ausgang ____________
2. der Tag ____________
3. antworten ____________
4. fahren ____________
5. Glück haben ____________
6. mieten ____________
7. zumachen ____________
8. alt ____________
9. bequem ____________
10. furchtbar ____________
11. geöffnet ____________
12. hell ____________
13. hier ____________
14. immer ____________
15. leicht ____________
16. links ____________
17. ruhig ____________
18. sauber ____________
19. unten ____________
20. weit ____________

B. Was ist der Artikel und der Plural?

1. ____ Ausweis ____________
2. ____ Bank ____________
3. ____ Bibliothek ____________
4. ____ Fest ____________
5. ____ Garten ____________
6. ____ Gast ____________
7. ____ Gasthof ____________
8. ____ Haus ____________
9. ____ Lied ____________
10. ____ Koffer ____________
11. ____ Nacht ____________
12. ____ Radio ____________
13. ____ Reise ____________
14. ____ Sessel ____________
15. ____ Tasche ____________
16. ____ Weg ____________

C. Was passt? More than one response is possible.

____ 1. Können Sie mir sagen, wo das Hotel ist?
____ 2. Wie komme ich dorthin *(to it)*?
____ 3. Wie lange dauert das?
____ 4. Wo kann ich das Gepäck lassen?
____ 5. Einen Moment! Das gehört mir!
____ 6. Wann machen Sie zu?
____ 7. Wo ist das Zimmer?
____ 8. Haben Sie kein Zimmer mit Bad?
____ 9. Das Zimmer ist zu klein.
____ 10. Nehmen Sie Kreditkarten?

a. An der Rezeption.
b. Da drüben.
c. Das finde ich auch.
d. Das stimmt nicht.
e. Doch!
f. Ein paar Minuten.
g. Entschuldigen Sie!
h. Fahren Sie immer geradeaus!
i. In ein paar Minuten.
j. Ja, gern.
k. Ja, natürlich.
l. Leider nicht.
m. Mit dem Bus.
n. Neben dem Rathaus.
o. Ich weiß nicht.
p. Schade.
q. Sind Sie sicher?
r. Um 23.00 Uhr.
s. Wirklich?
t. Zu Fuß!

Name ______________________ Datum __________________________ Kurs ________________

STRUKTURWIEDERHOLUNG

D. *Wissen* oder *kennen*?

1. Ich möchte ____________, für wen das Geschenk ist.
2. ____________ du einen Herrn Mayerhofer?
3. ____________ ihr eure Nachbarn nicht?
4. Nein, ich ____________ sie nicht, aber ich ____________, dass sie aus Österreich sind.
5. ____________ du, wann sie zurückkommen sollen?

E. Nennen Sie drei Imperative!

1. Tun wir die Milch in den Kühlschrank!

   ____

2. Stellen wir die Teller auf den Tisch!

   ____

3. Gehen wir ins Wohnzimmer!

   ____

4. Sprechen wir ein bisschen!

   ____

5. Lassen wir alles liegen und stehen!

   ____

6. Nehmen wir ein paar Gläser mit!

   ____

7. Essen wir ein paar Kartoffelchips!

   ____

8. Bleiben wir noch ein bisschen!

   ____

9. Fahren wir später!

   ____

F. Sagen Sie es im Perfekt!

1. Wohin geht ihr?—Wir fahren zum Museum.

   ____

2. Was machst du heute?—Ich packe meinen Koffer.

   ____

3. Wie feiert ihr seinen Geburtstag?—Wir überraschen ihn mit einer Party.

   ____

4. Wie gefällt Ihnen die Landshuter Hochzeit?—Sie macht mir viel Spaß.

   ____

5. Vermieten Sie die Wohnung?—Ja, eine Studentin nimmt sie.

____

6. Weißt du, wo der Scheck ist?—Ja, er liegt auf dem Schreibtisch.

____

7. Wie lange dauert die Party?—Sie ist um 12.00 Uhr vorbei.

____

8. Wo sind Paula und Robert?—Sie kaufen ein.

____

G. Verben und Personalpronomen Say it in German.

1. **Ihr dürft das Geschenk aufmachen.**
May we open the present? We want to open it. I can't open it. He has to open it. Why am I not supposed to open it? Wouldn't you (3x) *like to open it?*

____

____

____

____

2. **Wir kommen morgen an.**
I arrived yesterday. She's arriving today. When are they arriving? When did he arrive? Is he arriving, too? I know that they're not arriving tomorrow. They're supposed to arrive the day after tomorrow. Has she arrived yet (**schon**)?

____

____

____

____

____

3. **Ich frage sie.**
He's asking you (formal). *She's asking him. Are they asking us? Yes, they are asking you* (sg. fam.). *We're asking you* (pl. fam.). *Don't* (pl. fam.) *ask them! Did you* (sg. fam.) *ask them? Weren't they asking you* (sg. fam.)? *Have you* (pl. fam.) *asked me?*

____

____

____

____

____

____

4. **Mir gefällt dieses Museum.**
He likes our museum. Do you (formal) *like this museum? They don't like their museum. Which museum do you* (sg. fam.) *like? I like such a museum. Why don't you* (pl. fam.) *like any museum? I never liked such museums. He likes every museum.*

____

____

____

____

____

____

5. **Es tut mir leid.**
She's sorry. He isn't sorry. Are you (3x) *sorry? I was sorry. They were sorry.*

____

____

____

H. Präpositionen Form sentences as in the examples.

1. BEISPIEL Wo ist der Koffer? — *An der Tür.*
   Wohin soll ich den Koffer stellen? — *An die Tür!*

vor / Haus	______________	______________
in / Gästezimmer	______________	______________
neben / Sofa	______________	______________
hinter / Sessel	______________	______________
unter / Tisch	______________	______________
zwischen / Stuhl / und / Bett	______________	______________

2. BEISPIEL Wohin soll ich das Messer legen? — *Auf den Tisch!*
   Wo liegt das Messer? — *Auf dem Tisch.*

neben / Gabel	______________	______________
auf / Teller	______________	______________
in / Küche	______________	______________
in / Esszimmer	______________	______________
zwischen / Butter / und / Käse	______________	______________

Name ______________________ Datum ___________________________ Kurs ________________

I. Konjunktionen

Combine the sentences. (Note that both coordinating and subordinating conjunctions are used.)

1. Ich lerne Deutsch. Meine Großeltern sind aus Deutschland. *(because)*

   ___

   ___

2. Sie möchte wissen. Bist du schon einmal in Deutschland gewesen? *(whether)*

   ___

   ___

3. Ich sage (es) ihr. Ich bin im Sommer dort gewesen. *(that)*

   ___

   ___

4. Ich möchte gern wieder einmal nach Deutschland. So eine Reise ist nicht billig. *(but)*

   ___

   ___

5. Braucht man Hotelreservierungen? Man fährt nach Deutschland. *(when)*

   ___

   ___

6. *(although)* Man braucht keine Reservierung. Es hat manchmal lange gedauert, bis ich ein Zimmer gefunden habe.

   ___

   ___

7. Einmal habe ich bei einer Kusine übernachtet. Eine Nacht habe ich im Zug *(train)* geschlafen. *(and)*

   ___

   ___

8. Man muss alles gut planen. Man möchte nach Deutschland fahren. *(if)*

   ___

   ___

J. *Sondern* oder *aber*?

1. Momentan habe ich kein Kleingeld, ____________ später gehe ich zur Bank.
2. Die Bank ist um diese Zeit geschlossen, ____________ sie macht in einer Stunde auf.
3. Wir möchten nicht in die Stadt gehen, ____________ hier bleiben.
4. In der Stadt kann man viel sehen, ____________ wir haben schon alles gesehen.
5. Das bedeutet nicht, dass die Stadt mir nicht gefällt, ____________ es bedeutet nur, dass ich müde bin.

Name ____________ Datum ____________ Kurs ____________

K. Das Picknick Fill in the blanks.

____________ (1) Wochenende fahren Silvia und Jim ____________ (2) Auto
on the / *by*

____________ (3) Land. Dort wollen sie ein Picknick machen. Sie halten
to the

____________ (4) Städtchen und gehen dann zu Fuß ____________ (5) Feldweg
in a / *on a*

____________ (6) Wald. Sie bummeln gemütlich ____________ (7) Wald und
into the / *through the*

kommen ____________ (8) See. Jim stellt das Essen ____________ (9) Baum, weil er
to a / *under a*

und Silvia ____________ (10) See baden wollen. Aber was sehen sie, als *(when)* sie
in the

wieder ____________ (11) Wasser kommen? Ameisen *(ants)*, viele Ameisen! Sie sind
out of the

überall: ____________ (12) Brötchen *(pl.)*, ____________ (13) Käse, ____________ (14)
between the / *under the* / *on the*

Butter, ____________ (15) Kuchen und ____________ (16) Limonade. Nicht nur das!
behind the / *in the*

Jetzt krabbeln *(crawl)* sie auch noch ____________ (17) Kleidung: ____________ (18)
into the / *onto the*

Bluse, ____________ (19) Hosenbeine *(pl.)* und ____________ (20) Rock! Einfach
between the / *under the*

furchtbar! Da läuft Silvia ____________ (21) Kleidung zurück ____________ (22)
with the / *to the*

See und schüttelt *(shakes)* die Ameisen ____________ (23) Wasser. Weg *(away)*
into the

____________ (24) Ameisen! Jim fischt die Ameisen ____________ (25) Brötchen *(pl.)*,
with the / *out of the*

____________ (26) Butter, ____________ (27) Kuchen und ____________ (28) Limonade.
out of the / *out of the* / *out of the*

Wie schön! Guten Appetit!

L. Was ist richtig?

1. Ach, das tut _____ furchtbar leid.
   a. ich   b. mich   c. mir   d. mein
2. Wie gefällt es _____ hier?
   a. Sie   b. Ihnen   c. Ihren   d. Ihr
3. Wo ist der Park? Können Sie _____ zeigen?
   a. mich er   b. ihn mich   c. ihn mir   d. mir ihn
4. Die Tür ist zu. Bitte öffnen Sie _____!
   a. sie mich   b. mir sie   c. sie mir   d. mich sie
5. Wir wollen am Wochenende _____ Land fahren.
   a. auf dem   b. aufs   c. ins   d. im
6. Wo ist der Kellner? Ich kann _____ nicht sehen.
   a. er   b. ihn   c. ihm   d. ihr

7. Wir fahren nicht mit dem Bus, ____ wir gehen zu Fuß.
   a. aber   b. sondern
8. Die Prüfung ist nicht lang, ____ sie ist schwer.
   a. aber   b. sondern
9. Stell doch das Auto in ____ Garage!
   a. die   b. der
10. Den Wein findet ihr in ____ Kühlschrank!
   a. den   b. dem
11. Häng die Mäntel in ____ Schrank!
   a. den   b. dem
12. Gehen Sie an ____ Tafel!
   a. die   b. der
13. ____ hält der Bus?
   a. Wo   b. Woher   c. Wohin
14. ____ läufst du denn so schnell?
   a. Wo   b. Woher   c. Wohin
15. An ____ Haltestelle müssen wir aussteigen?
   a. welche   b. welchen   c. welcher   d. welchem
16. Geht ihr heute Abend ____?
   a. ab   b. aus   c. ein   d. zu
17. Wer ____ mitkommen?
   a. können   b. kann   c. könnt   d. kannst
18. ____ Oskar auf die Party mit!
   a. Nehme   b. Nimm   c. Nimmt   d. Nehmen
19. Gefallen ____ die Sessel nicht?
   a. dir   b. ihn   c. sie   d. du
20. ____ du die Fenster zugemacht?
   a. Hast   b. Bist
21. ____ Rita schon zurückgekommen?
   a. Hat   b. Ist
22. Wer ____, wo Erika ist?
   a. wisse   b. wisst   c. weißt   d. weiß
23. Gerda sitzt zwischen ____ Vater und ____ Mutter.
   a. ihren / ihre   b. ihrem / ihrer   c. ihr / ihre   d. ihrem / ihren
24. Wer kann ____ helfen?
   a. mich   b. mir   c. mein   d. ich
25. ____ soll ich helfen?
   a. Wer   b. Wen   c. Was   d. Wem

Name ______________ Datum ______________ Kurs ______________

M. Auf Deutsch bitte! Unless you are instructed otherwise, use plural familiar forms in this exercise.

1. *How do you like your rooms?*

2. *I like my room.*

3. *One can see not only the city, but also the lake.*

4. *Do you know that my room even has Internet access* (**Internetanschluss**)*?*

5. *Which room do you* (sg. fam.) *have?*

6. *Look* (sg. fam.) *over there, the room next to the entrance.*

7. *What are we doing now?*

8. *Nothing. I have to talk with your father.*

9. *And you must go to* (**ins**) *bed because we'll have to get up early* (**früh**) *tomorrow.*

10. *We only sit in the car and aren't allowed to do anything.*

11. *Where do you want to go?*

12. *I know a hotel near the lake where one can dance.*

13. *When are you coming back?*

14. *When are we supposed to come back?*

15. *Where are the car keys?*

16. *Give* (sg. fam.) *them to me.*

Kapitel 8 Post und Reisen

Zum Hören

GESPRÄCHE

8-1

A. Auf der Post am Bahnhof Hören Sie gut zu. Wiederholen Sie dann das Gespräch noch einmal und wiederholen Sie jeden Satz!

© Pierre Baur / Shutterstock

HERR Grüezi!
UTA Grüezi! Ich möchte dieses Paket nach Amerika schicken.
HERR Normal oder per Luftpost?
UTA Per Luftpost. Wie lange dauert das denn?
HERR Ungefähr eine Woche. Füllen Sie bitte diese Paketkarte aus! . . . Moment, hier fehlt noch Ihr Absender.
UTA Ach ja! . . . Noch etwas. Ich brauche eine Telefonkarte.
HERR Für fünf, zehn, zwanzig oder fünzig Franken?
UTA Für zwanzig Franken. Vielen Dank!

8-2

B. Am Fahrkartenschalter in Zürich Hören Sie zu!

ANNE Wann fährt der nächste Zug nach Interlaken?
FRAU In 10 Minuten. Abfahrt um 11.28 Uhr, Gleis 2.
ANNE Ach du meine Güte! Und wann kommt er dort an?
FRAU Ankunft in Interlaken um 14.16 Uhr.
ANNE Muss ich umsteigen?
FRAU Ja, in Bern, aber Sie haben Anschluss zum InterCity mit nur 24 Minuten Aufenthalt.
ANNE Gut. Geben Sie mir bitte eine Hin- und Rückfahrkarte nach Interlaken!
FRAU Erster oder zweiter Klasse?
ANNE Zweiter Klasse.

8-3

Lesen Sie jetzt Annes Rolle! Beginnen wir!

8-4

C. Richtig oder falsch? Sie hören fünf Sätze. Stimmt das?

1. richtig falsch
2. richtig falsch
3. richtig falsch
4. richtig falsch
5. richtig falsch

AUSSPRACHE: e, er Als weitere mündliche Übung lesen Sie *Zur Aussprache* Teil II, Beispiele 8–10 , vorne in *(in the front of)* ***Wie geht's?***.

8-5

A. Laute Hören Sie zu und wiederholen Sie!

1. [ə] Adress**e**, Eck**e**, Haltest**e**ll**e**, b**e**komm**e**n, b**e**such**e**n, ein**e** halb**e** Stund**e**
2. [ʌ] ab**er**, saub**er**, schw**er**, eu**er**, uns**er**, Zimm**er**numm**er**, Uhr, vor, nur, unt**er**, üb**er**, auß**er**, wied**er**holen

8-6

B. Wortpaare Hören Sie zu und wiederholen Sie!

1. Studenten / Studentin
2. Touristen / Touristin
3. diese / dieser
4. arbeiten / Arbeitern
5. lese / Leser
6. mieten / Mietern

Was hören Sie jetzt? ....

STRUKTUR

8.1 The genitive case

8-7

A. Beim Reisen Ersetzen Sie den Genitiv!

1. Sie wohnt auf dieser Seite der Stadt. (Berg)
   Sie wohnt auf dieser Seite des Berges.
   ....
2. Das ist ein Bild meines Großvaters. (meine Tante)
   Das ist ein Bild meiner Tante.
   ....
3. Wo ist das Gepäck des Touristen? (Student)
   Wo ist das Gepäck des Studenten?
   ....

8.2 Time expressions

8-8

B. Wann passiert das *(When does that happen)*? Ersetzen Sie das Adverb!

1. Fischers fliegen morgen früh ab. (heute Morgen)
   Fischers fliegen heute Morgen ab.
   ....
2. Morgens spielen wir Tennis. (sonntags)
   Sonntags spielen wir Tennis.
   ....

8.3 Sentence structure *(continued)*

8-9

C. Fragen Wohin passt das neue Adverb?

Wir fahren zum Flughafen. (um halb sieben)
Wir fahren um halb sieben zum Flughafen.

1. Wir fahren zum Flughafen. (um halb sieben)
2. Sie fliegt nächste Woche. (nach Paris)
3. Er fährt zum Bahnhof. (mit dem Fahrrad)
4. Ich arbeite im Geschäft. (bis 9 Uhr)
5. Sie kommen hoffentlich im Juli. (zu uns nach Wien)
6. Karl fliegt von Frankfurt ab. (heute)
7. Ist Herr Braun zu Hause? (heute Abend)
8. Gehst du zum Briefkasten? (zu Fuß)
9. Fährt der Junge allein? (in die Schweiz)
10. Sie müssen den Brief per Luftpost schicken. (heute noch)
11. Meine Großeltern reisen nach Österreich. (im Juli)

8-10

D. Stimmt das? Verneinen Sie die Sätze!

Sabrina wohnt in Berlin.
Sabrina wohnt nicht in Berlin.
....

Name ____________ Datum ____________ Kurs ____________

INTERVIEWS

8-11 **Touristen in der Schweiz**

....

DIKTAT

8-12 Hören Sie zu und schreiben Sie, was Sie hören!

1. ______________________________
____
2. ______________________________
____
3. ______________________________
____
4. ______________________________
____
5. ______________________________
____

VERSTEHEN SIE?

8-13

Unterwegs mit dem Eurailpass Hören Sie zu, was der Student zu sagen hat!

Zum Erkennen: der Gletscher, - *(glacier)*; die Hochalpen *(High Alps)*

....

8-14 **Richtig oder falsch?**

1. richtig falsch
2. richtig falsch
3. richtig falsch
4. richtig falsch
5. richtig falsch

© Holger Mette/Shutterstock

Name ______________ Datum ______________ Kurs ______________

Zum Sehen

VIDEO-SZENEN

Unterwegs in der Schweiz Begleiten Sie *(Accompany)* Lily, Paul, Hülya und Anton bei einem Ausflug mit der Rhätischen Bahn in der Schweiz und sehen Sie, was sie noch Besonderes tun!

© Cengage Learning

Zum Erkennen: höher, als ich dachte *(higher than I thought)*; ihr könnt euch nicht vorstellen *(you can't imagine)*; glitzernd *(glittering)*; abenteuerlich *(adventurous)*; lieber *(rather)*; weh·tun *(to hurt)*; schlapp *(weak)*; lahm *(lame)*; hoch·klettern *(to climb up)*; die Wiese, -n *(meadow)*; dahinten *(back there)*; mir wird schlecht *(I get sick)*; der Anfänger, - *(beginner)*; schwierig *(difficult)*; versuchen *(to try)*; runter·kommen *(to come down)*

A. Alles verstanden?

1. Wer von den Viern ist noch nie in den Alpen gewesen?
2. Für wen sind die Alpen im Winter ein Paradies?
3. Wem tun nach dem Wandern die Beine weh?
4. Wie findet Hülya die anderen *(others)*?
5. Wohin wollen sie?
6. Wen fragen sie nach dem Weg?
7. Warum kann man die Frau schlecht verstehen?

B. Wenn du mich fragst, . . . — Und du?

Ergänzen Sie die folgenden Sätze auf Ihre Weise *(in your own way)*. Was sagt Ihr Partner / Ihre Partnerin dazu *(to that)*? Können Sie das den anderen berichten *(report)*?

1. Ich bin noch nie in den Alpen gewesen, aber in . . . Und du?
2. Ich liebe Schnee, aber . . . Wie ist das bei dir?
3. Ich bin fit und wandere furchtbar gern, besonders . . . Und du?
4. Klettern ist nichts für mich, aber ich . . . gern. Und du, bist du schon mal eine Wand hochgeklettert?
5. Wie du weißt, gibt es hier ja auch Dialekte. Ich kann die Leute in . . . nicht so gut verstehen. Und du? Wen kannst du nicht gut verstehen?

C. Genau gehört

Mal sehen *(Let's see)*, wie gut Sie zugehört haben. Markieren Sie alles auf der Liste, was Sie im Video gehört haben! Berichten Sie dann mündlich *(orally)*, was Sie nicht gehört haben, und vergleichen Sie das Resultat mit den anderen!

Ich habe alles gehört außer . . .

_____ Ach du meine Güte!	_____ Gott sei Dank!	_____ Stimmt.
_____ Das ist doch egal!	_____ Klar!	_____ Super!
_____ Einen Moment!	_____ Na und?	_____ Unglaublich!
_____ Entschuldigung!	_____ Quatsch!	_____ Vorsicht!
_____ Ganz schön anstrengend!	_____ Schade!	_____ Wirklich wunderschön!

Name ______________ Datum ______________ Kurs ______________

VIDEO-INTERVIEWS

Woran denken Sie, wenn Sie an die Schweiz denken?

Christina von Heyden

© Cengage Learning

Zum Erkennen: woran? *(of what?)*; sich erinnern an *(to remember)*; die Landschaft *(scenery)*; der Hauptgedanke, -n *(main thought)*; der Ort, -e *(place)*; die Zahnarztpraxis *(dental office)*; weshalb *(that's why)*; vor allen Dingen *(mainly)*; schneebedeckt *(snow-covered)*; die Kuh, ¨-e *(cow)*; die Wiese, -n *(meadow)*

A. Was wissen wir jetzt über sie? Antworten Sie kurz!

1. Ist Frau Siegmund schon oft in der Schweiz gewesen?
   ____
2. Was hat sie auf ihrer Reise schön gefunden?
   ____
3. Wo ist Frau von Heyden früher viel gewesen?
   ____
4. Wer ist gewöhnlich mitgefahren?
   ____
5. Was hat sie in der Skischule ziemlich langweilig gefunden?
   ____
6. Wessen Freund wohnt in der Schweiz?
   ____
7. Was gefällt ihm besonders in der Schweiz?
   ____
8. Was sagt Herr Müller über die Häuschen in den Bergen?
   ____
9. Was sieht man in den Schweizer Bergen oft auf den Wiesen?
   ____
10. Was liegt oft oben auf den Bergen?
   ____

B. Jetzt sind Sie dran! Wie beantworten SIE die Frage des Reporters? Schreiben Sie in sechs bis acht Sätzen, was Ihnen in den Sinn *(to mind)* kommt, wenn Sie an die Schweiz und die Schweizer denken! Sind Sie schon einmal dort gewesen? Wenn nicht, was möchten Sie gern einmal sehen?

Name ______________ Datum ______________ Kurs ______________

Zum Schreiben

A. Erweitern Sie Ihren Wortschatz!

Compound nouns can be either plain (**Sommertag**) or linked (**Geburtstag, Tageszeit, Kindergarten, Herrenpullover, Wochentag**). The -**s**- or -**es**- link is a genitive form that may also appear with feminine nouns. The -**er**-, -**en**-, and -**n**- links are plural forms that also connect singular nouns more smoothly. Which link will be used in a compound is not predictable; skill at making new compounds can only be acquired through practice and observation.

Unterstreichen Sie *(underline)* das Verbindungsglied *(link)* in jeder der unten stehenden Wortkombinationen und geben Sie das englische Äquivalent!

BEISPIEL Suppenlöffel *soup spoon*

1. Erbsensuppe ______________
2. Tomatensalat ______________
3. Blumengeschäft ______________
4. Straßenname ______________
5. Wochenende ______________
6. Hosentasche ______________
7. Fahrkartenschalter ______________
8. Studentenwohnheim ______________
9. Kinderzimmer ______________
10. Jahreszeit ______________
11. Mittagspause ______________
12. Abfahrtszeit ______________
13. Jugendherbergsausweis ______________
14. Übernachtungsmöglichkeit ______________

B. Ferienzeit Was fehlt?

1. Wenn man einen Brief schreibt, braucht man immer eine ______________ mit einem ______________ und natürlich ______________.
2. Man wirft *(throws)* den Brief dann in einen ______________ oder bringt ihn zur ______________.
3. Viele Leute schreiben heute aber keine Briefe mehr, sondern rufen von unterwegs einfach mit dem ______________ an oder schreiben eine ______________.
4. Statt mit dem ______________ in die Ferien zu fahren, reisen viele auch gern mit der ______________.
5. Besonders zu Ferienbeginn kann die ______________ mit dem Auto lange dauern.
6. Andere fliegen gern mit dem ______________, denn mit Billig- ______________ ist man sehr schnell da, wo man sein möchte.

7. Beim der Ferienplanung kann ein Computer sehr hilfreich sein, denn da findet man alles und auch die Fahrpläne mit der ______________ und ______________ von Zügen.
8. Man sieht auch, wo man ______________ muss und wie lange man da ______________ hat.
9. Mit dem Computer kann man sich auch Hotels oder ______________ ansehen und Preise vergleichen *(compare).*
10. Man reserviert und bezahlt alles leicht mit der ______________.

C. Auf Deutsch bitte!

1. *to arrive* ______________
2. *to be missing* ______________
3. *to drive on* ______________
4. *to get off/out* ______________
5. *to send* ______________
6. *to tell* ______________
7. *to visit* ______________
8. *My goodness!* ______________
9. *So what?* ______________
10. *That doesn't matter.* ______________

D. Post und Reisen Bilden Sie ganze Sätze!

1. Margarete // schicken / Junge / mit / Paket / zu / Post! *(Use the imperative.)*

   ____

2. Flugzeug / sollen / ankommen / 16 Uhr / in Zürich

   ____

3. dort / wir / wollen / besuchen / Bruder / meine Mutter

   ____

4. ihr / abfahren / mit Auto / noch heute Abend?

   ____

5. warum / du / nicht / fahren / mit Zug // ich / nicht / können / verstehen

   ____

6. statt / eine Autofahrt / ich / machen / gern / Zugreise

   ____

Name ______________________ Datum ______________________ Kurs ______________

E. Blick auf Bern Sehen Sie auf das Bild und ergänzen Sie die Genitivendungen.

© Ingrid Pompe/PhotoLibrary

1. Das Bild zeigt die Marktgasse im alten Teil d___ Stadt Bern. 2. Es ist eine Fußgängerzone und man sieht nur die Schienen *(tracks)* ein___ Straßenbahn. 3. Wer hier Auto fährt, ist Lieferant *(supplier)* ein___ Geschäfts oder ein Taxi, dass zu einem d___ vielen Hotels fährt. 4. Links und rechts in den Arkaden d___ Altstadt gibt es Geschäfte. 5. Über den Geschäften sind Wohnungen. Die Fenster d___ Wohnungen sind schön groß. 6. Die Fassaden d___ Häuser sind alt und an manchen Häusern sieht man Flaggen d___ Schweizer Kantone. 7. Die erste Flagge links ist die Flagge d___ Schweiz. 8. Die Berner lieben ihre Stadt und die Geschichte ihr___ Landes.

Name ____________________ Datum ____________________ Kurs ____________

F. Eine Reise in die Schweiz Auf Deutsch bitte!

1. *Is that Eva's train?*

2. *Do you know the number of the platform?*

3. *No. Where are the departure times of the trains?*

4. *Her train leaves in a few minutes.*

5. *Here, take along Kurt's package.*

6. *Kurt is a student and a friend of a friend* (f.).

7. *Eva doesn't know this Swiss guy, but she knows that he lives in Zurich.*

8. *Eva, do you have the student's* (m.) *address?*

9. *No, but I know the name of the dorm.*

10. *I'll take (bring) it to him during the holidays.*

11. *Because of the exams, I don't have time now.*

12. *I'll call you, when I've arrived.*

13. *And I'll send you a text message* **(die SMS)** *instead of an e-mail.*

14. *That sounds good. Take care!*

Name ______________________ Datum ___________________________ Kurs ________________

G. Städte und Länder Was ist was auf dieser Karte von der Schweiz?

Die großen Buchstaben *(capital letters)* repräsentieren Länder, die kleinen Buchstaben *(lowercase letters)* Flüsse, Seen, Berge oder Pässe und die Zahlen Städte. Was gehört zu welchen Buchstaben und Zahlen?

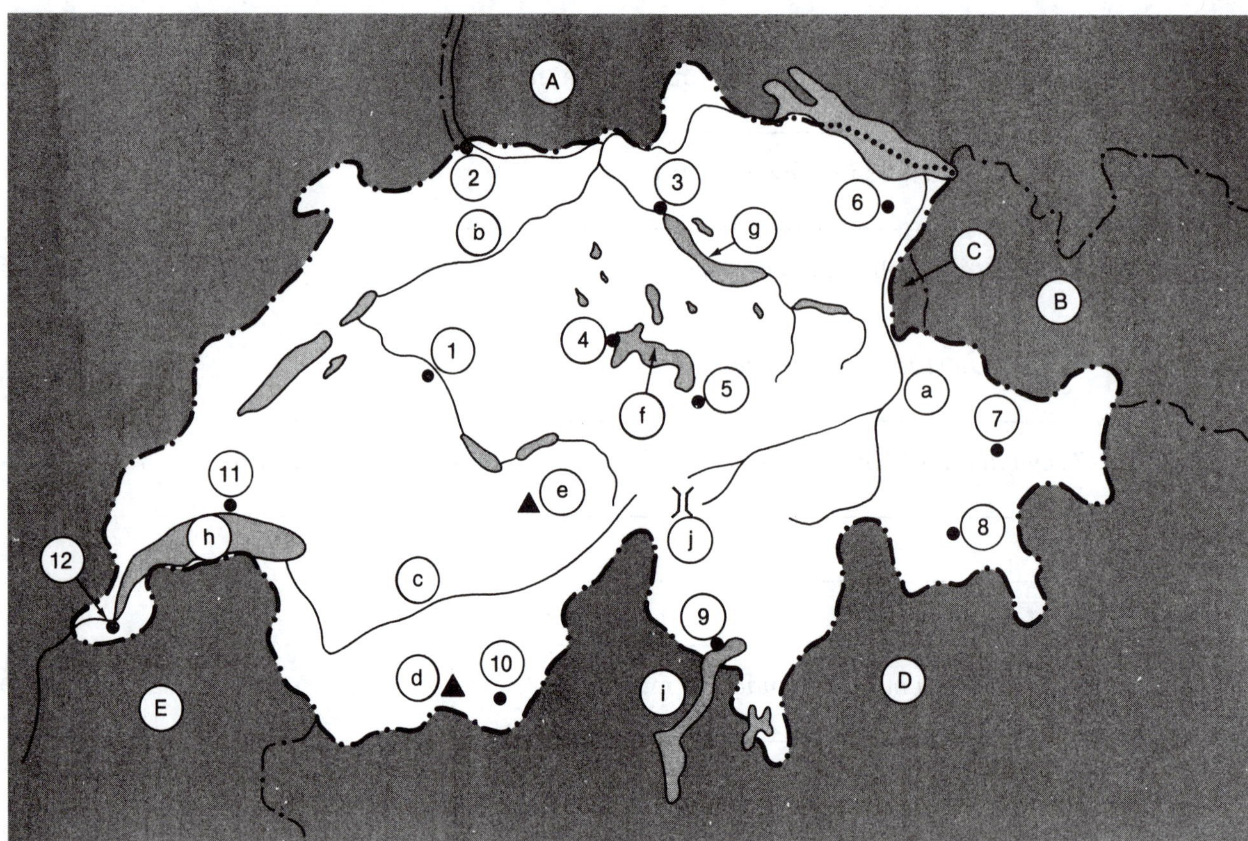

LÄNDER	FLÜSSE / SEEN / BERGE / PÄSSE	STÄDTE
A. ______	a. ______	1. ______
B. ______	b. ______	2. ______
C. ______	c. ______	3. ______
D. ______	d. ______	4. ______
E. ______	e. ______	5. ______
	f. ______	6. ______
	g. ______	7. ______
	h. ______	8. ______
	i. ______	9. ______
	j. ______	10. ______
		11. ______
		12. ______

Name ______________ Datum ______________ Kurs ______________

H. Bei Müllers zum Abendessen Jeder erzählt etwas. Und die anderen, was sagen sie? Wählen Sie *(choose)* aus der Liste!

Ach du meine Güte!	Das tut mir (furchtbar) leid.
Ach nein!	Gott sei Dank!
Das freut mich.	Na prima!
Das gibt's doch nicht!	Na und?
Das ist doch egal.	Pech gehabt!
Das macht nichts.	Schade!
Das sieht dir ähnlich.	Super!

KURT Mensch, ich habe immer noch Hunger!

HELGA ______________

SUSI Heute früh ist mir der Bus direkt vor der Nase weggefahren *(drove off right in front of me)*.

KURT ______________

SUSI Weil ich meine Hausaufgaben nicht mitgehabt habe, muss ich jetzt eine Seite aus dem Buch abschreiben *(copy)*.

KURT ______________

HELGA Aua, das Messer ist scharf *(sharp)*! Mutti, hast du ein Hansaplast*? Schnell! Aua aua aua!

MUTTER ______________

SUSI Wir haben nur Leukoplast*.

MUTTER ______________

HELGA So, jetzt ist alles wieder gut.

VATER ______________

HELGA Habe ich euch gesagt, dass ich einen Flug nach Mallorca gewonnen *(won)* habe?

SUSI ______________

HELGA Da muss ich eine Woche unbezahlten Urlaub *(unpaid vacation)* nehmen.

SUSI ______________

VATER Onkel Otto ist im Krankenhaus *(hospital)*.

MUTTER ______________

VATER Am Wochenende darf er wieder nach Hause.

MUTTER ______________. Kinder, heute gibt es keinen Nachtisch.

HELGA ______________

KURT ______________

*Hansaplast and Leukoplast are brands of adhesive bandages.

I. Dialog: Am Schalter in Zürich Wie geht's weiter?

Fragen Sie, wann der nächste Zug nach . . . fährt und auf welchem Gleis, wann er dort ankommt und ob Sie umsteigen müssen? Was kostet die Fahrt? Kaufen Sie eine Rückfahrkarte, Rückfahrt zu Silvester! Aber da gibt es ein Problem. Was nun? Seien Sie *(be)* flexibel und kreativ in diesem Gespräch!

Zürich-Berlin-Zürich

Täglich Hinfahrt[1)]		Täglich Rückfahrt[1)]
19.44	Zürich HB	09.16
20.01	Baden	08.53
21.02	Basel SBB	07.55
21.25	Basel Bad Bf	07.45
22.03	Freiburg (Breisgau) HBF	07.05
22.45	Offenburg	06.20
23.26	Karlsruhe HBF	05.33
00.05	Mannheim HBF	04.50
00.55	Frankfurt (Main) Süd	03.58
05.35	Hannover HBF	23.53
06.34	Wolfsburg	22.54
07.46	Berlin-Spandau	21.51
08.00	Berlin Zoologischer Garten	21.39
08.15	Berlin Ostbahnhof	21.24

[1)]Ausser 24.12. und 31.12.

SIE Sagen Sie, wann fährt der nächste Zug nach . . . ?

DAME/HERR ____

SIE ____

DAME/HERR ____

SIE ____

DAME/HERR ____

____

____

____

____

____

J. Aufsatz: Eine interessante Reise Schreiben Sie acht bis zehn Sätze über eine Reise, die *(which)* Sie gern einmal machen möchten, oder eine Reise, die besonders schön gewesen ist.

Kapitel 9 Freizeit und Gesundheit

Zum Hören

GESPRÄCHE

9-1

A. Am Telefon Hören Sie zuerst gut zu. Hören Sie sich dann das Gespräch noch einmal an und wiederholen Sie jeden Satz!

© Cengage Learning

FRAU SCHMIDT Hier Schmidt.
ANNEMARIE Guten Tag, Frau Schmidt. Ich bin's, Annemarie.
FRAU SCHMIDT Tag, Annemarie!
ANNEMARIE Ist Thomas da?
FRAU SCHMIDT Nein, tut mir leid. Er ist gerade zur Post gegangen.
ANNEMARIE Ach so. Können Sie ihm sagen, dass ich heute Abend nicht mit ihm ausgehen kann?
FRAU SCHMIDT Natürlich. Was ist denn los?
ANNEMARIE Ich bin krank. Mir tut der Hals weh und ich habe Kopfschmerzen.
FRAU SCHMIDT Das tut mir leid. Gute Besserung!
ANNEMARIE Danke. Auf Wiederhören!
FRAU SCHMIDT Wiederhören!

9-2

B. Bis gleich! Hören Sie zu!

YVONNE Bei Mayer.
DANIELA Hallo, Yvonne! Ich bin's, Daniela.
YVONNE Tag, Daniela! Was gibt's?
DANIELA Nichts Besonderes. Hast du Lust, Squash zu spielen oder schwimmen zu gehen?
YVONNE Squash? Nein, danke. Ich habe noch Muskelkater von vorgestern. Mir tut alles weh.
DANIELA Lahme Ente! Wie wär's mit Schach?
YVONNE Okay, das klingt gut. Kommst du zu mir?
DANIELA Ja, bis gleich!

9-3

Lesen Sie jetzt Danielas Rolle! Beginnen wir!

9-4

C. Was ist richtig? Sie hören vier Fragen. Schreiben Sie die richtige Antwort auf!

1. ______________________ 3. ______________________

2. ______________________ 4. ______________________

AUSSPRACHE: l, z ◀◀ Als weitere mündliche Übung lesen Sie *Zur Aussprache*, Teil III, Beispiele 7–9, vorne in ***Wie geht's?***.

9-5

A. Laute Hören Sie zu und wiederholen Sie.

1. [l] **l**aut, **l**eicht, **l**ustig, **l**eider, Ha**l**s, Ge**l**d, ma**l**en, spie**l**en, f**l**iegen, ste**ll**en, schne**ll**, Ba**ll**, he**ll**
2. [ts] **z**ählen, **z**eigen, **z**wischen, **z**urück, **z**uerst, **Z**ug, **Z**ahn, Schmer**z**en, Ker**z**en, Ein**z**elzimmer, Pi**zz**a, be**z**ahlen, tan**z**en, je**tzt**, schmu**tz**ig, tro**tz**, kur**z**, schwar**z**, Sal**z**, Schwei**z**, Si**tz**pla**tz**

9-6

B. Wortpaare Hören Sie zu und wiederholen Sie!

1. *felt* / Feld
2. *hotel* / Hotel
3. *plots* / Platz
4. Schweiß / Schweiz
5. seit / Zeit
6. so / Zoo

Was hören Sie jetzt? ....

STRUKTUR

9.1 Endings of preceded adjectives

9-7

A. Beschreibungen *(Descriptions)* Kombinieren Sie das Wort mit dem Adjektiv!

1. das Geschenk (toll)
   das tolle Geschenk
   ....
2. mein Freund (lieb)
   mein lieber Freund
   ....
3. ein Zimmer (sauber)
   ein sauberes Zimmer
   ....

9-8

B. Sehenswürdigkeiten *(Attractions)* Ersetzen Sie das Hauptwort!

Ist das das bekannte Hotel? (Kirche)
Ist das die bekannte Kirche?
....

9-9

C. Wie komme ich zu meiner kleinen Pension? Antworten Sie mit dem neuen Adjektiv!

Gehen Sie die Straße links! (erst-)
Gehen Sie die erste Straße links!

1. Gehen Sie die Straße links!
2. Gehen Sie die Straße rechts!
3. Fahren Sie mit dem Bus!
4. Fahren Sie an dem Park vorbei!
5. Steigen Sie bei dem Café aus!
6. Gegenüber ist das Museum.
7. Neben dem Museum ist die Pension.

9.2 Reflexive verbs

9-10

D. Die Zeit läuft. Ersetzen Sie das Subjekt!

1. Sie müssen sich beeilen. (du)
   Du musst dich beeilen.
   ....
2. Ich ziehe mich an. (wir)
   Wir ziehen uns an.
   ....

9-11

E. Wir sind noch nicht fertig. Sagen Sie, was noch zu tun ist!

duschen
Ich muss mich noch duschen.
....

9.3 Infinitive with *zu*

9-12 **F. Was kann man alles tun?** Ersetzen Sie das Verb!

1. Dort gibt es viel zu sehen. (tun)
   Dort gibt es viel zu tun.
   ....
2. Es macht Spaß, Schach zu spielen. (Briefmarken sammeln)
   Es macht Spaß, Briefmarken zu sammeln.
   ....

LESETEXT

9-13 **Freizeit – Lust oder Frust?**

....

DIKTAT

9-14 Hören Sie zu und schreiben Sie, was Sie hören!

1. ____

   ____
2. ____

   ____
3. ____

   ____
4. ____

   ____
5. ____

   ____

VERSTEHEN SIE?

9-15 **Am Telefon** Hören Sie, was Herr Krause seiner Frau zu sagen hat!

....

9-16 **Was ist richtig?**

1. a. Peter
   b. Dieter
   c. Willi
2. a. Sie hat sich erkältet.
   b. Sie hat Ohrenschmerzen.
   c. Sie ist vom Baum gefallen.
3. a. Sie hat Klavier gespielt.
   b. Sie hat Karten gespielt.
   c. Sie ist ins Kino gegangen.
4. a. Er hat keine Lust.
   b. Die Konferenz beginnt.
   c. Er hat nichts zu sagen.
5. a. am Wochenende
   b. in fünf Minuten
   c. übermorgen

© Ingrid Sevin

Zum Sehen

VIDEO-SZENEN

Mach keine Witze! Warum vergessen Lily, Hülya, Paul und Anton in Schwerin, der Hauptstadt von Mecklenburg-Vorpommern, auszusteigen? Was tun sie dann?

© Cengage Learning

Zum Erkennen: erreichen *(to reach)*; stumm *(silently)*; münden in *(to flow into)*; es ist sinnvoll *(it makes sense)*; die Entfernung, -en *(distance)*; Mist! *(Darn it!)*; verpassen *(to miss by delay)*; sich Sorgen machen über (+ acc.) *(to worry about)*; Mach keine Witze! *(You're kidding!)*; das Schild, -er *(sign)*; die Landschaft *(here: countryside)*; im Kreis *(in a circle)*; auf•gehen *(to rise)*; unter•gehen *(to set)*; irgendwo *(somewhere)*

A. Alles verstanden?

1. Warum haben die Vier vergessen, am Bahnhof Schwerin auszusteigen?
2. Was tun sie dann?
3. Wie sieht es am nächsten Bahnhof aus und warum sind sie so frustriert?
4. Was sehen sie?
5. Wie kommen sie dahin *(to it)*?

B. Wenn du mich fragst, . . . — Und du? Ergänzen Sie die folgenden Sätze auf Ihre Weise! Was hat Ihr Partner / Ihre Partnerin dazu *(to that)* zu sagen? Können Sie das den anderen berichten?

1. Ich habe (keine) Lust, Ferien auf dem Bauernhof zu machen, weil . . . Und du?
2. In den Ferien möchte ich aber gern einmal . . . Und du?
3. Manchmal mache ich mir Sorgen über . . . Und du?

C. Stadt-Land-Fluss, . . . Wie im Video spielen Sie jetzt Stadt-Land-Fluss, aber jetzt auch mit einem deutschen Substantiv *(noun)* und einem deutschen Verb! Einer/Eine zählt stumm *(quietly)* das Alphabet auf; ein anderer/eine andere sagt dann „Stopp!" Mit dem Buchstaben (z. B. **M**) müssen dann alle Wörter beginnen. Wenn einer/eine fertig ist, vergleichen Sie die Resultate.

ZUM BEISPIEL

Stadt	Land	Fluss	Substantiv	Verb
Mainz	Mexiko	Main	Mund	mitbringen

Name ______________ Datum ______________ Kurs ______________

VIDEO-INTERVIEWS

Was tun Sie gern in Ihrer Freizeit?

Zum Erkennen: der Pilz, -e *(mushroom);* der Grund, ¨-e *(reason);* sich aus•leihen *(to loan);* das Wellenreiten *(surfing);* nur bedingt betreiben *(to do on a limited scale);* regelmäßig *(regularly);* die Art, -en *(type of);* ansonsten *(otherwise)*

© Cengage Learning

Burkhardt Mienert

A. Was stimmt?

1. Herr Mienert geht gern mit seiner Frau ____.
   a. einkaufen b. spazieren c. Freunde besuchen
2. Er geht auch ganz gern allein ____.
   a. in die Stadt b. in den Stadtpark c. in den Wald
3. Im ____ geht er auch gern Pilze sammeln.
   a. Frühling b. Sommer c. Herbst
4. Er ____ gern und findet immer einen Grund dafür.
   a. isst b. trinkt c. feiert
5. Das tut er gern zusammen mit seinen ____.
   a. Freunden b. Nachbarn c. Geschwistern
6. Herr Krebs geht gern in ____, wo er sich Bücher ausleiht.
   a. den Buchladen b. ins Kaufhaus c. die Bibliothek
7. Wenn er einen Film sehen will, ____.
   a. leiht er sich ein Video aus b. kauft er sich eine DVD c. geht er ins Kino
8. Wenn das Wetter schön ist, geht Frau Siegmund gern ____.
   a. ins Schwimmbad b. wandern c. Fahrrad fahren
9. Sie liebt Blumen und hat viele ____.
   a. auf ihrem Balkon b. in ihrem Garten c. in ihrem Wohnzimmer
10. Im Winter geht sie gern ____ laufen.
    a. Schlittschuh b. Ski c. Rollschuh
11. Herr Axer treibt gern Sport und am liebsten geht er ____.
    a. Tennis spielen b. joggen c. Wellen reiten
12. Das kann man in Berlin ____ tun.
    a. leicht auf der Spree b. nicht so gut c. immer auf dem Wannsee
13. Man sieht ihn auch oft ____.
    a. im Fitnessstudio b. im Schwimmbad c. beim Handballspiel
14. Frau Wöllerts Hobby ist ____.
    a. Kochen b. Backen c. Tanzen
15. Das tut sie ____.
    a. täglich b. regelmäßig c. zuerst
16. Ansonsten ____.
    a. ist sie nicht sehr sportlich b. interessiert sie sich für alles c. langweilt sie sich leicht

B. Jetzt sind Sie dran! Wie beantworten SIE die Frage des Reporters? Schreiben Sie in sechs bis acht Sätzen, was Sie gern in Ihrer Freizeit tun und was nicht! Warum (nicht)?

Name ______________________ Datum __________________________ Kurs ________________

Zum Schreiben

A. Erweitern Sie Ihren Wortschatz!

The first element of a compound verb or verbal phrase may be a noun (**Rad fahren**), an adjective (**schwerfallen**), another verb (**kennenlernen**), or some other particle, such as **auseinander** *(apart)*, **miteinander** *(together)*, or **nebeneinander** *(next to each other)*. Though these constructions have one "compound meaning," they are NOT ALWAYS spelled as one word. (Prefix-verbs, on the other hand, are spelled together. For a review of prefix-verbs, see Chapter 7.)

1. **Was für ein Wort ist der erste Teil von jeder Verbalphrase?** Was bedeutet die Verbalphrase auf Englisch?

to be difficult	to be on close terms	to be over	to bicycle	to clean
to finish, prepare	to get acquainted	to go on a walk	to ice skate	to let (it) be
to ski	to sit next to each other	to stop	to talk to each other	to write separately

BEISPIEL Kopfstehen *Kopf:* noun—*to stand on one's head*

a. auseinanderschreiben ______________________
b. Eis laufen ______________________
c. fertigmachen ______________________
d. Halt machen ______________________
e. kennenlernen ______________________
f. miteinander sprechen ______________________
g. nahestehen ______________________
h. nebeneinandersitzen ______________________
i. Rad fahren ______________________
j. sauber machen ______________________
k. schwerfallen ______________________
l. sein lassen ______________________
m. Ski laufen ______________________
n. spazieren gehen ______________________
o. vorbei sein ______________________

Name ______________________ Datum ______________________ Kurs ______________

2. **Was gehört zu welchem Verb?** Kombinieren Sie die Vorsilben *(prefixes)* mit Verben auf der Liste!

auf	aus	ein	herein	mit
nach	vorbei	zu	zurück	

bleiben	fahren	fliegen	geben	halten
lassen	laufen	packen	schicken	

BEISPIEL *to open up* aufmachen

a. *to pack (in a suitcase)* ______________________

b. *to unpack* ______________________

c. *to hold open* ______________________

d. *to let in* ______________________

e. *to run after* ______________________

f. *to drive past* ______________________

g. *to send along* ______________________

h. *to give back* ______________________

i. *to fly back* ______________________

j. *to stay closed* ______________________

B. Was passt nicht?

1. der Mund—der Arm—die Hand—der Finger
2. das Auge—die Nase—die Haare—das Ohr
3. das Bein—der Hals—das Knie—der Fuß
4. die Gitarre—das Klavier—das Gesicht—die Trompete
5. der Kopf—der Bauch—die Zähne—der Rücken

C. Auf Deutsch bitte!

1. *to collect* ______________________
2. *to cook* ______________________
3. *to hike* ______________________
4. *to hurry* ______________________
5. *to meet* ______________________
6. *to prefer* ______________________
7. *to relax* ______________________
8. *to spend money* ______________________
9. *to take a shower* ______________________
10. *to watch TV* ______________________

Name ____________________ Datum ____________________ Kurs ____________________

D. Kreuzworträtsel Ergänzen Sie *(complete)* das Kreuzworträtsel auf Deutsch! (Ü = UE, Ö = OE, ß = SS)

HORIZONTAL
1. *tooth* 4. *afterwards* 8. *stomach* 10. *sick* 12. *healthy* 13. *out (of)* 15. *card* 20. *television* 22. *knee* 24. *head* 25. *at* 26. *there* 29. *eggs* 31. *guitar* 32. *abbreviation for European Union* 33. *hair* 34. *never* 35. *it* 38. *legs* 39. *around* 40. *oh* 41. *with* 42. *feet* 48. *back* 49. *also* 50. *to* 51. *to paint* 53. *lake* 54. *face* 56. *whether* 57. *to hike* 58. *to hurt* 59. *village*

VERTIKAL
2. *fishing* 3. *nose* 4. *then* 5. *girl's name* 6. *he* 7. *into* 9. *Latin abbreviation for Switzerland* 11. *eyes* 14. *chess* 16. *tea* 17. *and* 18. *others* 19. *to take pictures* 20. *to be lazy* 21. *to collect* 22. *body* 23. *idea* 27. *piano* 28. *checkers* 30. *soon* 36. *(at) first* 37. *to swim* 42. *woman* 43. *shoulder* 44. *game* 45. *today* 46. *to whom* 47. *neck* 52. *but* 54. *good* 55. *in the*

Name ______________________ Datum ______________________ Kurs ______________________

E. Radtouren im Münsterland Ergänzen Sie die fehlenden Wörter und Endungen.!

Mit dem Rad von Hof zu Hof 6 Tage

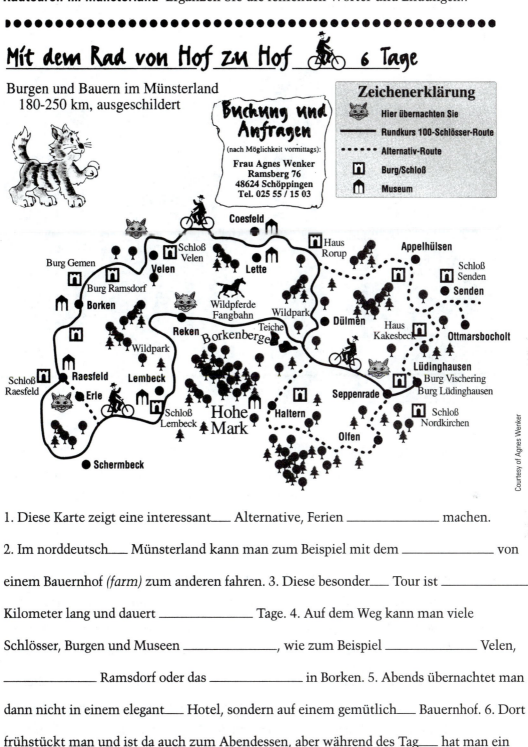

1. Diese Karte zeigt eine interessant___ Alternative, Ferien ______________ machen. 2. Im norddeutsch___ Münsterland kann man zum Beispiel mit dem ______________ von einem Bauernhof *(farm)* zum anderen fahren. 3. Diese besonder___ Tour ist ______________ Kilometer lang und dauert ______________ Tage. 4. Auf dem Weg kann man viele Schlösser, Burgen und Museen ______________, wie zum Beispiel ______________ Velen, ______________ Ramsdorf oder das ______________ in Borken. 5. Abends übernachtet man dann nicht in einem elegant___ Hotel, sondern auf einem gemütlich___ Bauernhof. 6. Dort frühstückt man und ist da auch zum Abendessen, aber während des Tag___ hat man ein klein___ Lunchpaket. 7. Wer kein eigen___ *(own)* Fahrrad hat, kann auch eins mieten. 8. Bei so einer Reise hält man ______________ fit und hat keine Chance, sich ______________ langweilen. 9. Wenn Sie das interessiert, schreiben Sie an *(to)* Frau Agnes Wenker in ______________!

Name ____________________ Datum ____________________ Kurs ____________________

F. Vier Leute, vier Hobbys Lesen Sie, was die vier jungen Leute über ihr Hobby zu sagen haben. Nennen Sie die fehlenden Adjektivendungen! Sagen Sie am Ende etwas über Ihr Hobby!

© Huntstock.com/Shutterstock

© Val Thoermer/Shutterstock

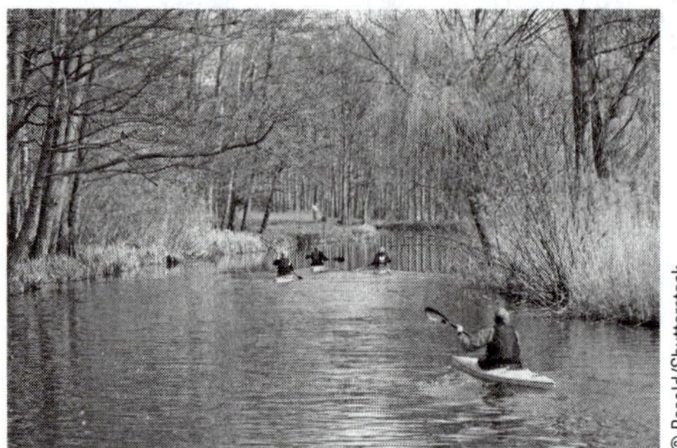

© Pecold/Shutterstock

© Sandyprints/dreamstime

KATJA: Ich fotografiere gern und finde, dass es ein sehr kreativ_____ Hobby ist. Ich habe meine klein_____ Kamera immer dabei. Man weiß ja nie, ob es nicht plötzlich ein gut_____ Motiv *(n.)* gibt. Hier sehen Sie meine klein_____ Schwester, eine lustig_____ Person. Sie ist schon eine gut_____ Fotografin.

OLLI: Ich liebe Paddeln, weil man da in der frei_____ Natur ist und keine laut_____ Musik hört. Am Wochenende habe ich mit einem alt_____ Freund eine lang_____ Paddeltour durch den idyllisch_____ Spreewald gemacht. Durch den Spreewald in der Nähe von Berlin geht ein groß_____ Netz *(n., network)* von klein_____ Kanälen *(pl., channels)*. Ein wirklich_____ Paradies *(n.)* für Paddler!

PIA: Mein Hobby ist Nordic Walking. Ich bin kein groß_____ Jogger, aber diesen neu_____ Trendsport finde ich super. Es ist ein billig_____ Hobby und gut für den ganz_____ Körper. Nach vier Stunden Nordic Walking fühle ich mich wie ein neu_____ Mensch. Bin gerade auf einem viertägig_____ Kurs *(m.)* in den Bayerisch_____ Alpen gewesen. Eine herrlich_____ Zeit!

RALF: Ich gehe gern segelfliegen. Bin Mitglied in einem klein____ Klub, wo ich auch meine ganz____ Freunde habe. Da bin ich jede frei____ Minute. Wenn ich da unten die klein____ Häuser und Autos sehe, dann fühle ich mich frei. Man gewinnt eine gesund____ Distanz *(f.)* und plötzlich sind viele unserer täglich____ Probleme so unwichtig.

ICH: ____

____

____

____

G. Los geht's! Auf Deutsch bitte!

1. *Otto, get dressed.*

____

2. *Christian, hurry!*

____

3. *Carolin and Sabrina, are you putting on a sweater?*

____

____

4. *We still have to brush our teeth.*

____

5. *Peter, comb your hair!*

____

6. *Today we're all going jogging.*

____

7. *Don't you* (pl. fam.) *feel like doing something for your health* **(die Gesundheit)?**

____

____

8. *Yes, but I don't feel well today. I have a stomachache.*

____

____

9. *Then lie down* (sg. fam.).

____

10. *No, I'm going to sit down on the balcony and read a book.*

____

____

H. Keine Lust Wie geht's weiter?

Sie und Ihre Freundin Claire sind auf dem Weg zu einer Party (zur Sinfonie, zum Kino, zum Fußballspiel usw.) und da treffen Sie *(meet)* plötzlich Dirk Olson. Er möchte, dass Sie mit ihm in eine Disko oder . . . gehen. Sie haben aber keine Lust. Was sagen Sie?

DIRK ______________________________

SIE ______________________________

DIRK ______________________________

CLAIRE ______________________________

DIRK ______________________________

____

____

____

____

____

I. Bildbeschreibung: Was sieht man da? Beschreiben Sie ein Bild aus Kapitel 9 oder einem anderen Kapitel von ***Wie geht's?***

Kapitel 10 Unterhaltung

Zum Hören

GESPRÄCHE

10-1

A. Blick in die Zeitung Hören Sie zuerst gut zu. Hören Sie sich dann das Gespräch noch einmal an und wiederholen Sie jeden Satz!

© Cengage Learning

SONJA Du, was gibt's denn heute Abend im Fernsehen?
THEO Keine Ahnung. Sicher nichts Besonderes.
SONJA Mal sehen! *Gute Zeiten, schlechte Zeiten,* einen Dokumentarfilm und einen Krimi.
THEO Ach nee.
SONJA Vielleicht gibt's was im Kino?
THEO Ja, *Das Leben der Anderen* und *Nirgendwo in Afrika.*
SONJA *Das Leben der Anderen* habe ich schon zweimal gesehen, außerdem habe ich das auf DVD. Der Film ist echt klasse! Vielleicht können wir ihn mal bei mir zusammen anschauen, aber nicht heute. *Nirgendwo in Afrika* kenne ich auch.
THEO Na gut. . . . Heh, schau mal! Im Theater gibt's *Der kaukasische Kreidekreis* von Brecht.
SONJA Nicht schlecht. Hast du Lust?
THEO Ja, das klingt gut. Gehen wir!

10-2

B. An der Theaterkasse Hören Sie zu!

THEO Haben Sie noch Karten für heute Abend?
DAME Ja, erste Reihe erster Rang links und Parkett rechts.
THEO Zwei Plätze im Parkett! Hier sind unsere Studentenausweise.
DAME 10 Euro bitte!
SONJA Wann fängt die Vorstellung an?
DAME Um 20.15 Uhr.

10-3

Lesen Sie jetzt Theos Rolle! Beginnen Sie!

10-4

C. Fragen Welche Antwort ist richtig?

1. a. *Good bye Lenin!*
   b. *Der kaukasische Kreidekreis.*
   c. *Gute Zeiten, schlechte Zeiten.*
2. a. Im ersten Rang.
   b. Im Parkett.
   c. Im zweiten Rang.
3. a. um 19.30 Uhr
   b. um 20.00 Uhr
   c. um 20.15 Uhr

AUSSPRACHE: r, er

10-5

⏮ Als weitere mündliche Übung lesen Sie *Zur Aussprache,* Teil II, Beispiel 9, und Teil III, Beispiel 10, vorne in ***Wie geht's?***.

A. Laute Hören Sie zu und wiederholen Sie!

1. [r] **r**ot, **r**osa, **r**uhig, **r**echts, **R**adio, **R**egal, **R**eihe, **R**oman, P**r**og**r**amm, Do**r**f, Konze**r**t, Fah**r**t, Gita**rr**e, t**r**au**r**ig, k**r**ank, He**rr**en
2. [ʌ] Orchest**er**, Theat**er**, Mess**er**, Tell**er**, ab**er**, leid**er**, hint**er**, unt**er**, üb**er**, wied**er**, weit**er**
3. [ʌ / r] Uh**r** / Uh**r**en; Oh**r** / Oh**r**en; Tü**r** / Tü**r**en; Cho**r** / Chö**r**e; Auto**r** / Auto**r**en; Klavie**r** / Klavie**r**e

10-6

B. Wortpaare Hören Sie zu und wiederholen Sie!

1. *ring* / Ring
2. *Rhine* / Rhein
3. *fry* / frei
4. *brown* / braun
5. *tear* / Tier
6. *tour* / Tour

Was hören Sie jetzt? ....

Name ______________________ Datum ______________________ Kurs ______________________

STRUKTUR

10.1 Verbs with prepositional objects

10-7

A. Worauf wartet sie? Ersetzen Sie das Objekt!

1. Evi wartet auf die Straßenbahn. (Taxi)
   Evi wartet auf das Taxi.
   ....
2. Schreiben Sie an die Zeitung! (Gasthof)
   Schreiben Sie an den Gasthof!
   ....

10.2 *Da-* and *wo-*compounds

10-8

B. Wofür? Womit ersetzen Sie das Objekt?

für meinen Onkel — *für ihn*
für unser Haus — *dafür*

....

10-9

C. Fragen Wie fragen Sie nach dem Objekt?

an die Eltern — *An wen?*
an die Tafel — *Woran?*

....

10.3 Endings of unpreceded adjectives

10-10

D. Was möchten alle? Ersetzen Sie das Objekt!

Alle möchten frischen Salat. (Brot)
Alle möchten frisches Brot.
....

10-11

E. Wie viele? Welche Endung hat das neue Adjektiv?

Peter hat einige Ideen. (gut)
Peter hat einige gute Ideen.
....

LESETEXT

10-12

Wer die Wahl hat, hat die Qual.

....

DIKTAT

10-13

Hören Sie zu und schreiben Sie, was Sie hören!

1. ____
2. ____
3. ____
4. ____
5. ____

Name ______________________ Datum ______________________ Kurs ______________

 10-14

VERSTEHEN SIE?

Im Theater Hören Sie sich Hermanns Geschichte an!

Zum Erkennen: der Mörder *(murderer)*; böse *(mad, angry)*

....

© Anton Batov/Shutterstock

10-15

Richtig oder falsch?

1. richtig falsch
2. richtig falsch
3. richtig falsch
4. richtig falsch
5. richtig falsch

Zum Sehen

VIDEO-SZENEN

Was machen wir denn heute? Paul, Lily, Hülya und Anton machen Pläne für den Tag. Wohin gehen sie zuerst und dann später?

Zum Erkennen: sich amüsieren *(to have fun)*; schwierig *(difficult)*; ich muss los *(I have to go)*; wecken *(to wake s.o. up)*; wach *(awake)*; witzig *(here: fun)*; der Vorschlag, ¨-e *(suggestion)*; die Klamotten *(pl.) (coll.: clothes)*; das steht dir gut *(that looks good on you)*; an·probieren *(to try on)*; krass *(here: loud)*; riesig *(huge)*; an·feuern *(to cheer for)*

© Cengage Learning

A. Alles verstanden?

1. Auf wen warten Paul und Hülya?
2. Was wollen Lily und Hülya während des Tages machen?
3. Was für Möglichkeiten gibt's am Abend?
4. Warum hat Hülya keine Lust, in einen Klub zu gehen?
5. Wo wollen sie sich später mit Paul und Anton treffen?

B. Wenn du mich fragst, . . . — Und du?

Ergänzen Sie die folgenden Sätze auf Ihre Weise. Was hat Ihr Partner / Ihre Partnerin dazu zu sagen? Können Sie das den anderen berichten?

1. Ich wache morgens gewöhnlich um . . . auf, aber am Wochenende erst um . . . Und du?
2. Um . . . Uhr muss ich gewöhnlich zur ersten Vorlesung. Und du?
3. Lily ist ein Morgenmuffel (not a morning person), aber ich nicht. Wie ist das bei dir? Bist du ein Morgenmuffel, wenn man dich zu früh weckt?
4. Bei uns im Studentenwohnheim gibt's eine Tischtennisplatte. Hast du Lust, mal mit mir Tischtennis zu spielen?

Name ______________________ Datum ______________________ Kurs ______________________

C. Synonyme und Gegenteile

1. Was ist ein Synonym dafür?
   a. Amüsiert euch!
   b. in der Mitte von
   c. Klasse!
   d. Schau mal!

2. Was ist das Gegenteil davon?
   a. früh
   b. hinter
   c. schwierig
   d. Pech gehabt!

VIDEO-INTERVIEWS

Was tragen Sie gern?

Zum Erkennen: ausgefallen *(unusual)*; hoh- *(high-heeled)*; das Oberteil, -e *(top)*; bunt *(colorful)*; der Turnschuh, -e *(sneaker)*; entweder . . . oder *(either . . . or)*; der Stiefel, - *(boot)*; leger *(casual)*; glücklicherweise *(luckily)*; gezwungen *(obligated)*; ein·halten *(to abide by)*; sowieso *(anyway)*; der Knopf, ̈-e *(button)*; der Kragen, - *(collar)*; die Wolle *(wool)*; die Baumwolle *(cotton)*; angenehm *(comfortable)*; der Kundentermin, -e *(client appointment)*; zwingend erforderlich *(absolutely necessary)*; glänzend *(shiny)*; das Jackett, -s *(jacket)*; der Strumpf, ̈-e *(stockings)*

© Cengage Learning

Alexander Axer

A. Was stimmt?

1. Frau Zunker trägt gern ____.
   a. Röcke   b. Kleider   c. Hosen
2. Ihre Lieblingsfarben sind ____ und ____.
   a. Rosa / Lila   b. Schwarz / Blau   c. Grün / Orange
3. Sie liebt ____ Blusen
   a. dünne   b. ausgefallene   c. lange
4. Frau von Heyden zieht unheimlich gern ____ an.
   a. Mäntel   b. Jacken   c. Jeans
5. Dazu trägt sie oft ____ oder ____.
   a. T-Shirts / Sweatshirts   b. Blusen / Hemden   c. Socken / Strümpfe
6. An ihren Füßen trägt sie gern ____.
   a. hohe Schuhe   b. bequeme Turnschuhe   c. einfache Sandalen
7. ____ trägt auch gern Jeans und T-Shirts.
   a. Sonja Zunker   b. Alexander Axer   c. Sandra Passaro
8. Bei der Arbeit trägt Herr Axer meistens ____.
   a. Stiefel   b. Sandalen   c. Turnschuhe
9. Er kann mehr oder weniger anziehen, was er ____.
   a. darf   b. muss   c. will
10. Bei Kundenbesuchen muss er natürlich ____ tragen.
    a. einen Pulli   b. ein Hemd   c. einen Mantel
11. Matin zieht sich manchmal gern ____ an.
    a. leger   b. elegant   c. bunt
12. Seine Hemden sind dann gewöhnlich ____.
    a. weiß   b. blau   c. rosa
13. Und seine Schuhe sind ____.
    a. neu   b. glänzend   c. schmutzig

14. Frau Passaro liebt ____ Farben.
    a. bunte   b. helle   c. dunkle
15. Sie zieht gern ____ an.
    a. Kleider   b. Hosen   c. Röcke
16. Dazu trägt sie gern ____.
    a. Rollkragenpullover   b. Wollpullover   c. Synthetikpullover

B. Jetzt sind Sie dran! Wie beantworten SIE die Frage des Reporters? Schreiben Sie in sechs bis acht Sätzen, was Sie normalerweise gern tragen und was nicht! Was sind Ihre Lieblingsfarben und was für Farben tragen Sie nicht gern? Ziehen Sie sich manchmal fein an? Wenn ja, wofür und was tragen Sie dann?

Zum Schreiben

A. Erweitern Sie Ihren Wortschatz!

> Most German infinitives can be used as nouns. They fulfill the same function as the English gerund. For some verbs, the verbal complement is combined with the infinitive to form one word.

Ergänzen Sie das deutsche Äquivalent!

BEISPIELE Das Tanzen macht uns Spaß. *(dancing)*

Das Eislaufen ist ein beliebter Sport. *(ice skating)*

1. Das ____________ *(skiing)* ist ein schöner Sport.
2. Auch heute verbringen *(spend)* viele Hausfrauen ihre Tage mit ____________ *(shopping)*, ____________ *(cleaning)*, ____________ *(washing)* und ____________ *(cooking)*.
3. Viele Leute halten sich mit ____________ *(running)* oder ____________ *(swimming)* fit.
4. Meiner Mutter macht das ____________ *(running)* Spaß, meinem Vater das ____________ *(taking pictures)*, meiner Schwester das ____________ *(playing the piano)* und meinem kleinen Bruder das ____________ *(watching TV)*.

B. Welche Definition gehört zu welchem Wort? Nicht alles passt!

a. Autoren
b. Chöre
c. Fernsehen
d. Komponisten
e. Krimis
f. Maler
g. Nachrichten
h. Orchester
i. Romane
j. Schauspieler
k. Werbung
l. Zuschauer

____ 1. Diese Leute schreiben Bücher.

____ 2. In diesen Büchern lesen wir eine lange Geschichte.

____ 3. Solche Filme sind besonders spannend.

____ 4. Diese Leute sitzen auf den Stühlen im Kino und schauen sich Filme an.

____ 5. Sie spielen Rollen in Filmen und Theaterstücken.

_____ 6. Sie komponieren Musik und auch Opern und Operetten.

_____ 7. Ihre Gemälde sieht man in Kunstgalerien.

_____ 8. Das sehen sich viele abends gemütlich zu Hause an.

_____ 9. Diese Programme sprechen über alles Neue des Tages.

_____ 10. Das sieht man viel in Zeitungen und Zeitschriften und soll Leute zum Kaufen der Produkte anregen *(prompt)*.

C. Was ist das Gegenteil?

1. beliebt ______________________________
2. einseitig ______________________________
3. herrlich ______________________________
4. intelligent ______________________________
5. lustig ______________________________
6. privat ______________________________
7. reich ______________________________
8. spannend ______________________________
9. lachen ______________________________
10. am Ende ______________________________

D. Was sagen Sie?

Welche Reaktion passt am besten *(the best)* zu den folgenden Aussagen oder Fragen?

1. Wie gefällt dir das Buch?
   a. Es ist fantastisch.
   b. Es schmeckt gut.
   c. Es passt mir nicht.

2. Na, wie findest du mein Auto?
   a. Keine Ahnung!
   b. Es ist spannend.
   c. Spitze!

3. Volker ist immer noch nicht da. Er kommt doch immer zu spät!
   a. Das finde ich langweilig.
   b. Typisch!
   c. Ja, toll!

4. Tina und Kurt haben Probleme mit ihrem Fernseher. Sie haben ihn schon so oft zum Service gebracht. Die Leute sagen, alles ist repariert. Aber wenn Tina und Kurt dann zu Hause sind, funktioniert er wieder nicht. Jetzt geht die Fernbedienung *(remote control)* nicht. Was sagt Kurt?
   a. Na, prima!
   b. Das gefällt mir wirklich.
   c. Jetzt habe ich aber genug!

5. Ihr Computer geht wieder einmal nicht.
   a. Das ist genau das Richtige!
   b. Quatsch!
   c. Das gibt's doch nicht!

Name ______________________ Datum ___________________________ Kurs ________________

E. Leute und ihre Interessen Bilden Sie ganze Sätze!

1. ich / sich anhören / gern / schön / CDs

____

____

2. ich wissen // du / sich interessieren / *[prep.]* / klassisch / Musik

____

____

3. du / sprechen / gern / immer / *[prep.]* / groß / Reisen

____

____

4. ich / sammeln / deutsch / und / amerikanisch / Briefmarken

____

____

5. was / man / können / machen / mit / alt / Briefmarken?

____

____

6. Interessen / viele / Leute / sein / einfach / verschieden

____

____

F. Verschiedene Bilder Ergänzen Sie die Adjektivendungen!

1. Im Buch sieht man einige schön_____ Bilder von Leuten bei ihr_____ Hobbys. 2. So sehen wir zum Beispiel eine jung_____ Frau beim Telefonieren oder ein paar Skiläufer während einer kurz_____ Skipause *(. . . break)* in der idyllisch_____ Schweiz. 3. Andere sind mit dem Fahrrad unterwegs, machen mit bei einem groß_____ Marathon *(m.)* in Bern oder gehen Schlittschuh laufen vor der Alt_____ Oper in Frankfurt. 4. Auf einem ander_____ Bild sieht man Zuschauer bei ein_____ Konzert. 5. Was bei jung_____ Leuten auch beliebt ist, ist Drachenfliegen *(hang-gliding)*. 6. Dafür muss man aber in gut_____ Kondition *(f.)* sein. 7. Drachenfliegen macht sicher Spaß, aber es ist ein gefährlich_____ *(dangerous)* Sport. 8. Da fragt man sich, was die Menschen an so einem gefährlich_____ Sport fasziniert. 9. Und doch ist es toll, wenn man an einem sonnig_____ Tag sieht, wie bunt_____ Drachenflieger in groß_____ Kreisen *(circles)* über das weit_____ Land fliegen.

Name ______________________ Datum ______________________ Kurs ______________

G. Loriot Ergänzen Sie die Adjektivendungen!

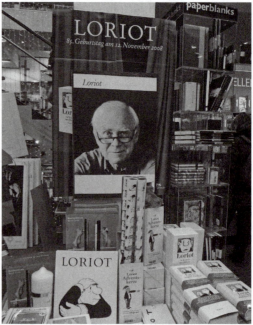

1. Hast du schon mal von Loriot gehört, dem beliebt_____ deutsch_____ Autor und Humoristen? 2. Er war *(was)* ein unheimlich vielseitig_____ Mensch, voller Humor und gut_____ Menschenkenntnis *(f., knowledge of human nature)*. 3. Seine typisch_____ Cartoons und kurz_____ Geschichten zeigen Menschen im täglich_____ Leben, wo es oft kein kommunikativ_____ Gespräch gibt. 4. Gerade habe ich „Das Frühstücksei" und „Macht nix" gelesen, zwei lustig_____ Konversationen zwischen Eheleuten *(married people)*. 5. Ich habe mir die zwei klein_____ Geschichten auch im Internet bei YouTube angeschaut. Einfach klasse! 6. In der Fernsehserie *Unsere Besten* vom ZDF hat man Loriot vor ein paar Jahren als den best_____ deutsch_____ Komödianten ausgezeichnet *(awarded)*.

© Ingrid Sevin

H. Noch einmal Auf Deutsch bitte!

1. **Präpositionalobjekte**
   a. *I am looking forward to the art show.*

   ____

   b. *We have talked about the show, but then I didn't think of the date.*

   ____

   ____

   c. *Please don't wait for me* (pl. fam.), *but go without me.*

   ____

   d. *You* (pl. fam.) *know I'm not interested in art.*

   ____

   e. *Why do you get so upset about this painter?*

   ____

   f. *I am not upset.*

   ____

   g. *I don't think much of his paintings.*

   ____

Name ______________________ Datum ____________________________ Kurs ________________

2. ***Da*-Komposita oder Objekte mit Präpositionen**

   a. *She's sitting next to them (i.e., their friends).*

   ____

   b. *They have two presents, one* **(eins)** *for her and one for him.*

   ____

   ____

   c. *Do you* (sg. fam.) *see the chair over there?*

   ____

   d. *On it lie the presents.*

   ____

   e. *Is there something for me?*

   ____

   f. *What does one do with it?*

   ____

   g. *Careful! Don't* (sg. fam.) *sit (down) on them.*

   ____

3. ***Wo*-Komposita oder Objekte mit Präpositionen**

   a. *Who is he coming with you (With whom . . .)?*

   ____

   b. *What are they talking about?*

   ____

   c. *What are you* (sg. fam.) *thinking of?*

   ____

   d. *Who is he waiting for (For whom . . .)?*

   ____

   e. *What are you* (pl. fam.) *angry about?*

   ____

   f. *What is he interested in?*

   ____

   g. *Who are you* (sg. fam.) *writing to (To whom . . .)?*

   ____

   h. *Who are these flowers for (For whom . . .)?*

   ____

Name ________________ Datum ________________ Kurs ________________

I. An der Theaterkasse Ergänzen Sie, was der Herr vielleicht zu der Dame an der Kasse sagt!

Konzerthaus Freier Verkauf E, 19.00 Uhr	Freitag **22**	**Akademiekonzert** **Wolfgang Amadeus Mozart** *Sinfonia concertante. Es-Dur* **Gustav Mahler** *Symphonie Nr. 5 cis-Moll*
Schauspielhaus deutscher Sprache, 20.00 Uhr		***Der Kirschgarten*** Anton Tschechow
Opernhaus Freier Verkauf P, 20.00 Uhr	Samstag **23**	***Wozzeck*** Alban Berg
Kulturpalast Freier Verkauf R, 20.00 Uhr		***Schwanensee*** Peter Tschaikowsky

© Dieter Sevin

DAME Guten Abend!

HERR ____________________

DAME Es tut mir leid, aber für *Schwanensee* ist heute Abend alles ausverkauft.

HERR ____________________. Haben Sie denn noch Karten fürs Akademiekonzert?

DAME Nein, auch das ist ausverkauft.

HERR ____________________

DAME Im Schauspielhaus gibt's Tschechows *Kirschgarten* und im Opernhaus Alban Bergs *Wozzeck*.

HERR ____________________

DAME Ja, für *Wozzeck* haben wir noch Karten im Parkett und im Rang.

HERR ____________________

DAME 60 Euro bitte!

HERR ____________________

DAME Und 40 Euro zurück.

HERR ____________________

DAME Um 20.00 Uhr.

HERR ____________________

J. Aufsatz: Ohne Handy geht's nicht mehr? Schreiben Sie einen kleinen Aufsatz (10–12 Sätze) über den Einfluss von Handys auf die Menschen von heute! Wer benutzt *(use)* sie wann und wo? Worüber sprechen sie? Warum sind sie so praktisch? Wann sind sie gefährlich *(dangerous)* und warum? Gibt es da Unterschiede zwischen den Amerikanern / Kanadiern und den Europäern?

Kapitel 11 Beziehungen

Zum Hören

GESPRÄCH

11-1

A. Partnersuche Hören Sie zuerst gut zu. Hören Sie sich dann das Gespräch ein zweites Mal an und wiederholen Sie jeden Satz!

MIA — Nicole, hör mal! „Gesucht wird: hübsche, dynamische, zärtliche Eva. Belohnung: gut aussehender Adam mit Herz, Ende 20, mag Antiquitäten, alte Häuser, schnelle Wagen, Tiere, Kinder."
NICOLE — Hmm, nicht schlecht, aber nicht für mich. Ich habe Angst in schnellen Autos und gegen Tiere bin ich allergisch.
MIA — Dann schau mal hier! „Es gibt, was ich suche. Aber wie finden? Künstler, Anfang 30, charmant, unternehmungslustig, musikalisch, sucht sympathische, gebildete, zuverlässige Frau mit Humor." Ist das was?
NICOLE — Ja, vielleicht. Er sucht jemanden mit Humor. Das gefällt mir; und Musik mag ich auch. Aber ob er Jazz mag?
MIA — Vielleicht können wir sie beide kennenlernen?
NICOLE — Ich weiß nicht. Mir ist das zu dumm, Leute durch Anzeigen in der Zeitung kennenzulernen.
MIA — Quatsch! Versuchen wir's doch! Was haben wir zu verlieren?
NICOLE — Was meinst du, Frank?
FRANK — Warum versucht ihr's nicht im Internet, wenn ihr's ernst meint? Da habt ihr mehr Auswahl.
NICOLE — Ach nee. Das ist mir zu riskant.
FRANK — Du bist eben ein Angsthase.
MIA — Luca und Emilie haben sich im Internet kennengelernt.
NICOLE — Ja, sie haben Glück gehabt.
FRANK — Siehst du!

11-2

B. Fragen Welche Antwort ist richtig?

1. a. Sie lesen die Nachrichten.
   b. Sie lesen das Fernsehprogramm.
   c. Sie lesen Anzeigen.
2. a. Sie wollen ein Auto kaufen.
   b. Sie suchen einen Partner.
   c. Sie möchten eine Belohnung.
3. a. Der Mann ist ihr zu alt.
   b. Sie mag keine Antiquitäten.
   c. Sie ist allergisch gegen Tiere.
4. a. Er findet das keine schlechte Idee.
   b. Er möchte seinen Hund durch eine Anzeige verkaufen.
   c. Er meint, sie sollen im Internet suchen.

AUSSPRACHE: f, v, ph, w ⏮ Als weitere mündliche Übung lesen Sie *Zur Aussprache*, Teil III, Beispiele 1, 4 und 5, vorne in ***Wie geht's?***.

11-3

A. Laute Hören Sie zu und wiederholen Sie!

1. [f] **f**ast, **f**ertig, **f**reundlich, ö**ff**nen, Brie**f**
2. [f] **v**erliebt, **v**erlobt, **v**erheiratet, **v**ersucht, **v**ergessen, **v**erloren, **Ph**iloso**ph**ie
3. [v] **V**ideo, Kla**v**ier, Sil**v**ester, Pullo**v**er, Uni**v**ersität
4. [v] **w**er, **w**en, **w**em, **w**essen, **w**arum, sch**w**arz, sch**w**er, z**w**ischen

11-4

B. Wortpaare Hören Sie zu und wiederholen Sie!

1. *wine* / Wein
2. *when* / wenn
3. *oven* / Ofen
4. *veal* / viel
5. Vase / Wasser
6. vier / wir

Was hören Sie jetzt? ....

Name ______________ Datum ______________ Kurs ______________

STRUKTUR

11.1 The simple past *(imperfect, narrative past)*

11-5

A. Was meinten sie? Ersetzen Sie das Subjekt!

1. Sie meinten es nicht. (ich)
   Ich meinte es nicht.
   ....
2. Ich wartete auf Klaus. (wir)
   Wir warteten auf Klaus.
   ....
3. Warum wussten wir nichts davon? (er)
   Warum wusste er nichts davon?
   ....

11-6

B. Was wünschte sie sich? Ersetzen Sie das Verb!

Sonja wollte ein Radio. (sich wünschen)
Sonja wünschte sich ein Radio.
....

11.2 The conjunctions *als, wenn, wann*

11-7

C. Bilden Sie einen Satz!

1. Beginnen Sie mit *Sie war nicht da, als . . .*!
   Er kam herein.
   Sie war nicht da, als er hereinkam.
   ....
2. Beginnen Sie mit *Ich sage es Ihnen, wenn . . .*!
   Ich weiß mehr.
   Ich sage es Ihnen, wenn ich mehr weiß.
   ....
3. Beginnen Sie mit *Wissen Sie, wann . . .*!
   Die Ferien beginnen.
   Wissen Sie, wann die Ferien beginnen?
   ....

11.3 The past perfect

11-8

D. Ersetzen Sie das Subjekt!

1. Wir hatten noch nicht angefangen. (du)
   Du hattest noch nicht angefangen.
   ....
2. Sie waren spazieren gegangen. (ich)
   Ich war spazieren gegangen.
   ....

MÄRCHEN

11-9

Rumpelstilzchen

....

DIKTAT

11-10

Hören Sie zu und schreiben Sie, was Sie hören!

1. ____
   ____
2. ____
   ____
3. ____
   ____
4. ____
   ____
5. ____
   ____

Name ____________________ Datum ________________________ Kurs ______________

VERSTEHEN SIE?

11-11

Der alte Großvater und sein Enkel Hören Sie sich die Geschichte an! (Variante eines Märchens der Gebrüder Grimm)

© Lisa Eastman/Shutterstock

Zum Erkennen: zog *(moved)*; zitterten *(trembled)*; die Tischdecke *(tablecloth)*; das Tablett *(tray)*; umfiel *(fell over)*; der Enkel, - *(grandson)*

....

11-12

Richtig oder falsch?

1. richtig falsch
2. richtig falsch
3. richtig falsch
4. richtig falsch
5. richtig falsch

Zum Sehen

VIDEO-SZENEN

Du bist doch nicht verliebt? Begleiten Sie Hülya, Paul, Lily und Anton auf ihrem Spaziergang am Strand *(beach)* von Heiligendamm, einem alten Seebadeort *(seaside resort)* in Mecklenburg-Vorpommern. Lily hat eine Überraschung.

© Cengage Learning

Zum Erkennen: ein Schluck *(a zip of)*; sich erinnern an *(to remember)*; probieren *(to try)*; frieren *(to be freezing)*; gewöhnt sein *(to be used to)*; die Landungsbrücke, -n *(pier)*; der Hafenschlepper, - *(harbor tugboat)*; riesig *(huge)*; der Matjes *(white herring)*; die Deichtorhallen *(Hamburg exhibition galleries)*; andauernd *(constantly)*; reden von *(to talk about)*; der Blödsinn *(nonsense)*; das Tretboot, -e *(pedal boat)*; sich kaputt·lachen *(to crack up laughing)*; zu·geben *(to admit)*

A. Alles verstanden?

1. Wie ist das Wetter, als die Vier am Strand entlanglaufen?
2. Was hat Paul in seiner Thermoskanne?
3. Woran erinnern sich Lily und Paul?
4. Wer hat Lily angerufen?
5. Was gefällt Lily an ihm?
6. Ist sie verliebt in ihn?
7. Was hält Anton vom Heiraten?

B. Wenn du mich fragst, . . . — Und du? Ergänzen Sie die folgenden Sätze auf Ihre Weise. Was hat Ihr Partner / Ihre Partnerin dazu zu sagen? Können Sie das den anderen berichten?

1. Heute ist das Wetter . . . Was ist deine Lieblingsjahreszeit und warum?
2. Wenn ich friere, trinke ich gern . . . Und du?
3. Ich esse (nicht) gern Fischbrötchen. Und du?
4. Um mir zu gefallen, muss jemand . . . Wie ist das bei dir? Wie muss dein Typ sein?

C. Genau gehört Mal sehen, wie gut Sie zugehört haben. Markieren Sie alles auf der Liste, was Sie im Video gehört haben! Berichten Sie dann mündlich *(orally)*, was Sie nicht gehört haben, und vergleichen Sie das Resultat mit der Liste der anderen!

_____ Ach so.	_____ Ja, gerne.	_____ Nichts Besonderes.
_____ Das ärgert mich.	_____ Ja, sicher.	_____ Quatsch!
_____ Gib's doch zu!	_____ Keine Ahnung!	_____ Wahnsinn!
_____ Ich auch.	_____ Na klar!	_____ Was ist los?
_____ Ich weiß nicht.	_____ Na und?	_____ Wieso denn?

VIDEO-INTERVIEWS

Was verstehen Sie unter Gleichberechtigung in der Familie?

Zum Erkennen: die Gleichberechtigung *(equal rights)*; meiner Meinung nach *(in my opinion)*; die Einteilung *(division)*; die Aufteilung *(sharing)*; verlassen *(to leave)*; sich kümmern um *(to take care of)*; bestimmt *(certain)*; berufstätig *(working)*; der Bereich, -e *(area)*; gleichberechtigt sein *(to have equal rights)*; sicherlich *(certainly)*; das Gröbere draußen *(dirty stuff outside)*; zuständig für *(responsible for)*; vor·herrschen *(to prevail)*; auf jeden Fall *(definitely)*

© Cengage Learning

Andrea Wöllert

A. Richtig oder falsch?

_____ 1. Herr Mienert glaubt, dass bei den meisten Leuten die Gleichberechtigung in der Familie nicht funktioniert.

_____ 2. Wenn das mit der Gleichberechtigung funktionieren soll, muss man einen Plan haben.

_____ 3. Bei ihm zu Hause funktioniert das.

_____ 4. Wer bei Mienerts später das Haus verlässt, kümmert sich um den Haushalt.

_____ 5. Frau Siegmund meint, dass heute in den Familien die meisten Partner berufstätig sind.

_____ 6. Leider müssen die Frauen immer noch alles im Haushalt machen. Sie denkt, dass das auch so bleibt.

_____ 7. Sie meint, dass das mit der Arbeitsteilung oft nur einfache Phrasen sind.

_____ 8. Sie und ihr Mann sind beide berufstätig und sie teilen sich die Arbeit im Haushalt.

_____ 9. Mit der Freizeit und mit den Kindern ist das etwas problematischer.

_____ 10. Da hilft ihr Mann nicht viel.

_____ 11. Im Elternhaus von Frau Wöllert gab es keine Gleichberechtigung.

_____ 12. Ihr Vater hat gewöhnlich das Gröbere, die Schmutzarbeit draußen gemacht.

_____ 13. Ihre Mutter hat alles andere im Haushalt gemacht.

_____ 14. Sie denkt, dass ihre Eltern ganz gut zusammengearbeitet haben.

B. Jetzt sind Sie dran! Wie beantworten SIE die Frage des Reporters? Schreiben Sie in sechs bis acht Sätzen, wie Sie die Gleichberechtigung in der Familie oder unter Partnern sehen? Was muss dabei jeder tun? Wie ist das bei Ihnen zu Hause (gewesen)?

Name ____________ Datum ____________ Kurs ____________

Zum Schreiben

A. Erweitern Sie Ihren Wortschatz!

Many adjectives are derived from other adjectives or from verbs or nouns. Certain suffixes characterize them as adjectives. A substantial number of adjectives you know end in **-ig, -lich, -isch,** or **-bar.**

1. **Was ist das Adjektiv dazu?**

BEISPIEL: der Schmutz *(dirt)* *schmutzig*

a. die Ruhe ____________ f. das Glück ____________

b. die Lust ____________ g. die Musik ____________

c. der Tag ____________ h. die Fantasie ____________

d. der Freund ____________ i. das Wunder ____________

e. der Sport ____________ j. die Furcht *(fear, awe)* ____________

2. **Verstehen Sie diese Adjektive?** Welches Wort ist darin? Was bedeutet das auf Englisch?

audible
by telephone
concerning business
edible
by letter
hourly
hungry
icy
festive
grateful
playful
questionable
motherly
salty
legible
washable
sleepy
typical

BEISPIEL geldlich *monetary*

a. essbar ____________ j. geschäftlich ____________

b. lesbar ____________ k. mütterlich ____________

c. waschbar ____________ l. hungrig ____________

d. dankbar ____________ m. salzig ____________

e. hörbar ____________ n. eisig ____________

f. stündlich ____________ o. schläfrig ____________

g. feierlich ____________ p. typisch ____________

h. fraglich ____________ q. telefonisch ____________

i. brieflich ____________ r. spielerisch ____________

Name ______________ Datum ______________ Kurs ______________

B. Was gehört wozu?

1. **Welches Adjektiv kennen Sie dazu?**

a. der Charme ______	f. das Interesse ______
b. der Fleiß ______	g. die Größe ______
c. die Freundschaft ______	h. die Nähe ______
d. die Scheidung ______	i. der Wind ______
e. die Heirat ______	j. das Talent ______

2. **Welches Substantiv *(noun)* kennen Sie dazu?** Nennen Sie auch den Artikel!

a. abfahren ______	f. packen ______
b. anfangen ______	g. reisen ______
c. arbeiten ______	h. telefonieren ______
d. heiraten ______	i. sich verlieben ______
e. malen ______	j. wünschen ______

3. **Was ist das Gegenteil davon?**

a. fleißig ______	f. ledig ______
b. geduldig ______	g. lustig ______
c. hässlich ______	h. nett ______
d. intelligent ______	i. reich ______
e. kompliziert ______	j. sympathisch ______

C. Auf Deutsch bitte!
Nennen Sie das deutsche Wort und auch den Plural für die Substantive!

1. *the animal* ______
2. *the bird* ______
3. *the cat* ______
4. *the dog* ______
5. *the horse* ______
6. *sweet* ______
7. *versatile* ______
8. *immediately* ______
9. *nobody* ______
10. *suddenly* ______

Name ____________________ Datum ________________________ Kurs ______________

D. Präsens, Imperfekt und Partizip Was fehlt?

essen	isst		gegessen
fahren	fährt		ist gefahren
finden	findet	fand	
gefallen		gefiel	gefallen
halten		hielt	gehalten
lassen	lässt		gelassen
laufen	läuft		ist gelaufen
nehmen		nahm	genommen
schlafen	schläft	schlief	
tragen	trägt		getragen
treffen	trifft	traf	
tun		tat	getan
vergessen	vergisst		vergessen
verlieren	verliert	verlor	
waschen	wäscht		gewaschen
werden	wird	wurde	

E. Das Märchen vom Froschkönig Ergänzen Sie die Verbformen in der Vergangenheit *(simple past)*, wenn nicht anders angegeben *(indicated)*!

In alten Zeiten ____________ *leben* (1) ein König, der ____________ *haben* (2) drei schöne Töchter, aber die dritte Tochter ____________ *sein* (3) so schön, dass die Sonne sich ____________ *wundern* (4). Im heißen Sommer ____________ *gehen* (5) sie gern in den Wald, ____________ *setzen* (6) sich an einen kühlen Brunnen *(well)* und ____________ *spielen* (7) mit einer goldenen Kugel *(ball)*. Eines Tages ____________ *fallen* (8) ihr die Kugel aus der Hand und ____________ *rollen* (9) in den Brunnen. Da ____________ *anfangen* (10) sie _____ zu weinen. Plötzlich ____________ *kommen* (11) ein hässlicher

Frosch *(frog)* mit einem dicken Kopf aus dem Wasser und ___________ (12) die Prinzessin,
fragen

warum sie so laut ___________ (13) *(carried on)*. Sie ___________ (14) dem Frosch,
jammern *erzählen*

dass ihre goldene Kugel in den Brunnen ___________ _____ (15) *(had fallen)*. Der Frosch
fallen

___________ (16) ihr, die Kugel zurückzubringen. Aber dafür ___________ (17) er
versprechen *wollen*

ihr Freund sein, mit ihr spielen, von ihrem Teller essen und in ihrem Bett schlafen. Als sie

ja ___________ (18), ___________ (19) der Frosch weg und ___________ (20) ihr
sagen *schwimmen* *bringen*

die Kugel wieder. Die Königstochter ___________ (21) sich sehr, ___________ (22)
freuen *laufen*

nach Hause und ___________ (23) den Frosch. Aber am nächsten Tag, als die Prinzessin
vergessen

und ihre Eltern und Geschwister beim Essen ___________ (24), ___________ (25)
sitzen *klopfen*

(knocked) jemand an die Tür. Als sie die Tür ___________ (26), ___________ (27) sie
öffnen *sehen*

den Frosch vor der Tür sitzen. Die Prinzessin ___________ (28) ihrem Vater sagen, dass
müssen

der Frosch ihr ___________ _____ (29) *(had helped)*, und der König ___________ (30):
helfen *sprechen*

„Was du versprochen hast, musst du halten." Sie ___________ (31) den Frosch herein und
lassen

er ___________ (32) von ihrem Teller und ___________ (33) aus ihrem Glas. Als die
essen *trinken*

Prinzessin im Bett ___________ (34), sagte der Frosch: „Ich bin müde und will in deinem
liegen

Bett schlafen." Da ___________ (35) die Königstochter böse *(angry)* und warf *(threw)*
werden

den Frosch an die Wand. Plötzlich ___________ (36) vor ihr ein junger Königssohn mit
stehen

freundlichen Augen und ___________ (37) ihr, weil sie ihn ___________ _____ (38) *(had*
danken *erlösen*

released [from a spell]). Ein paar Tage später ___________ (39) sie und ___________
heiraten *reisen*

(40) in das Land seines Vaters.

F. Noch einmal Auf Deutsch bitte!

Hurra, Nina und Julian haben einen Bruder bekommen.

Luick

5. Juli 2014

55 cm - 4130 g

Mit Ihnen freuen sich die 2-fachen Großeltern Anita und Heinrich Bartels und Onkel Torsten

© Ingrid Sevin

1. **Hurra, ein Brüderchen!**

   a. *Did you know that Nina and Julian just got a little brother?* b. *No, I didn't know that. When was he born?* c. *He was born in July after Mike had returned from America.* d. *Whenever we speak with the grandparents, they are only interested in little Luick.* e. *How do Nina and Julian like their new little brother?* f. *They love him and always want to play with him.*

2. **Die Großeltern kommen.**

   a. *We got* **(kommen)** *to the airport after the plane had landed.* b. *When we arrived, they had already picked up* **(holen)** *their luggage.* c. *After we had found them, we drove home.* d. *My mother had been looking forward to this day.* e. *After I had shown her the baby, we sat down in the living room and talked about the family.* f. *Nina and Julian were happy because they also had received some presents.*

Name ______________ Datum ______________ Kurs ______________

G. Ein besonderer Tag Lesen Sie die Anzeigen und beantworten Sie kurz die Fragen!

© Ingrid Sevin

Zum Erkennen: die Probezeit *(trial period);* freiwillig *(voluntarily);* die Trauung *(wedding);* die Hölle *(hell);* verlor *(lost);* der Kampf *(struggle);* zwickt es *(it hurts a little);* steuerpflichtig *(taxable)*

1. Wer ist Jasmin? Was hat sie Petra und Hedi freiwillig gegeben und wozu? Was mussten die beiden erst bestehen *(pass)*? Wann war die Hochzeit und wo?

____
____
____
____
____
____

2. Wer gratuliert Inge? Wer sind sie? Wie alt ist Inge geworden? Was für ein Typ ist sie? Was soll man im Leben nie verlieren?

____
____
____
____

H. Du, ich muss dir was sagen! Hören Sie zu, was Elke Ihnen erzählt, und reagieren Sie darauf entweder mit Ausdrücken aus der Liste oder mit Ihren eigenen Worten! Was halten Sie davon? Geben Sie danach kurz Ihren eigenen Kommentar dazu!

Das war aber nicht nett von euch.	Und dann?
Ihr seid gemein *(mean)*.	Und was habt ihr da gemacht?
Das sieht euch ähnlich.	Keine Ahnung!
Ja, natürlich!	War er nett?
Ja, und?	Was denn?
Na klar!	Wirklich?

UTE Mensch, du glaubst gar nicht, was Marianne und ich gemacht haben.

SIE ______________________________

UTE Du kennst doch Marianne, nicht wahr?

SIE ______________________________

UTE Wir haben vor zwei Wochen eine Anzeige unter „Partnerwünsche" in die Zeitung gesetzt.

SIE ______________________________

UTE Und da haben wir ungefähr fünfzehn verschiedene Antworten bekommen.

SIE ______________________________

UTE Wir haben dann an einen Mann geschrieben.

SIE ______________________________

UTE Wir haben gesagt, wir treffen *(meet)* ihn vor dem Café König.

SIE ______________________________

UTE Und da hat er dann auch auf uns gewartet—mit einer roten Rose im Knopfloch *(buttonhole)*.

SIE ______________________________

UTE Er hat uns nicht besonders gefallen.

SIE ______________________________

UTE So sind wir an ihm vorbeigegangen, ohne etwas zu sagen.

SIE ______________________________

UTE Ich weiß.

WAS ICH DAVON HALTE ______________________________

____

____

I. Aufsatz: Aus meinem Leben Erzählen Sie eine lustige oder interessante Geschichte (10–12 Sätze) aus Ihrem Leben, z. B. Ihre Schulzeit, eine Reise, Ferien mit Ihrer Familie, ein besonderes Tier usw.!

Rückblick: Kapitel 8–11

I. Verbs

1. **Reflexive verbs**

If the subject and object of a sentence are the same person or thing, the object is a reflexive pronoun. The reflexive pronouns are as follows:

	ich	du	er / es / sie	wir	ihr	sie	Sie
acc.	mich	dich	sich	uns	euch	sich	sich
dat.	mir	dir	sich	uns	euch	sich	sich

a. Many verbs can be used reflexively.

Ich habe **(mir)** ein Auto gekauft. — *I bought (myself) a car.*

b. Other verbs must be used reflexively, even though their English counterparts are often not reflexive.

Ich habe **mich** erkältet. — *I caught a cold.*

c. With parts of the body, German normally uses the definite article together with a reflexive pronoun in the dative.

Ich habe **mir die Haare** gewaschen. — *I washed my hair.*

You are familiar with the following **reflexive verbs:**

s. anhören, s. anschauen, s. ansehen, s. anziehen, s. ausruhen, s. umziehen, s. ausziehen, s. baden, s. beeilen, s. duschen, s. entscheiden, s. entspannen, s. erholen, s. erkälten, s. fit halten, s. (wohl) fühlen, s. (hin)legen, s. kämmen, s. konzentrieren, s. langweilen, s. (die Nase / Zähne) putzen, s. rasieren, s. (hin)setzen, s. verlieben, s. verloben, s. waschen, s. wünschen *(see also 2 below).*

2. **Verbs with prepositional objects**

Combinations of verbs and prepositions often have a special idiomatic meaning. These patterns cannot be translated literally but must be learned.

Er **denkt an** seine Reise. — *He's* ***thinking of*** *his trip.*

You are familiar with the following:

denken an, erzählen von, halten von, schreiben an, sprechen von, träumen von, warten auf; s. ärgern über, s. freuen auf, s. informieren über, s. interessieren für, s. vorbereiten auf.

3. **The infinitive with *zu***

The use of the infinitive is similar in German and in English.

Ich habe viel **zu** tun.
Ich habe keine Zeit, eine Reise **zu** machen.
Vergiss nicht, uns **zu** schreiben!

If the infinitive is combined with other sentence elements, a COMMA separates the infinitive phrase from the main clause. If a separable prefix is used, **zu** is inserted between the prefix and the verb.

Hast du Lust, heute Nachmittag mit**zu**kommen?

REMEMBER: Don't use **zu** with modals! (Möchtest du heute Nachmittag **mitkommen**?)

4. **Summary of past tenses**

Be sure to learn the principal parts of verbs (infinitive, simple past, past participle). If you know that a verb is a regular *t*-verb, all its forms can be predicted; but the principal parts of irregular *t*-verbs and *n*-verbs must be memorized. You must also remember which verbs take **sein** as the auxiliary verb in the perfect tenses.

a. The perfect tenses

- Past participles

T-verbs (weak verbs)	N-verbs (strong verbs)
(ge) + stem (change) + (e)t	(ge) + stem (change) + en
gekauft	gestanden
geheiratet	
gedacht	
eingekauft	aufgestanden
verkauft	verstanden
informiert	

- When used as auxiliaries in the present perfect, **haben** and **sein** are in the present tense. In the past perfect, **haben** and **sein** are in the simple past.

Er **hat** eine Flugkarte gekauft. Er **ist** nach Kanada geflogen.
Er **hatte** eine Flugkarte gekauft. Er **war** nach Kanada geflogen.

- In conversation, past events are usually reported in the present perfect. (The modals **haben** and **sein** may be used in the simple past.) The past perfect is used to refer to events happening BEFORE other past events.

Nachdem wir den Film **gesehen hatten,** haben wir eine Tasse Kaffee getrunken.

b. The simple past

- Forms

	T-verbs (weak verbs)		N-verbs (strong verbs)	
ich	stem (change) +	(e)te	stem (change) +	–
du		(e)test		st
er		(e)te		–
wir		(e)ten		en
ihr		(e)tet		t
sie		(e)ten		en
	kaufte		stand	
	heiratete			
	dachte			
	kaufte ein		stand auf	
	verkaufte		verstand	
	informierte			

- In writing, the simple past is used to describe past events. In dialogues within narration, however, the present perfect is correct.

5. **Sentence structure in the past tenses**

Er **brachte** einen Freund **mit.**	. . . , weil er einen Freund **mitbrachte.**
Er **wollte** einen Freund **mitbringen.**	. . . , weil er einen Freund **mitbringen wollte.**
Er **hat** einen Freund **mitgebracht.**	. . . , weil er einen Freund **mitgebracht hat.**
Er **hatte** einen Freund **mitgebracht.**	. . . , weil er einen Freund **mitgebracht hatte.**
V1 V2	V2 V1

II. The conjunctions *als, wann, wenn*

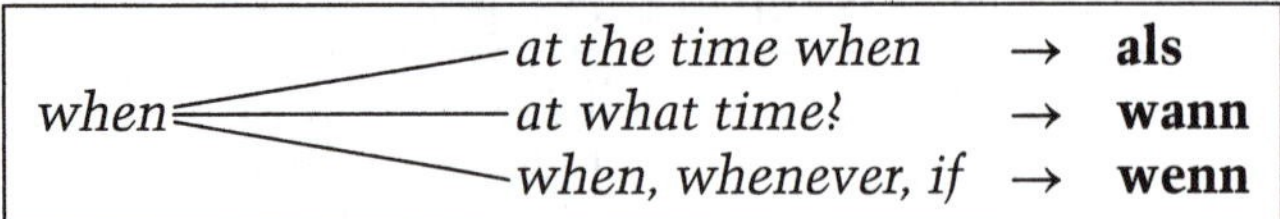

when
at the time when → **als**
at what time? → **wann**
when, whenever, if → **wenn**

III. *Da-* and *wo-*compounds

Pronouns following prepositions refer to people; **da-** and **wo-**compounds refer to objects and ideas. Most accusative and dative prepositions and all two-way prepositions can be part of such compounds. Prepositions beginning with a vowel are preceded by **dar-** and **wor-.**

Er wartet **auf einen Brief.**
Worauf wartet er? Er wartet **dar**auf.

IV. Cases

1. **Summary of the four cases**

	use	follows . . .	masc.	neut.	fem.	pl.
nom.	subject, predicate noun	**heißen, sein, werden**	der dieser ein mein	das dieses ein mein	die dieses eine meine	die dieses keine meine
acc.	direct object	**durch, für, gegen, ohne, um**	den diesen einen meinen			
		an, auf, hinter, in, neben, über, unter, vor, zwischen				
dat.	indirect object	**aus, außer, bei, mit, nach, seit, von, zu** **antworten, danken, gefallen, gehören, helfen, zuhören**	dem diesem einem meinem	dem diesem einem meinem	der dieser keiner meiner	den diesen keinen meinen
gen.	possessive	**(an)statt, trotz, während, wegen**	des dieses eines meines	des dieses eines meines		der dieser einer meiner

Interrogative pronouns

nom.	wer?	was?
acc.	wen?	was?
dat.	wem?	—
gen.	wessen?	—

2. **The genitive**

   a. Masculine and neuter nouns have endings in the genitive singular.

   -es: for one-syllable nouns and nouns ending in **-s, -ss, -ß, -z, -tz, -zt** (des Kopf**es**, Hals**es**, Fluss**es**, Fuß**es**, Salz**es**, Platz**es**, Arzt**es** *[physician's]*)

   -s: for nouns of more than one syllable and proper nouns (des Onkel**s**, Tom**s** Onkel, Tom Gerber**s** Onkel)

   b. *N*-nouns usually end in **(-e)n; der Name** is an exception (des Her**rn**, des Student**en;** BUT des Name**ns**).

V. Adjective endings

1. **Preceded adjectives**

   Predicate adjectives and adverbs have no endings. Adjectives followed by nouns do have endings.

	masculine		neuter		feminine		plural	
nom.	der neue	Krimi	das neue	Stück	die neue	Oper	die neu**en**	Filme
acc.	den neu**en**	Krimi	das neue	Stück	die neue	Oper	die neu**en**	Filme
dat.	dem neu**en**	Krimi	dem neu**en**	Stück	der neu**en**	Oper	den neu**en**	Filmen
gen.	des neu**en**	Krimis	des neu**en**	Stückes	der neu**en**	Oper	der neu**en**	Filme

	masculine		neuter		feminine		plural	
nom.	ein neu**er**	Krimi	ein neu**es**	Stück	eine neue	Oper		
acc.	einen neu**en**	Krimi	ein neu**es**	Stück	eine neue	Oper	keine neu**en**	Filme
dat.	einem neu**en**	Krimi	einem neu**en**	Stück	einer neu**en**	Oper	keinen neu**en**	Filmen
gen.	eines neu**en**	Krimis	eines neu**en**	Stückes	einer neu**en**	Oper	keiner neu**en**	Filme

Comparing the two tables above, you can see:

- Adjectives preceded by the definite article or any **der**-word have either an **-e** or **-en** ending.
- Adjectives preceded by the indefinite article or any **ein**-word have two different adjective endings WHENEVER **ein** HAS NO ENDING: **-er** for masculine nouns and **-es** for neuter nouns.

  Otherwise the **-en** ending predominates and is used in the masculine accusative singular, all datives and genitives, and in all plurals.

after **der**-words

	masc.	neut.	fem.	pl.
nom.	-e	-e	-e	-en
acc.	-en	-e	-e	-en
dat.	-en	-en	-en	-en
gen.	-en	-en	-en	-en

after **ein**-words

	masc.	neut.	fem.	pl.
nom.	-er	-es	-e	-en
acc.	-en	-es	-e	-en
dat.	-en	-en	-en	-en
gen.	-en	-en	-en	-en

Or, to put it in another way, the endings are:

- in the nominative and ACCUSATIVE SINGULAR

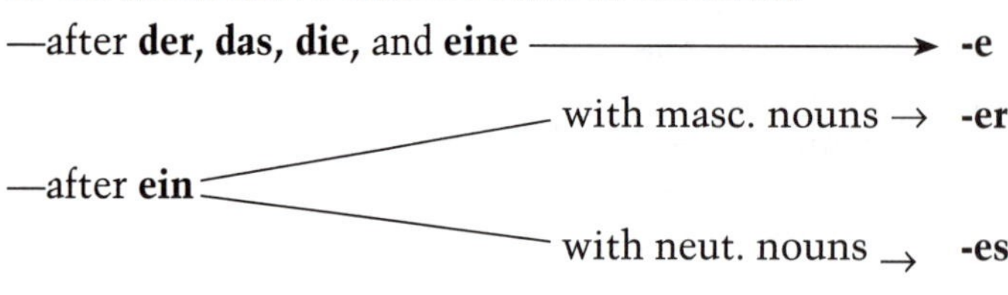

- in ALL OTHER CASES → **-en**

  Der alt**e** Fernseher und das alt**e** Radio sind kaputt *(broken)*.
  Mein alt**er** Fernseher und mein alte**s** Radio sind kaputt.

2. **Unpreceded adjectives**

   a. Unpreceded adjectives have the endings that the definite article would have, if it were used.

      Heiß**e** Suppe und heiß**er** Tee schmecken bei kalt**em** Wetter prima.

   b. The following words are often used as unpreceded adjectives: **andere, einige, mehrere, viele,** and **wenige.**

      Er hat mehrer**e** interessant**e** Theaterstücke geschrieben.

   c. **Viel** and **wenig** in the singular, **mehr** and **ein paar,** numerals, some names of colors **(rosa, lila, beige),** and place names used as adjectives **(Frankfurter, Wiener, Schweizer)** have no endings.

      Ich habe wenig Geld, aber viel Zeit.

VI. Sentence structure

1. **Sequence of adverbs**

   If two or more adverbs or adverbial phrases occur in one sentence, they usually follow the sequence time, manner, place. The negative **nicht** usually comes after the adverbs of time but before adverbs of manner or place.

2. **Summary chart**

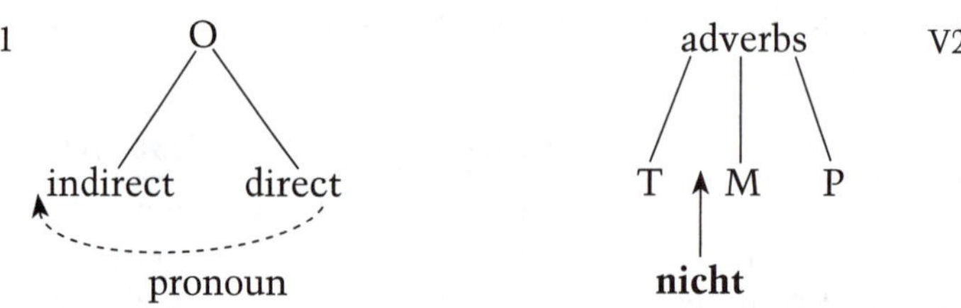

   Er kann es ihm heute **nicht** mit Sicherheit *(for sure)* versprechen.

3. **Time expressions**

   a. Specific time
      To refer to specific time, a definite point in time, or length of time, German uses the ACCUSATIVE: **jeden Tag, nächstes Jahr, eine Woche, einen Monat.**

      The following are other familiar phrases referring to specific time:

      - gerade, sofort, am Abend, am 1. Mai, im Mai, in einer Viertelstunde, um zwei Uhr, von Juni bis September, vor einer Woche, Anfang / Ende April, Mitte des Monats
      - vorgestern, gestern, heute, morgen, übermorgen, Montag, Dienstag, Mittwoch usw.
      - früh (Morgen), Vormittag, Mittag, Nachmittag, Abend, Nacht; gestern früh, heute Morgen, morgen Vormittag, Montagnachmittag, Samstagabend usw.

   b. Indefinite and nonspecific time

      - To refer to an indefinite point in time, the GENITIVE is used: **eines Tages.**
      - Familiar time expressions referring to nonspecific times: montags, dienstags, mittwochs usw.; morgens, mittags, abends, mittwochmorgens, donnerstagabends usw.; bald, damals, danach, manchmal, meistens, monatlich, oft, sofort, stundenlang, täglich, zuerst usw.

Name ____________ Datum ____________ Kurs ____________

WORTSCHATZWIEDERHOLUNG

A. Was passt?

1. **Welches Substantiv kennen Sie dazu?** Nennen Sie auch den Artikel!

a. fahren ____	f. verkaufen ____
b. fliegen ____	g. freundlich ____
c. malen ____	h. wöchentlich ____
d. schenken ____	i. sportlich ____
e. sprechen ____	j. verliebt ____

2. **Was ist ein Synonym dazu?**

a. mit dem Auto ____	d. laufen ____
b. in 30 Minuten ____	e. telefonieren ____
c. beginnen ____	f. wunderbar ____

3. **Was ist das Gegenteil davon?**

a. einsteigen ____	g. fleißig ____
b. gewinnen ____	h. gesund ____
c. weinen ____	i. hübsch ____
d. sich anziehen ____	j. interessant ____
e. sich ärgern ____	k. leicht ____
f. sich hinsetzen ____	l. lustig ____

B. Was passt nicht?

1. wandern—gewinnen—spazieren gehen—laufen
2. hässlich—gemütlich—sympathisch—charmant
3. verheiratet—verschieden—ledig—geschieden
4. der Krimi—das Gemälde—das Theaterstück—der Roman
5. täglich—wöchentlich—monatlich—gewöhnlich

C. Bilden Sie eine Worttreppe mit Adjektiven!

BEISPIEL: nett

temperamentvoll

lustig

Name ______________ Datum ______________ Kurs ______________

STRUKTURWIEDERHOLUNG

D. Reflexivverben Variieren Sie die Sätze!

1. **Willi hält sich fit.**
   Do you (formal) *keep fit? They're not keeping fit. How did she keep fit? Keep fit* (3x). *I'd like to keep fit. We must keep fit. We had to keep fit.*

   ____

   ____

   ____

2. **Sie erkälten sich wieder.**
   We'll get a cold again. Don't catch a cold again (3x). *They've caught a cold again. She doesn't want to get a cold again. We had caught a cold again. Why do you* (sg. fam.) *always get a cold? They always caught a cold.*

   ____

   ____

   ____

   ____

E. Am Morgen Auf Deutsch bitte!

1. *You've* (sg. fam.) *got to get dressed.*

   ____

2. *First, I want to take a shower and wash my hair.*

   ____

3. *And you* (sg. fam.) *need to shave.*

   ____

4. *Why don't you* (pl. fam.) *hurry up?*

   ____

5. *Listen* (pl. fam.) *to that.*

   ____

6. *He got annoyed and sat down.*

   ____

F. Verben mit Präpositionen Bilden Sie Sätze!

BEISPIEL schreiben
Ich muss an meine Eltern schreiben.

1. denken ______________________________
2. sich freuen ______________________________
3. sich informieren ______________________________
4. sich interessieren ______________________________
5. reagieren ______________________________

6. sprechen ______________
7. träumen ______________
8. warten ______________

G. Infinitiv mit *zu* Bilden Sie Sätze!

1. Es ist zu spät, ______________ *(to buy a present).*
2. Es ist zu spät, ______________ *(to write him).*
3. Es ist zu spät, ______________ *(to start a book).*
4. Es ist zu spät, ______________ *(to invite all).*
5. Es ist nicht leicht, ______________ *(to get up early).*
6. Es ist nicht leicht, ______________ *(to always pay attention).*
7. Es ist nicht leicht, ______________ *(to keep in shape).*
8. Es ist nicht leicht, ______________ *(to learn a language).*

H. Sagen Sie es im Perfekt!

1. Wohin geht ihr?—Wir besuchen Onkel Willi.

   ____
2. Was machst du heute?—Ich gehe schwimmen.

   ____
3. Wie gefällt Ihnen das Stück?—Es ist wirklich ausgezeichnet.

   ____
4. Warum beeilt sie sich so?—Die Vorstellung fängt um acht an.

   ____
5. Weißt du, dass er ein sehr guter Schwimmer ist?—Nein, er spricht nicht viel von sich.

   ____

   ____

I. Bilden Sie Sätze im Plusquamperfekt *(past perfect)*!

1. wir / nicht / denken / damals / daran

   ____
2. Daniela und Yvonne / gehen / zum Schwimmbad

   ____
3. wir / sich anziehen / warm

   ____
4. er / versprechen / mir / das / schon zweimal

   ____
5. Auto / stehen bleiben / plötzlich

   ____

6. das / sein / nicht so lustig

____

7. aber / das / verdienen / er

____

J. Die Trappfamilie Was fehlt?

1. Gestern Abend haben sie im zweit____ deutsch____ Fernsehen den bekannt____ Film über die österreichisch____ Familie Trapp gezeigt. 2. Erst ist es ein deutsch____ Theaterstück gewesen und dann ist daraus ein amerikanisch____ Film geworden. 3. Eigentlich kannte ich diesen interessant____ Film schon aus dem amerikanisch____ Kino. 4. Aber ich sehe mir gern amerikanisch____ Stücke in deutsch____ Sprache an. 5. Der ganz ____ Film spielt rings um die hübsch____ Stadt Salzburg. 6. Am Anfang war Maria in einem alt____ Kloster (*convent,* n.), aber sie fühlte sich bei den streng____ *(strict)* Nonnen (*nuns,* pl.) nicht richtig____ wohl. 7. Eines Tages schickte die verständnisvoll____ Oberin *(mother superior)* sie zu der groß____ Familie eines reich____, verwitwet____ Kapitäns. 8. Seine sieben____ klein____ Kinder waren anfangs nicht sehr nett____, aber die temperamentvoll ____ Maria hatte viel____ gut____ Ideen, wie sie die sieben Kinder unterhalten konnte. 9. Später heiratete der verwitwet____ Kapitän das jung____ „Fräulein Maria". 10. Kurz nach ihrer fantastisch____ Hochzeit kam das deutsch____ Militär nach Österreich. 11. Weil der österreichisch____ Kapitän nicht zur deutsch____ Marine (f.) wollte, verließen *(left)* sie nach kurz____ Zeit ihr schön____, groß____ Haus und flohen *(escaped)* über die hoh____ *(high)* Berge in die neutral____ Schweiz. 12. Heute hat die bekannt____ Trappfamilie ein neu____, groß____ Haus im amerikanisch____ Staat Vermont. 13. Wie in viel____ der sogenannt____ *(so-called)* wahr____ Geschichten, ist im amerikanisch____ Film *The Sound of Music* nicht alles wahr____. 14. Aber es ist ein nett____ Film mit viel____ schön____ Musik.

K. Ein Rendezvous Sagen Sie es im Imperfekt!

1. Sonja und Stefan gehen am Samstagabend aus. 2. Zuerst versuchen sie, Opernkarten zu bekommen, aber alle Karten sind schon ausverkauft. 3. Dann wollen sie mit einem Taxi zum Theater fahren, aber sie können kein Taxi bekommen. 4. Als sie zum Theater kommen, gibt es auch keine Karten mehr. 5. Aber in der Nähe des Theaters ist ein Kino. 6. Dort läuft ein neuer Film. 7. Der Film gefällt ihnen ausgezeichnet, weil er sehr komisch ist. 8. Das Publikum lacht oft so laut, dass man nichts hören kann. 9. Als sie aus dem Kino kommen, sehen sie plötzlich Jürgen und Barbara. 10. In einem kleinen Restaurant essen sie ein paar Würstchen und trinken dazu ein Glas Bier. 11. Dann bummeln sie gemütlich durch die Stadt nach Hause.

____

____

____

____

____

____

____

____

____

____

____

____

L. *Als, wann* oder *wenn*?

1. ______________ das Stück zu Ende war, klatschten die Leute.
2. Weißt du, ______________ die Party anfängt?
3. Könnt ihr mir die Zeitschrift geben, ______________ ihr damit fertig seid?
4. ______________ ich den Roman vor zwei Jahren las, gefiel er mir nicht so gut.
5. Ich muss immer an euch denken, ______________ ich dieses Lied im Radio höre.
6. Er wusste auch nicht, ______________ seine Nachbarn zurückkommen sollten.

M. Der Genitiv Was fehlt?

BEISPIEL der Sender / Brief — *der Sender des Briefes*
der Brief / Annette — *Annettes Brief*

1. das Ende / das Wort ______________
2. die Farbe / unser Auto ______________
3. der Sohn / mein Onkel ______________
4. der Eingang / euer Haus ______________
5. der Name / der Komponist ______________
6. der Wunsch / alle Kinder ______________
7. die Taschen / manche Frauen ______________
8. die Musik / Beethoven ______________
9. das Stück / Bertolt Brecht ______________
10. die Märchen / Brüder Grimm ______________

Name ____________ Datum ____________ Kurs ____________

N. *Wo-* und *da-*Komposita

1. **Kombinieren Sie!**

BEISPIEL mit *Womit? Damit!*

auf	____________	durch	____________
in	____________	über	____________
an	____________	vor	____________
zu	____________	bei	____________
für	____________		

2. **Was fehlt?**

a. ____________ denkst du? ____________ Reise. *(of what, of my)*

b. ____________ spricht Professor Schulz heute? ____________ spannenden Buch. *(about what, about a)*

c. ____________ hast du geträumt? ____________ Ferien. *(about what, about my)*

d. ____________ wartest du? ____________ Brief von Paul. Warte nicht ____________! *(for what, for a, for that)*

e. Trudi erzählt immer gern ____________ Partys. ____________ hat sie gerade erzählt. *(about her, about that)*

f. Hast du schon ____________ Eltern geschrieben? Ja, ich habe am Wochenende ____________ geschrieben. *(to your, to them)*

g. Er hat sich ____________ Brief geärgert. ____________ ärgert er sich nicht? *(about the, about what)*

h. Interessiert Jürgen sich ____________ Sport? Nein, ____________ interessiert er sich nicht. *(in, in that)*

i. Interessiert Jürgen sich ____________ Sabine? Nein, er interessiert sich nicht ____________ . *(in, in her)*

O. Wann und wie lange?

1. Er fährt **morgen.**
the day after tomorrow; after supper; Sundays; tomorrow morning at 4:30; in 15 minutes; Monday morning; on Tuesday; in February; on the weekend; in the evening; in the fall; most of the time; sometimes; each year; now; never; one day

____

____

____

____

2. Er bleibt **zwei Tage.**
from March to May; until Wednesday; until Friday afternoon; until 10:45; for months; (for) one day

____

____

Name ______________________ Datum __________________________ Kurs _________________

P. Damals zu DDR-Zeiten Erweitern Sie *(expand)* die Sätze mit den Wörtern in Klammern!

BEISPIEL Damals ging Renate zur Musikschule in Dresden. (ein paar Jahre)
Damals ging Renate ein paar Jahre zur Musikschule in Dresden.

1. Ihre Eltern lebten in der Nähe von Riesa. (jahrelang)
____

2. Renate hat in einem Schülerheim in Dresden gewohnt. (mit anderen Mädchen)
____

3. Am Wochenende konnte sie einfach nach Hause fahren. (nicht)
____

4. Sie hatte keine Zeit, mit der Bahn zu fahren. (stundenlang)
____

5. Dafür ist sie während der Ferien zu Hause geblieben. (gewöhnlich)
____

6. Ihre Schule soll leicht gewesen sein. (nicht)
____

7. Sie musste jeden Tag arbeiten. (schwer)
____

8. Manchmal hat sie stundenlang Klavier gespielt. (mit ihrer Freundin)
____
____

9. Renate hatte sich für klassische Musik interessiert. (schon immer)
____
____

10. Wir haben uns eines Tages kennengelernt. (bei einem Musikwettbewerb in Weimar)
____
____

Q. Was fehlt?

1. Vorgestern haben wir fast den ganz_____ Abend vor unserem neu_____ Fernseher gesessen. 2. Um 18.20 Uhr gab es einen interessant_____ Bericht über das alt_____ Frankfurt mit seinen viel_____ klein_____ Gassen *(streets)* und hübsch_____ Häusern, so wie es einmal war und was man jetzt damit gemacht hat. 3. Nach den kurz_____ Nachrichten um 19.00 Uhr sahen wir eine international_____ Show mit gut_____ Musikgruppen aus verschieden_____ Ländern. 4. Dazu gehörte auch ein toll_____ Orchester und ein groß_____ Chor. 5. Nach dieser nett_____ Unterhaltung haben wir zum dritt_____ Programm gewechselt und uns eine komisch_____ Oper von dem italienisch_____ Komponisten Rossini angesehen. 6. Eine ausgezeichnet_____ Vorstellung! 7. Ein gut_____ Fernseher ist etwas Schönes, denn man kann sich manche gut_____ Sendung gemütlich zu Hause ansehen.

Name ______________________ Datum __________________________ Kurs _________________

R. Was stimmt?

1. Sie sitzen _____.
   a. vor dem Fernseher faul meistens
   b. meistens faul vor dem Fernseher
   c. faul meistens vor dem Fernseher

2. Er fährt _____.
   a. mit dem Zug morgens zur Arbeit
   b. zur Arbeit mit dem Zug morgens
   c. morgens mit dem Zug zur Arbeit

3. _____ Buch ist das?
   a. Wer b. Was c. Wem d. Wessen

4. Wie gefällt dir das Haus _____?
   a. unser Nachbar
   b. unserem Nachbarn
   c. unseren Nachbarn
   d. unserer Nachbarn

5. Gestern Abend sind wir in ein nettes Restaurant _____.
   a. gewesen b. gegessen c. gegangen d. geblieben

6. Heute früh sind wir zu spät _____.
   a. aufgestanden b. eingeschlafen c. übernachtet d. angefangen

7. Wir haben Freunde zu einer Party _____.
   a. geschehen b. versprochen c. versucht d. eingeladen

8. _____ Peter schon nach Hause gekommen?
   a. Hat b. Ist

9. Meine Eltern _____ gestern nach München gefahren.
   a. haben b. sind

10. _____ ihr schon Zimmer reserviert?
    a. Habt b. Seid

11. _____ du dir schon die Zähne geputzt?
    a. Hast b. Bist

12. Er ist wirklich _____ Mensch.
    a. ein netter b. einen netten c. eines netten d. einem netten

13. Diese Schauspielerin hat _____ Haare.
    a. schönes rotes b. schöne rote c. schönen roten d. schön rot

14. Nehmen Sie die Gabel in _____ Hand!
    a. der linken b. die linke c. das linke d. die linken

15. Eva hat _____ Zimmer.
    a. einen hübschen b. eine hübsche c. ein hübsches d. eines hübschen

16. Wegen _____ Wetters sind wir zu Hause geblieben.
    a. das heiße b. des heißen c. dem heißen d. der heißen

17. Kinder, wascht _____ die Hände!
    a. sich b. ihre c. ihr d. euch

18. Ich möchte _____ ein Fahrrad kaufen.
    a. mir b. mich

19. Ich muss _____ ein paar Minuten hinlegen.
    a. mir b. mich

20. Wir haben uns ____ die schlechte Vorstellung geärgert.
    a. von b. über c. an d. auf
21. Die Studenten freuen sich schon sehr ____ ihre Ferien.
    a. von b. für c. an d. auf
22. ____ interessiert er sich?
    a. Worauf b. Worüber c. Wofür d. Wovon
23. Wir ____ in Frankfurt um.
    a. steigt b. stieg c. steigen d. gestiegen
24. Das Buch ____ auf der Kommode.
    a. legt b. legte c. lag d. gelegen
25. Ich ____ das Buch letzten Sommer.
    a. lass b. las c. ließ d. lässt
26. Hast du an die Karten ____?
    a. gedankt b. gedacht c. denken
27. Ich weiß auch nicht, ____ der Bus abfährt.
    a. wenn b. wann c. als
28. ____ wir in Österreich waren, sind wir viel Skilaufen gegangen.
    a. Wenn b. Wann c. Als
29. Er ist meistens sehr müde, ____ er nach Hause kommt.
    a. wenn b. wann c. als
30. Es ist leicht, auf einer Reise viel Geld ____.
    a. ausgeben b. ausgegeben c. auszugeben

S. Auf Deutsch bitte!

1. *Kurt, what are you thinking of?—Of my vacation.*

   ____
2. *I'd like to hike in the mountains with Karl.*

   ____
3. *I've written to him, and now I'm waiting for his letter.*

   ____
4. *For that you can wait a long time.*

   ____
5. *When he says yes, it doesn't mean much.*

   ____
6. *Two years ago, it was the same* **(genauso)**. *(pres. perf.)*

   ____
7. *When you had bought the tickets, he suddenly got ill.*

   ____
8. *He had caught a cold again.*

   ____
9. *If you'd like, I'll come along.*

   ____

10. *Do you feel like hiking in the mountains?—I'd like to.*

____

11. *When can we go?—On the first day of (the) vacation.*

____

12. *How are we going?—By train.*

____

13. *Where will we spend the nights?—In inexpensive youth hostels.*

____

14. *Can you bring along your father's camera* **(die Kamera)***?*

____

15. *No, his camera is too expensive; it can break* **(kaputt gehen)**.

____

16. *Maybe I'll take Susi's camera. Her camera is good, too.*

____

____

Morgen, morgen, nur nicht heute, sagen alle faulen Leute.

Tomorrow, tomorrow, not today, all the lazy people say.

Kapitel 12 Wege zum Beruf

Zum Hören

GESPRÄCH

12-1

A. Weißt du, was du einmal werden willst? Hören Sie zuerst gut zu. Hören Sie sich dann das Gespräch ein zweites Mal an und wiederholen Sie jeden Satz!

© Cengage Learning

KATJA Sag mal Elke, weißt du schon, was du werden willst?
ELKE Ja, ich will Tischlerin werden.
KATJA Ist das nicht viel Schwerarbeit?
ELKE Ach, daran gewöhnt man sich. Ich möchte mich vielleicht mal selbstständig machen.
KATJA Das sind aber große Pläne!
ELKE Warum nicht? Ich habe keine Lust, immer nur im Büro zu sitzen und für andere Leute zu arbeiten.
KATJA Und wo willst du dich um eine Lehrstelle bewerben?
ELKE Überhaupt kein Problem. Meine Tante hat ihre eigene Firma und hat mir schon einen Platz angeboten.
KATJA Da hast du aber Glück.
ELKE Und wie ist es denn mit dir? Weißt du, was du machen willst?
KATJA Vielleicht werde ich Zahnärztin. Gute Zahnärzte braucht man immer und außerdem verdient man sehr gut.
ELKE Das stimmt, aber das dauert doch so lange.
KATJA Ich weiß, aber ich freue mich trotzdem schon darauf.

12-2

Lesen Sie jetzt Elkes Rolle! Beginnen Sie!

12-3

B. Fragen Antworten Sie ganz kurz auf Deutsch!

1. ______________________________
2. ______________________________
3. ______________________________

AUSSPRACHE: b, d, g Als weitere mündliche Übung lesen Sie *Zur Aussprache*, Teil III, Beispiel 3, vorne in ***Wie geht's?***.

12-4

Laute Hören Sie zu und wiederholen Sie!

1. [p] O**b**st, Her**b**st, Er**b**se, hü**b**sch, o**b**, hal**b**, gel**b**
   BUT [p / b] verlie**bt** / verlie**b**en; blei**bt** / blei**b**en; ha**bt** / ha**b**en
2. [t] un**d**, gesun**d**, anstrengen**d**, Gel**d**, Han**d**, sin**d**
   BUT [t / d] Freun**d** / Freun**d**e; Ba**d** / Bä**d**er; Kin**d** / Kin**d**er; wir**d** / wer**d**en
3. [k] Ta**g**, Zu**g**, We**g**, Bahnstei**g**, Flugzeu**g**, Ber**g**
   BUT [k / g] fra**g**st / fra**g**en; flie**g**st / flie**g**en; trä**g**st / tra**g**en; le**g**st / le**g**en

Name ____________ Datum ____________ Kurs ____________

STRUKTUR

12.1 The comparison of adjectives and adverbs

12-5 **A. Lang, länger, am längsten** Nennen Sie den Komparativ und den Superlativ!

lang
länger, am längsten

....

12-6 **B. Das Gleiche *(same)* oder besser** Ersetzen Sie das Adjektiv!

1. Bärbel ist so sportlich wie Ulrike. (musikalisch)
   Bärbel ist so musikalisch wie Ulrike.
   ....
2. Meikes Wohnung ist größer als meine Wohnung. (ruhig)
   Meikes Wohnung ist ruhiger als meine Wohnung.
   ....
3. Dieses Stück wird immer besser. (bekannt)
   Dieses Stück wird immer bekannter.
   ....
4. Das ist das beste Geschäft. (groß)
   Das ist das größte Geschäft.
   ....
5. Dieser Film war am lustigsten. (gut)
   Dieser Film war am besten.
   ....

12.2 The future tense

12-7 **C. Was wird passieren?** Ersetzen Sie das Subjekt!

1. Wir werden ihn anrufen. (du)
   Du wirst ihn anrufen. Beginnen Sie!
   ....
2. Ich werde mich beeilen. (ihr)
   Ihr werdet euch beeilen.
   ....
3. Wird er kommen können? (Jutta und Sebastian)
   Werden Jutta und Sebastian kommen können?
   ....

12-8 **D. Semesterferien** Was machen Sie?

Ich arbeite in einem Büro.
Ich werde in einem Büro arbeiten.

....

DISKUSSION

12-9–12-13 **Die Berufswahl**

....

Name ______________________ Datum __________________________ Kurs _________________

DIKTAT

Hören Sie zu und schreiben Sie, was Sie hören!

12-14 1. ____

____

2. ____

____

3. ____

____

4. ____

____

5. ____

VERSTEHEN SIE?

12-15 **Was bin ich?** Hõren Sie gut zu! Was sind diese Leute und wo arbeiten sie?

....

© Ingrid Sevin

Was bin ich und wo arbeite ich?

a. Krankenschwester	g. in der Schule
b. Wissenschaftler	h. im Supermarkt
c. Polizist	i. im Krankenhaus *(hospital)*
d. Rechtsanwalt	j. zu Hause
e. Verkäufer	k. auf der Straße
f. Lehrer	l. an der Universität

1. Sie *(you)* sind _____ und arbeiten _____.
2. Sie *(you)* sind _____ und arbeiten _____.
3. Sie *(you)* sind _____ und arbeiten _____.

Zum Sehen

VIDEO-SZENEN

Auf Stellensuche Hören Sie zu, wie Paul, Lily und Hülya versuchen, Anton auf sein Job-Interview vorzubereiten. Wo treffen sie sich danach?

© Cengage Learning

Zum Erkennen: das Bewerbungsgespräch *(job interview)*; die Werbeagentur, -en *(advertising agency)*; der Verlag, -e *(publishing house)*; der Ruf *(reputation)*; das Gehalt, ¨-er *(salary)*; die Stärke *(strength)*; die Pünktlichkeit *(punctuality)*; der dringende Termin, -e *(urgent appointment)*; sich kümmern um *(to take care of)*; die Krawatte, -n *(tie)*; die Apfelschorle *(apple juice with sparkling mineral water)*; die Rennerei *(running around)*; der Bierkrug, ¨-e *(stein)*; auf jeden Fall *(in any case)*; Einverstanden? *(Okay?)*

Name ______________________ Datum ___________________________ Kurs __________________

A. Alles verstanden?

1. Worüber sprechen sie im Zug?
2. Was für ein Spiel spielen sie mit Berufen?
3. Was spielen sie danach, um Anton zu helfen?
4. Wofür bewirbt sich Anton in diesem Spiel?
5. Welche Berufserfahrung hat er?
6. Was sind seine Stärken?
7. Wie läuft das Interview bei der Firma?
8. Wo warten Lily und Hülya auf ihn?
9. Was ist Antons erster Eindruck (*impression*) von der Firma?
10. Kann er sich vorstellen, für sie zu arbeiten?

B. Wenn du mich fragst, . . . — Und du? Ergänzen Sie die folgenden Sätze auf Ihre Weise. Was hat Ihr Partner / Ihre Partnerin dazu zu sagen? Können Sie das den anderen berichten?

1. Bei einem Job-Interview finde ich es wichtig, dass . . . Was meinst du?
2. Unter einem guten Job stelle ich mir vor, dass . . . Und du?
3. Als Chef / Chefin werde ich . . . sein. Und du, was für ein(e) Chef / Chefin bist du?

C. Genau gehört Mal sehen, wie gut Sie zugehört haben. Markieren Sie alles auf der Liste, was Sie im Video gehört haben! Berichten Sie dann mündlich, was Sie nicht gehört haben und vergleichen Sie das Resultat mit der Liste der anderen!

Ich habe alles gehört außer . . .

_____ Ach so.	_____ Ich auch.	_____ Na ja.
_____ Ach was!	_____ Ich komm' gleich.	_____ Wenn du meinst.
_____ Das stimmt.	_____ Keine Ahnung!	_____ Wisst ihr was?
_____ Einverstanden?	_____ Klar.	_____ Zeig mal!

VIDEO-INTERVIEWS

Was tun Sie beruflich und wie sieht Ihr Tagesablauf aus?

Lutz Krebs

© Cengage Learning

Zum Erkennen: beruflich *(professionally)*; der Tagesablauf *(daily routine)*; die Fluggesellschaft, -en *(airline company)*; seitdem *(since then)*; vor·haben *(to have plans)*; andererseits *(on the other hand)*; um·setzen *(to implement)*; der Berater, - *(adviser)*; das Ziel, -e *(goal)*; lehren *(to teach)*; die Agentur, -en *(agency)*; der Heimtrainer, - *(exercise machine)*; anschließend *(afterwards)*; unterbrochen *(interrupted)*; die Pause, -n *(break)*; die Kantine, -n *(cafeteria)*; sich beschäftigen mit *(to be occupied with)*

Name ______________________ Datum ___________________________ Kurs _________________

A. Was wissen wir jetzt über sie? Antworten Sie ganz kurz!

1. Was ist Herr Krebs von Beruf? ______________________
2. Wo arbeitet er und was tut er da? ______________________
3. Wie lange hat er studiert? ______________________
4. Wohin möchte Frau Lang eines Tages gehen? ______________________
5. Wie weit ist sie mit ihrer Berufsausbildung? ______________________
6. Was für genaue Pläne hat sie für ihre Zukunft? ______________________
7. In welchem Bereich möchte Frau Wöllert eines Tages mal arbeiten? ______________________
8. Ist sie schon mit ihrem Studium fertig? ______________________
9. Wofür interessiert sich Herr Schmetke? ______________________
10. Was möchte er am liebsten werden? ______________________
11. Wissen wir, wie lange er noch studieren muss? ______________________
12. Für wen arbeitet Frau Passaro? ______________________
13. Mit welchen Ländern hat sie oft zu tun? ______________________
14. Womit beginnt Herr Krebs gewöhnlich seinen Tag? ______________________
15. Was tut er danach? ______________________
16. Wie kommt er zur Arbeit? ______________________
17. Wohin geht er in der Mittagspause? ______________________
18. Wer wartet abends auf ihn, wenn er von der Arbeit zurückkommt? ______________________
19. Was tun sie dann gemeinsam? ______________________
20. Woran setzt er sich abends auch oft? ______________________

B. Jetzt sind Sie dran! Wie beantworten SIE die Frage des Reporters? Schreiben Sie in sechs bis acht Sätzen, was Sie beruflich tun oder tun möchten! Wie sieht Ihr Tagesablauf aussieht! Was tun Sie gern abends, bevor Sie schlafen gehen?

Name ______________________ Datum __________________________ Kurs _________________

Zum Schreiben

A. Erweitern Sie Ihren Wortschatz! Bilden Sie Substantive!

Many nouns are derived from adjectives. Feminine nouns are often characterized by such suffixes as **-e, -heit**, and **-keit.**

1. BEISPIEL lang (ä) *die Länge*
   - a. kurz (ü) ______________________________ *shortness, brevity*
   - b. warm (ä) ______________________________ *warmth*
   - c. kalt (ä) ______________________________ *cold*
   - d. nah (ä) ______________________________ *nearness, vicinity*
   - e. weit ______________________________ *expanse, distance*
   - f. groß (ö) ______________________________ *size*
2. BEISPIEL frei *die Freiheit*
   - a. sicher ______________________________ *safety, certainty*
   - b. dumm ______________________________ *stupidity*
   - c. gesund ______________________________ *health*
   - d. krank ______________________________ *sickness*
   - e. schön ______________________________ *beauty*
   - f. faul ______________________________ *laziness*
3. BEISPIEL wichtig *die Wichtigkeit*
   - a. gemütlich ______________________________ *coziness*
   - b. möglich ______________________________ *possibility*
   - c. ehrlich ______________________________ *honesty*
   - d. vielseitig ______________________________ *versatility*
   - e. traurig ______________________________ *sadness*
   - f. zärtlich ______________________________ *affection*

B. Welche Definition gehört zu welchem Wort? Nicht alle Wörter passen!

a. Architekten	e. Ingenieure	i. Polizisten
b. Ärzte	f. Journalisten	j. Rechtsanwälte
c. Geschäftsleute	g. Künstler	k. Reiseleiter
d. Hausmänner	h. Lehrer	l. Wissenschaftler

_____ 1. Sie arbeiten im technischen Bereich und haben dafür auch lange studiert.

_____ 2. Sie arbeiten zu Hause, wenn die Frau zur Arbeit geht.

_____ 3. Sie findet man an allen Schulen.

_____ 4. Sie helfen Ihnen, wenn Sie ein Haus bauen wollen.

_____ 5. Sie helfen Ihnen, wenn Sie rechtliche *(legal)* Fragen haben.

_____ 6. Sie helfen kranken Leuten.

_____ 7. Sie malen Gemälde oder machen Skulpturen.

_____ 8. Sie passen auf, dass Sie nicht zu schnell fahren oder falsch parken.

_____ 9. Sie schreiben Artikel und berichten für Zeitungen und das Fernsehen.

_____ 10. Sie verdienen ihr Geld mit Geschäften.

C. Auf Deutsch bitte! Nennen Sie auch den Plural der Substantive!

1. *to apply for* ____________
2. *to believe in* ____________
3. *to explain* ____________
4. *to get used to* ____________
5. *to imagine* ____________
6. *advice* ____________
7. *decision* ____________
8. *experience* ____________
9. *internship* ____________
10. *office* ____________

D. Brief: Fragen an den Onkel Ergänzen Sie die Lücken *(fill in the blanks)* mit den richtigen Adjektivformen: Positiv, Komparativ oder Superlativ!

Lieber Onkel Alfred!

Gerade hat man mich aus Berlin angerufen. Ich kann auch dort eine Stelle als Journalistin haben. Du weißt ja schon, dass ich in Hamburg eine Möglichkeit habe. Was soll ich tun?

Beruflich ist eine Stadt so ____________ *(interessant)* (1) wie die andere. Die Pressestadt Hamburg hat einige der ____________ *(groß)* (2) Zeitungen und Zeitschriften Deutschlands. Hamburg ist der ____________ *(wichtig)* (3) deutsche Hafen *(port)*. Nach Hamburg kommen Geschäftsleute aus allen Teilen der Welt. Berlin ist für mich als Journalistin schon faszinierend. Da erlebt man Geschichte aus erster Hand. Berlin ist wirklich eine der ____________ *(interessant)* (4) Städte der Welt. Finanziell ist Hamburg für mich ____________ *(schlecht)* (5). Ich werde dort ____________ *(wenig)* (6) verdienen als in Berlin. Berlin wird vielleicht ____________ *(teuer)* (7) sein. Von Hamburg ist die Fahrt zu den Eltern nach Bremen ____________ *(kurz)* (8) und ____________ *(billig)* (9). Man kann ____________ *(schnell)* (10) mal nach Hause fahren. Auch ist Hannover ____________ *(nah)* (11). Da arbeitet, wie du weißt, mein Freund Sascha.

Vor ein paar Wochen bin ich in beiden Städten gewesen und ich finde es nicht leicht zu sagen, welche Stadt mir ____________ *(gut)* (12) gefallen hat. Das Klima in Berlin soll das ____________ *(gesund)* (13) in Deutschland sein und das Kulturleben am ____________ *(vielseitig)* (14).

Das Wetter in Hamburg ist bestimmt das _____________ (15), aber Hamburg hat die
furchtbar

„_____________ (16), _____________ (17) und _____________ (18) Oper in Deutschland",
groß *alt* *teuer*

wie man hier sagt. Die Menschen in Berlin fand ich _____________ (19), _____________ (20) und
offen *freundlich*

_____________ (21) als in Hamburg und nicht so reserviert. Ich weiß wirklich nicht, wo ich
gemütlich

_____________ (22) wohnen und arbeiten möchte. Lass mich doch mal wissen, was du denkst!
gern

Viele Grüße!

Deine Lea

E. Brief: Die Antwort des Onkels Wiederholen Sie die Sätze in der Zukunft, aber nur da, wo es sinnvoll *(meaningful)* ist!

Liebe Lea,

An das Wetter gewöhnst du dich, in Hamburg sowie in Berlin. Als Journalistin hast du in beiden Städten ein interessantes Leben und an Kultur fehlt es nicht. So, wie ich dich kenne, langweilst du dich nie. Wenn Sascha mitkommt, muss er sich eine neue Arbeit suchen. Das ist nicht so leicht. Er ist schon älter und da gibt es nicht so viele gute Stellen. Er muss geduldig sein. Irgendwie geht es immer wieder weiter. Was immer ihr tut, ich bin sicher, dass ihr überall glücklich seid. Du findest bestimmt relativ schnell wieder Freunde und die Arbeit macht dir hier und da Spaß. Nun, ich drücke dir die Daumen *(keep my fingers crossed)*, dass man dir ein gutes Angebot macht. Dann weißt du genau, was du tust. Ich warte auf deine Entscheidung. Natürlich besuche ich dich dann dort.

Alles Liebe,

Dein Onkel Alfred

F. Wie weit ist es von . . . nach . . . ? Schauen Sie sich die Tabelle an und ziehen Sie fünf bis sechs Vergleiche *(make comparisons)* zwischen den verschiedenen Städten und ihrer Distanz zueinander *(to each other)*!

	Dresden	Erfurt	Frankfurt/M	Hamburg	Köln	München	Schwerin	Stuttgart
Aachen	651	446	240	354	60	650	590	408
Berlin	214	288	564	279	553	596	200	631
Bremen	478	351	450	110	315	766	228	645
Cottbus	138	320	585	430	683	596	359	631

BEISPIEL *Von Berlin nach Erfurt ist es weiter als von Berlin nach Hamburg. Hamburg ist näher als Erfurt.*

____

____

____

____

____

____

____

G. Im Wartezimmer Ergänzen Sie die substantivierten Adjektive!

1. Momentan sind viele Leute krank und in Dr. Zieglers Wartezimmer gibt es heute viele ______________.
2. Frau Jürgens ist in einem Restaurant angestellt. Kranke ______________ sind da nicht erwünscht.
3. Susan ist mit Sven verlobt. Sie hat Ihren ______________ schnell zum Arzt gefahren.
4. Holger ist arbeitslos. Als ______________ macht er sich Sorgen um die Zukunft.
5. Don kennt die Frau neben ihm. Sie ist eine ______________ von der Arbeit.
6. Dr. Zieglers Patienten sind nicht nur aus Deutschland, sondern kommen aus verschiedenen Ländern. Alle mögen ihn, die ______________ und auch die Ausländer.
7. Sie finden es gut, dass er sich immer Zeit für sie nimmt. Das ist das ______________ an ihm.

H. Berufspläne Auf Deutsch bitte!

1. *Children, I have to tell you something.*

____

____

2. *Your mother wants to be a lawyer.*

____

____

3. *I'll have to stay home.*

____

____

4. *Lena, you will do the laundry* **(die Wäsche waschen).**

____

____

5. *Jan and Maria, you will (do the) clean(ing).*

____

____

6. *We'll (do the) shop(ping) together.*

____

____

7. *We'll have to work hard, but we'll get used to it.*

____

____

8. *One day, your mother will make a lot of money (earn well).*

____

____

9. *We will help her with her new professional plans.*

____

____

Name ______________________ Datum ____________________________ Kurs __________________

I. Das Klassentreffen *(Class reunion)*

JAHRE DANACH…

Axel lädt uns alle ein:
Am 17. Juni, abends ab acht auf Simons Hof, sind alle gespannt auf DEINE Erlebnisse der letzten fünf Jahre und freuen sich auf ein Wiedersehen.

Mit dabei und Open-Air:
die Abi-Band und
Deine ehemalige Jahrgangsstufe.

Salate, Chips usw. fürs Büffet erwünscht • Kann ich jemand mitbringen? Ja bitte! • Der Pool ist geöffnet • Wer nachts nicht mehr nach Hause will, kann sein Zelt mitbringen (bitte vorher aufstellen) • Wo genau? Tulpen Straße 4, 49492 Westerkappeln • Bitte schreiben oder anrufen, damit wir wissen, wer kommt: Telefon 0241-2869890 (Axel) oder Abi01GAG@gdx.de

© Nick Leusel

1. **Die Abi(tur)klasse 2001** Lesen Sie die Einladung zum Treffen dieser ehemaligen Jahrgangsstufe *(former class of . . .)* und ergänzen Sie die Sätze!

a. Das Treffen ist am __________ auf __________ (Bauern)hof. b. Dieser Hof ist in __________ in der __________. c. Man freut sich auf ein __________. d. Sicher gibt es nach so langer Zeit viel zu __________. e. Die Gäste sollen __________ oder __________ mitbringen. f. Wenn sie wollen, können sie auch __________ mitbringen. g. Wenn man __________ nicht wieder nach Hause fahren will, kann man dort auch in einem Zelt *(tent)* __________. h. Das muss man aber __________ und vorher *(ahead of time)* __________. i. Zur Unterhaltung gibt es __________ und __________. j. Axel __________ alle ganz herzlich ein, aber er möchte natürlich __________, ob man kommt oder nicht. k. Darum soll man ihm __________ oder ihn __________. l. Seine __________ und E-Mail- __________ sieht man __________ auf der Einladung. m. Das ist eine __________ Einladung zu einer __________ Party.

2. **Meine Abschlussklasse** Schreiben Sie einen kleinen Zeitungsartikel über Ihr eigenes Klassentreffen oder über ein fiktives Klassentreffen! Wann und wo hat man sich getroffen? Wie war das? Fanden Sie, dass sich die Leute verändert *(changed)* hatten? Werden Sie das nächste Mal wieder hingehen. Warum (nicht)?

Kapitel 13 Das Studium

Zum Hören

GESPRÄCHE

13-1 **A. Bei der Immatrikulation** Hören Sie gut zu und wiederholen Sie!

© Cengage Learning

PETRA Hallo, John! Wie geht's?
JOHN Ganz gut. Und dir?
PETRA Ach, ich kann nicht klagen. Was machst du denn da?
JOHN Ich muss noch Immatrikulationsformulare ausfüllen.
PETRA Soll ich dir helfen?
JOHN Wenn du Zeit hast. Ich kämpfe immer mit der Bürokratie.
PETRA Hast du deinen Pass dabei?
JOHN Nein, wieso?
PETRA Darin ist deine Aufenthaltserlaubnis; die brauchst du unbedingt.
JOHN Ich kann ihn ja schnell holen.
PETRA Tu das! Ich warte hier so lange auf dich.

13-2 **B. Etwas später** Hören Sie!

JOHN Hier ist mein Pass. Ich muss mich jetzt auch bald entscheiden, welche Seminare ich belegen will. Kannst du mir da auch helfen?
PETRA Na klar. Was studierst du denn?
JOHN Mein Hauptfach ist moderne Geschichte. Ich möchte Seminare über deutsche Geschichte und Literatur belegen.
PETRA Hier ist mein Vorlesungsverzeichnis. Mal sehen, was sie dieses Semester anbieten.

13-3 **Lesen Sie jetzt Petras Rolle!** Beginnen wir!

13-4 **C. Richtig oder falsch?** Sie hören fünf Sätze. Stimmt das?

1. richtig falsch
2. richtig falsch
3. richtig falsch
4. richtig falsch
5. richtig falsch

AUSSPRACHE s, ss, ß, st, sp ⏮ Als weitere mündliche Übung lesen Sie *Zur Aussprache*, Teil III, Beispiele 6 und 12, vorne in ***Wie geht's?***.

13-5 **Laute** Hören Sie zu und wiederholen Sie!

1. [z] **s**auber, **s**icher, **S**emester, **S**eminar, Pau**s**e
2. [s] Auswei**s**, Kur**s**, Profe**ss**or, wi**ss**en, la**ss**en, flei**ß**ig, Fu**ß**, Grü**ß**e
3. [št] **St**udium, **St**ipendium, **St**elle, **st**udieren, be**st**ehen, an**st**rengend
4. [st] zuer**st**, mei**st**ens, de**st**o, Komponi**st**, Kün**st**ler
5. [šp] **Sp**iel, **Sp**ort, **Sp**aß, **Sp**rache, Bei**sp**iel, **sp**ät

STRUKTUR

13.1 The present-time subjunctive

13-6

A. *Hätten* und *wären* Ersetzen Sie das Subjekt!

1. Da hätte ich ein gutes Einkommen. (du)
   Da hättest du ein gutes Einkommen.
   ....
2. Dann wären sie selbstständig. (ihr)
   Dann wäret ihr selbstständig.
   ....
3. Sie würden ein Praktikum machen. (er)
   Er würde ein Praktikum machen.
   ....

13-7

B. Was ich machen würde Sagen Sie die Sätze im Konjunktiv!

1. Ich fahre in die Stadt.
   Ich würde in die Stadt fahren.
   ....
2. Es ist zu schwierig.
   Es wäre zu schwierig.
   ....

13-8

C. Wenn nur . . . ! Ersetzen Sie das Verb!

1. Wenn er etwas lernte, . . . (fleißiger arbeiten)
   Wenn er fleißiger arbeitete, . . .
   ....
2. Wenn du kommen könntest, . . . (reisen wollen)
   Wenn du reisen wolltest, . . .
   ....

13-9

D. Was würden Sie tun, wenn Sie Zeit hätten? Sagen Sie ganze Sätze!

Wenn ich Zeit hätte, würde ich eine Reise machen. (mitkommen)
Wenn ich Zeit hätte, würde ich mitkommen.
....

13.2 The past-time general subjunctive

13-10

E. Was wir gemacht hätten Ersetzen Sie das Subjekt!

1. Ich hätte das nicht getan. (wir)
   Wir hätten das nicht getan.
   ....
2. Sie wäre weitergefahren. (ihr)
   Ihr wäret weitergefahren.
   ....
3. Wir hätten dort wohnen können. (er)
   Er hätte dort wohnen können.
   ....

13-11

F. Wenn ich Zeit gehabt hätte, . . . Ersetzen Sie das Verb!

Wenn ich Zeit gehabt hätte, . . . (zu Fuß gehen)
Wenn ich zu Fuß gegangen wäre, . . .
....

Name ____________ Datum ____________ Kurs ____________

DIALOG

13-12 **Ein Jahr drüben wäre super!**

DIKTAT

13-13 Hören Sie zu und schreiben Sie, was Sie hören!

1. ____________
2. ____________
3. ____________
4. ____________
5. ____________

VERSTEHEN SIE?

13-14 **Können Sie schweigen?** Hören Sie sich die Geschichte an!

Zum Erkennen: eine Weile *(for a while)*; schweigen *(to keep a secret)*

© Ingrid Sevin

13-15 **Was ist richtig?**

1. a. In der Mensa.
   b. Im Hörsaal.
   c. In der Bibliothek.
2. a. Über den Kurs.
   b. Über die Noten.
   c. Über ein Referat.
3. a. Dass ein Autor besonders interessant war.
   b. Dass die Gruppe so klein war.
   c. Dass der Kurs nicht so spät am Tag war.
4. a. Was der Professor diesen Sommer machen würde.
   b. Was für Fragen auf der Prüfung wären.
   c. Ob sie eine gute Note bekäme.
5. a. Nein, er sagte es ihr nicht.
   b. Ja, aber sie musste versprechen, dass sie schweigen würde.
   c. Er hat ihr ein paar Tipps gegeben.

Name ______________ Datum ______________ Kurs ______________

Zum Sehen

VIDEO-SZENEN

In Freiburg Begleiten Sie Paul, Lily, Hülya und Anton auf dem Freiburger Universitäts-Campus, wo sie Herrn Professor Langenstein suchen. Wo finden sie ihn?

© Cengage Learning

Zum Erkennen: sich erinnern an *(to remember)*; deswegen *(therefore)*; Eben! *(That's it!)*; die Sprechstunde, -n *(office hour)*; das schaffen wir *(we'll make it)*; endlich *(finally)*; nachher *(afterward)*; das Audimax *(main auditorium)*; das Münster *(Protestant Cathedral)*; die Kaserne, -n *(army barrack)*; der Zufall *(coincidence)*

A. Alles verstanden?

1. Was soll Paul dem Professor bringen?
2. Worüber möchte er auch mit ihm sprechen?
3. Wo hoffen sie, ihn zu finden? Warum ist er da nicht mehr?
4. Wohin gehen Hülya und Paul, als sie mit ihrer Suche aufgeben?
5. Wie findet Hülya Freiburg?
6. Wo sitzt der Professor und wie erkennen *(recognize)* sie ihn?

B. Wenn du mich fragst, . . . — Und du? Ergänzen Sie die folgenden Sätze auf Ihre Weise! Was hat Ihr Partner / Ihre Partnerin dazu zu sagen? Können Sie das den anderen berichten?

1. Wenn ich jetzt in einem Café wäre, würde ich mir . . . bestellen. Und du, worauf hättest du Appetit?
2. Ich finde unsere Stadt auch schön. Mir gefällt vor allem . . . Und was gefällt dir?
3. Mein Professor / Meine Professorin für . . . sieht auch aus wie ein typischer Professor / eine typische Professorin, weil . . . Wen würdest du sofort als Professor(in) erkennen und warum?

C. Genau gesehen Mal sehen, wie gut Sie aufgepasst haben! Markieren Sie auf der Liste alles, was Sie gesehen haben und vergleichen Sie dann Ihr Resultat mit den anderen!

Ich habe alles gesehen außer . . .

_____ Brief	_____ Gläser	_____ Schreibtisch
_____ Briefkasten	_____ Handy	_____ Schwarzes Brett
_____ Bücherregale	_____ Hörsaal	_____ Studentenwohnheim
_____ Computer	_____ Labor	_____ Zeitung

Name ______________ Datum ______________ Kurs ______________

VIDEO-INTERVIEWS

Was studieren Sie oder haben Sie studiert?

© Cengage Learning

Sandra Passaro

Zum Erkennen: die Publizistik *(mass communications)*; die Kommunikationswissenschaft *(communication science)*; der Studiengang, ¨-e *(course of study)*; der Vorlesungssaal, -säle *(lecture hall)*; die Romanistik *(study of Romance languages)*; die Hochschule, -n *(university)*; inzwischen *(in the meantime)*; die Medienwissenschaft, -en *(media science)*; der Magister, - *(M.A.)*; abgeschlossen *(finished)*

A. Richtig oder falsch?

_____ 1. Frau Wöllert studiert an der Freien Universität in Berlin.
_____ 2. Sie studiert Anglistik.
_____ 3. Herr Zelmisi studiert Kommunikationswissenschaft.
_____ 4. Das hat mit Telefonieren und Computern zu tun.
_____ 5. Dieser Studiengang ist ganz neu.
_____ 6. Darum sind die Hörsäle nicht ganz so voll.
_____ 7. Herr Zelmisi glaubt, dass er während des Studiums alles lernt, was er braucht.
_____ 8. Den Rest hofft er durch Praktika zu lernen.
_____ 9. Frau Siegmund war Studentin an der Humboldt Universität.
_____ 10. Sie hat Mathematik studiert.
_____ 11. Das Studium dauerte ungefähr drei Jahre.
_____ 12. Am Ende des Studiums bekam sie ihren Doktor.
_____ 13. In ihrem Studium hat sie auch viel über Biologie und Chemie gelernt.
_____ 14. Sie fand ihr Studium sehr interessant.
_____ 15. Rasi ist auch mit dem Studium fertig.
_____ 16. Er hat Germanistik und Romanistik studiert.
_____ 17. Herr Schmetke ist Student an der Filmhochschule in Potsdam.
_____ 18. Es soll eine der wichtigstens Filmhochschulen in Deutschland sein.
_____ 19. Frau Passaro studierte Germanistik und Medienwissenschaft.
_____ 20. Sie hat noch vier Semester zu studieren, bevor sie ihren Magister bekommt.

B. Jetzt sind Sie dran! Wie beantworten SIE die Frage des Reporters? Schreiben Sie in sechs bis acht Sätzen, was Sie studieren oder studiert haben? Was möchten Sie eines Tages damit tun? Wo würden Sie gern leben und arbeiten? Warum?

Zum Schreiben

A. Erweitern Sie Ihren Wortschatz!

Among the most common nouns derived from verbs are nouns ending in **-er** and **-ung.** The nouns ending in **-er** are all masculine. Feminine nouns can be derived from them by adding **-in (verkaufen: der Verkäufer, die Verkäuferin).** All nouns ending in **-ung** are feminine.

1. **Wer ist das?** Nennen Sie das Substantiv! Was bedeutet es auf Englisch?

BEISPIEL malen
der Maler *painter*

a. bewerben ____________ ____________
b. denken ____________ ____________
c. erzählen ____________ ____________
d. faulenzen ____________ ____________
e. hören ____________ ____________
f. lesen ____________ ____________
g. sprechen ____________ ____________
h. teilnehmen ____________ ____________
i. träumen ____________ ____________

2. **Was ist das?** Nennen Sie das Substantiv! Was bedeutet es auf Englisch?

BEISPIEL erkälten
die Erkältung *cold*

a. bedeuten ____________ ____________
b. bestellen ____________ ____________
c. bezahlen ____________ ____________
d. besichtigen ____________ ____________
e. einladen ____________ ____________
f. empfehlen ____________ ____________
g. entscheiden ____________ ____________
h. prüfen ____________ ____________
i. teilen ____________ ____________

B. Die Schulzeit und das Studium Was fehlt?

1. Kinder, die *(who)* zur Schule gehen, nennt man Schüler. Wenn sie später zur ____________ gehen, nennt man sie Studenten.
2. Schüler sitzen gewöhnlich in einer Klasse. Studenten sitzen viel im ____________, wo sie sich ____________ anhören.

Name ______________________ Datum ______________________ Kurs ______________

3. In Seminaren müssen sie oft ein ______________ halten oder auch eine ______________ schreiben.
4. Wie überall gibt es natürlich auch ______________ und ______________.
5. In den Naturwissenschaften müssen die Studenten oft im ______________ arbeiten.
6. Am Ende des ______________ und der bestandenen Prüfung bekommt man gewöhnlich einen ______________.
7. Am Ende des ______________ folgt dann zum Abschluss ein großes Examen.
8. Viele Studenten haben ______________ vor dieser großen Prüfung, denn sie ist nicht ______________.
9. Wer bei der Prüfung ______________, muss sie sie noch mal wiederholen.
10. Das macht keinen ______________!

C. Auf Deutsch bitte!

1. *difficult* ______________
2. *foreign* ______________
3. *anyhow* ______________
4. *for sure* ______________
5. *How come?* ______________
6. *if I were you (3x)* ______________
7. *in any case* ______________
8. *(in) this way* ______________
9. *probably* ______________
10. *therefore* ______________

D. Verbformen Ergänzen Sie das Imperfekt oder den Konjunktiv *(here: Subjunctive II)*!

Infinitiv	Imperfekt	Konjunktiv
1. bleiben	blieb	bliebe
2. bringen	brachte	
3. fahren	fuhr	
4. finden		fände
5. geben	gab	
6. gehen	ging	
7. haben		hätte
8. laufen		liefe
9. mögen	mochte	
10. müssen	musste	
11. nehmen	nahm	
12. sehen		sähe
13. sein	war	
14. tun	tat	
15. werden		würde
16. wissen	wusste	

Name ______________________ Datum ______________________ Kurs ______________

E. Brief: Wir kommen! Ergänzen Sie die Verben in der Konjunktivform! Manchmal brauchen Sie dazu auch die ***würde***-Form.

Lieber Peter!

Wir haben uns sehr über deinen Anruf gefreut. Es ____________ (1) ja toll, wenn du mit deiner *sein*

Familie nach Deutschland kommen ____________ (2). Im September ____________ (3) *können* *sein*

Arndt und Nicole nicht hier, so dass wir für euch Platz im Haus ____________ (4). *haben*

Wenn ihr aber lieber in einem Hotel ____________ ____________ (5), ____________ (6) *übernachten* *müssen*

ihr uns das schreiben. Dann ____________ wir euch ein Zimmer ____________ (7). *reservieren*

Ich ____________ (8) mir für euren Besuch ein paar Tage frei. Wofür ____________ ihr *nehmen*

euch denn ____________ (9)? Ihr ____________ (10) euch sicher erst einmal München *interessieren* *mögen*

ansehen. Den Kindern ____________ (11) der Zoo gefallen und Rita der Botanische Garten. *dürfen*

Und wie ____________ (12) es mit Schlössern und Burgen? Die Kinder ____________ sich *sein*

bestimmt gern Neuschwanstein ____________ (13). Wir ____________ (14) auch eine *ansehen* *sollen*

Fahrt durch die Alpen machen. Und wenn das Wetter schlecht sein ____________ (15), *sollen*

____________ (16) wir in ein Museum gehen. Du hast gesagt, ihr ____________ (17) *können* *fahren*

gern einmal nach Salzburg. Das ____________ (18) kein Problem. Auf dem Weg dorthin *sein*

____________ (19) wir die Möglichkeit, euch Schloss Herrenchiemsee zu zeigen oder man *haben*

____________ (20) eine kleine Bootsfahrt auf dem See machen. Vielleicht ____________ (21) *können* *haben*

ihr auch Lust, etwas in den Bergen zu wandern. Hier gibt es wirklich viel zu tun. Ruf uns an,

wenn ihr am Flughafen angekommen seid! Besser ____________ (22) es noch, wenn wir genau *sein*

____________ (23), wann ihr ankommt. Dann ____________ (24) wir euch abholen *(pick up)*. *wissen* *können*

Bis bald!

Dein Detlef

F. Stellenangebote Lesen Sie das Stellenangebot und schreiben Sie die Sätze noch einmal im Konjunktiv!

> *Wir suchen für sofort:*
> BUCHHALTER/IN°. Gute Bezahlung, Weihnachtsbonus und gleitende° Arbeitszeit. Bitte schreiben Sie an: Tierversicherung°, 31193 Hildesheim, Rosenallee 30, Telefon 0 15 12!

bookkeeper
flexible
animal insurance

1. Wenn ich die Stelle akzeptiere, verdiene ich gut.

____

2. Dann habe ich keine finanziellen Probleme mehr.

   ___

3. Zu Weihnachten geben sie mir einen Bonus.

   ___

4. Das ist prima.

   ___

5. Mit der gleitenden Arbeitszeit habe ich eine bestimmte Stundenzahl pro Woche.

   ___

6. Es ist egal, wann ich morgens anfange.

   ___

7. Es ist auch egal, wie oft ich eine Pause mache.

   ___

8. Ich bin einfach 35 Stunden pro Woche im Büro.

   ___

9. Hildesheim ist nicht weit von euch.

   ___

10. Das gefällt mir.

   ___

G. Noch einmal Sagen Sie es auf Deutsch!

1. **Sorge um den Großvater**
   a. *Can you* (pl. fam.) *stay?* b. *We could go for a walk.* c. *I was supposed to visit my grandfather last week.* d. *Now we have to do it on Saturday.* e. *I wish I knew, why he has not called me.* f. *I know he would call me, if he needed anything.* g. *Would you* (pl. fam.) *feel like going to a restaurant?* h. *Yes, that would be nice.*

2. **Schade!**
   a. *I wish they hadn't invited us.* b. *If we had stayed home, we could have watched a movie.* c. *You* (sg. fam.) *should have gone out with Tina.* d. *That would have been more fun.* e. *If I had had time, I would have called her.* f. *If I have time tomorrow, I'll call her.* g. *Yesterday, I had no time.* h. *I should have called the day before yesterday, but I forgot (it).*

Name ____________________ Datum ____________________ Kurs ____________

3. **Zukunfspläne**
   a. *You* (sg. fam.) *should think of your future.* b. *I wished I knew what to tell you* (sg. fam.) *(what I should tell you).* c. *What would happen, if you* (sg. fam.) *asked your parents now?* d. *The earlier you* (sg. fam.) *decide, the earlier you can make plans for next year.* e. *Could you* (sg. fam.) *please give me an answer as soon as possible?*

   ____

   ____

   ____

   ____

   ____

H. Wenn ich Sie wäre! Lesen Sie, welchen Rat Frau Jakob Herrn Bingel gibt! Was ist das englische Äquivalent zu den unterstrichenen *(underlined)* deutschen Ausdrücken?

a. *are you allowed . . .*
b. *could I bring*
c. *how about . . .*
d. *I don't mind.*
e. *I'm sorry.*
f. *I would prefer it, too, . . .*
g. *if I were you . . .*
h. *it would be better if . . .*
i. *of course*
j. *one can't*
k. *would it be possible . . .*
l. *you ought to . . .*

_____ 1. Sie sollten mehr spazieren gehen!

_____ 2. Ja, natürlich. Ich weiß.

_____ 3. Es wäre besser, wenn Sie nicht jeden Tag so lange im Büro sitzen würden.

_____ 4. Es wäre mir auch lieber, wenn ich nicht so viel zu tun hätte.

_____ 5. An Ihrer Stelle würde ich nicht so viel arbeiten.

_____ 6. Wie wär's, wenn Sie sich einen Hund kauften? Dann würden Sie bestimmt öfter spazieren gehen.

_____ 7. Darf man bei Ihnen einen Hund haben?—Ja, natürlich.

_____ 8. Ich frage ja nur, weil man das nicht immer kann.

_____ 9. Könnte ich den Hund dann in den Ferien zu Ihnen bringen?

_____ 10. Ich habe nichts dagegen.

_____ 11. Und meine Katze, wäre es möglich, sie dann auch zu bringen?

_____ 12. Nein! Meine Frau ist allergisch gegen Katzen. Es tut mir leid.

I. Aufsatz: Vorbereitung auf die Reise Stellen Sie sich vor, Sie hätten gerade ein Stipendium für ein Austauschjahr in Deutschland bekommen. Was müssten sie alles vorbereiten, bevor Sie abfliegen könnten? Welche Papiere bräuchten Sie? Welche Bücher müssten Sie einpacken? Wer würde sich um Ihre Pflanzen *(plants)* und Tiere kümmern *(take care of)*? Wer würde Ihre Wohnung übernehmen? Was würden Sie mit Ihrem Fahrrad oder Auto usw. tun?

Kapitel 14 Berlin: Damals und heute

Zum Hören

GESPRÄCH

14-1

A. In Berlin ist immer etwas los. Hören Sie zuerst gut zu. Hören Sie sich dann das Gespräch ein zweites Mal an und wiederholen Sie jeden Satz!

> **„Berlin ist mehr ein Weltteil als eine Stadt."**
>
> ***Jean Paul***
> *Deutscher Dichter*
> *(1763–1825)*

© Dieter Berlin

HEIKE Und das hier ist die Gedächtniskirche mit ihren drei Gebäuden. Wir nennen sie den „Hohlen Zahn", den „Lippenstift" und die „Puderdose".
MARTIN Berliner haben doch für alles einen Spitznamen.
HEIKE Der alte Turm der Gedächtniskirche soll als Mahnmal so bleiben, wie er ist. Die neue Gedächtniskirche mit dem neuen Turm ist aber modern. Wie so manches in Berlin: jede Menge Altes und jede Menge Neues.
MARTIN Sag mal, wohnst du gern hier in Berlin?
HEIKE Na klar! Berlin ist unheimlich lebendig und hat so viel zu bieten, nicht nur historisch, sondern auch kulturell. Hier ist immer was los. Außerdem ist die Umgebung wunderschön.
MARTIN Ich hab' irgendwo gelesen, dass 24 Prozent der Stadtfläche Wälder und Seen sind, mit 800 Kilometern Fahrradwegen.
HEIKE Ist doch toll, oder?
MARTIN Wahnsinn! Sag mal, warst du dabei, als sie die Mauer durchbrochen haben?
HEIKE Und ob! Meine Eltern und ich, wir haben die ganze Nacht gewartet, obwohl es ganz schön kalt war. Als das erste Stück Mauer kippte, haben wir alle laut gesungen: „So ein Tag, so wunderschön wie heute, so ein Tag, der dürfte nie vergeh'n."
MARTIN Ja, das war schon einmalig. Und jetzt ist das alles schon wieder so lange her.
HEIKE Seitdem hat sich in Berlin enorm viel verändert. Die Spuren der Mauer sind fast verschwunden.
MARTIN Wer hätte das je gedacht!
HEIKE Hier gibt's heute wirklich alles, ein buntes Gemisch an Leuten und Sprachen.
MARTIN Bist du froh, dass Berlin wieder Hauptstadt ist?
HEIKE Nun, ich könnte mir's gar nicht mehr anders vorstellen.

14-2

Lesen Sie jetzt Martins Rolle! Beginnen Sie!

B. Fragen Welche Antwort passt?

14-3

1. a. ein Lippenstift	2. a. die Umgebung	3. a. im Bett
b. eine Puderdose	b. das Fernsehen	b. vor dem Fernseher
c. ein Mahnmal	c. die Mauer	c. an der Mauer

AUSSPRACHE: qu, pf, ps ◀◀ Als weitere mündliche Übung lesen Sie *Zur Aussprache*, Teil III, Beispiele 19, 21 und 22, vorne in ***Wie geht's?***

14-4

Laute Hören Sie zu und wiederholen Sie!

1. [kv] **Qu**atsch, **Qu**alität, **Qu**antität, **Qu**artal, be**qu**em
2. [pf] **Pf**arrer, **Pf**effer, **Pf**lanze, **Pf**und, A**pf**el, Ko**pf**, em**pf**ehlen
3. [ps] **Ps**ychologe, **Ps**ychologie, **ps**ychologisch, **Ps**alm, **Ps**eudonym, Ka**ps**el

Name ______________ Datum ______________ Kurs ______________

STRUKTUR

14.1 Relative clauses

14-5

A. Die Menschen, die ich kenne Sagen Sie es mit einem Relativpronomen!

1. Der Arzt ist gut.
   Das ist ein Arzt, der gut ist.
   ....
2. Den Maler kenne ich nicht.
   Das ist ein Maler, den ich nicht kenne.
   ....
3. Wir haben es der Dame gesagt.
   Das ist die Dame, der wir es gesagt haben.
   ....

14-6

B. Erklärungen Stellen Sie Fragen!

1. Du hast die Gitarre gekauft.
   Ist das die Gitarre, die du gekauft hast?
   ....
2. Das Auto gehört dem Herrn.
   Wo ist der Herr, dem das Auto gehört?
   ....

14.2 Indirect speech

14-7

C. Was haben sie gesagt oder gefragt? Sagen Sie ganze Sätze!

1. Hans reist gern nach Saas-Fee.
   Sie sagte, dass Hans gern nach Saas-Fee reiste.

   Hans reist gern nach Saas-Fee.
   Das Dorf ist autofrei.
   Es gibt dort viele Alpenblumen.
   Man kann auch im Juli Ski laufen gehen.
   Er fährt bald wieder nach Saas-Fee.
2. Carolyn hat ein Jahr in Deutschland studiert.
   Er erzählte, dass Carolyn ein Jahr in Deutschland studiert hätte.

   Carolyn hat ein Jahr in Deutschland studiert.
   Es hat ihr dort sehr gut gefallen.
   In den Ferien ist sie gereist.
   Sie ist auch in Griechenland gewesen.
   Sie hat viele Menschen kennengelernt.
   Sie ist erst im August zurückgekommen.

LESETEXT

14-8

Berlin, ein Tor zur Welt

....

Name ______________ Datum ______________ Kurs ______________

DIKTAT

14-9 Hören Sie zu und schreiben Sie, was Sie hören!

1. ______________________________
____

2. ______________________________
____

3. ______________________________
____

4. ______________________________
____

5. ______________________________
____

VERSTEHEN SIE?

14-10 **Einer, der das Warten gelernt hat** „Hören Sie sich die Geschichte an!"

Zum Erkennen: der Buddha *(statue of Buddha)*; reiben, rieb, gerieben *(to rub)*

....

© Kentoh/Shutterstock

14-11 **Richtig oder falsch?**

1. richtig falsch
2. richtig falsch
3. richtig falsch
4. richtig falsch
5. richtig falsch

Zum Sehen

VIDEO-SZENEN

Rundgang durch Berlin Treffen Sie sich mit Paul, Lily, Hülya und Anton vor dem Reichstagsgebäude und hören Sie zu, was der Stadtführer erzählt!

© Cengage Learning

Zum Erkennen: der Stadtführer, - *(city guide)*; die Führung *(tour)*; los·gehen *(to start)*; meine Herrschaften *(ladies and gentlemen)*; der Reichstag *(imperial diet)*; der Abgeordnete, -n *(member of parliament)*; wählen *(to elect)*; Schlange stehen *(to stand in line)*; die Bevölkerung *(population)*; der Klotz, ¨e *(block)*; normalerweise *(normally)*; flach *(flat)*; tief *(deep)*; gleichzeitig *(at the same time)*; der Boden *(floor)*; die Siegesgöttin *(goddess of victory)*; das Viergespann *(four [horses]-in-hand)*; gucken (coll.: *to look*); eigenartig *(strange)*; spüren *(to feel)*

A. Alles verstanden?

1. Wie heißt der Stadtführer?
2. Wo wartet er auf Paul, Lily, Hülya und Anton?
3. Wer trifft sich normalerweise im Reichstagsgebäude?
4. Was müssen die Besucher oft tun, um in das Gebäude hineinzukommen?
5. Wofür ist der Platz mit den vielen Klötzen oder Stelen ein Mahnmal?
6. Was sieht man oben auf dem Brandenburger Tor?
7. Wie finden Sie die Stadtführung?
8. Am Ende fährt das Auto an der East Side Gallerie entlang, ohne dass der Stadtführer etwas sagt. Was war das wohl?

B. Wenn du mich fragst, . . . — Und du? Ergänzen Sie die folgenden Sätze auf Ihre Weise! Was hat Ihr Partner / Ihre Partnerin dazu zu sagen? Können Sie das den anderen berichten?

1. Ich bin . . . in Berlin gewesen. Und du?
2. Als Besucher in Berlin würde ich mir . . . ansehen. Und du, was würde dich interessieren?
3. Ich finde es gut / schade, daß von der Mauer nichts mehr geblieben ist, weil . . . Was meinst du?

VIDEO-INTERVIEWS

Wie finden Sie es hier in Berlin?

Zum Erkennen: genießen *(to enjoy)*; vielfältig *(diverse)*; unterschiedlich *(different)*; zwitschern *(to chirp)*; das Treiben *(hubbub)*; beobachten *(to watch)*; indem *(by)*; sich bewegen *(to move)*; der Unterschied, -e *(difference)*; nach wie vor *(still)*; architektonisch *(architecturally)*; die Gestaltung *(style)*; die Bereicherung *(enrichment)*; die Angelegenheit, -en (here: *thing*)

© Cengage Learning

Sonja Zunker

A. Was gefällt ihnen dort? Antworten Sie ganz kurz!

1. Was gefällt Herrn Mienert am Leben in Berlin?

   ____

2. Wohin geht er manchmal, wenn er seine Ruhe haben will?

   ____

3. Was genießt er dann dort?

   ____

4. Was kann man in Berlin zur Unterhaltung tun?

   ____

5. Was kann man tun, wenn man sich nur entspannen will?

   ____

6. In welchem Teil von Berlin wohnt Frau von Heyden?

   ____

Name ______________________ Datum ______________________ Kurs ______________

7. Woran kann man heute noch Unterschiede zwischen den zwei ehemaligen *(former)* Teilen der Stadt sehen?

____

8. Sieht sie zwischen den alten und neuen Bundesländern auch noch Unterschiede? Wieso?

____

9. Was gefällt Matin besonders an Berlin?

____

10. Was bedeutet das für ihn, wenn er in Berlin wohnt?

____

B. Jetzt sind Sie dran! Wenn Sie schon mal in Berlin gewesen sind, beantworten SIE die Frage des Reporters. Wenn nicht, sprechen Sie über eine andere Großstadt! Beschreiben Sie in sechs bis acht Sätzen, was Ihnen dort besonders gefällt und was weniger!

Zum Schreiben

A. Erweitern Sie Ihren Wortschatz!

Numerous German nouns are derived from verbs. Some are based on the infinitive stem; others show the vowel change of the simple past or the past participle.

1. **Nennen Sie das Substantiv dazu!** Diese Wörter sind maskulin. Was bedeutet das auf Englisch?

beginning	*call*	*dance*	*plan*	*purchase*	*gratitude*

BEISPIEL teilen

der Teil *part*

a. anfangen ______________ ______________

b. kaufen ______________ ______________

c. danken ______________ ______________

d. tanzen ______________ ______________

e. planen ______________ ______________

f. anrufen ______________ ______________

Name ______________ Datum ______________ Kurs ______________

2. **Nennen Sie das Substantiv dazu!** Diese Wörter sind feminin. Was bedeutet das auf Englisch?

apprenticeship	*border*	*love*	*rent*	*request*	*shower*

BEISPIEL reisen

die Reise *trip*

a. bitten ______________ ______________

b. duschen ______________ ______________

c. lieben ______________ ______________

d. mieten ______________ ______________

e. lehren ______________ ______________

f. grenzen ______________ ______________

B. Deutschland und Berlin Was fehlt?

1. Das Gegenteil von Krieg ist ______________.
2. Viele Jahre lang war Deutschland in zwei ______________ geteilt.
3. Auch Berlin war geteilt und eine ______________ ging mitten durch die ______________.
4. Man lebte wie auf einer ______________.
5. Seit der ______________ ist Deutschland wieder ein Land.
6. Die Berliner sind ganz lustig und haben für viele ihrer Gebäude einen ______________.
7. Von der ______________ sieht man heute fast nichts mehr.
8. Für die jungen Leute, also die ______________, ist das heute alles Geschichte.

C. Was bedeutet das Substantiv auf Englisch? Welches Verb passt dazu?

greeting	*help*	*language*	*laundry*
participation	*prohibition*	*reconstruction*	*wish*

BEISPIEL die Tat

deed tun

1. die Hilfe ______________ ______________
2. die Teilnahme ______________ ______________
3. die Sprache ______________ ______________
4. die Wäsche ______________ ______________
5. das Verbot ______________ ______________
6. der Wunsch ______________ ______________
7. der Gruß ______________ ______________
8. der Wiederaufbau ______________ ______________

Name ______________ Datum ______________ Kurs ______________

D. Auf Deutsch bitte!

1. *all sorts of* ______________
2. *empty* ______________
3. *famous* ______________
4. *hardly* ______________
5. *since then* ______________
6. *somewhere* ______________
7. *unique* ______________
8. *to recognize* ______________
9. *to remember* ______________
10. *to report* ______________

E. Diebstahl bei der Bank *(Bank robbery)* Ergänzen Sie die fehlenden Relativpronomen!

Ein junger Mann hatte bei der Bank, in ____ (1) er arbeitete, 1.000 Euro gestohlen *(stolen)*. Als er sah, dass er das Geld, ____ (2) er gestohlen hatte, nicht zurückzahlen konnte, bekam er Angst. Er ging zu einem Rechtsanwalt, ____ (3) er kannte und von ____ (4) er wusste, dass er ihm vertrauen *(trust)* konnte. Diesem Mann erzählte er alles, auch von seiner Frau, ____ (5) Boss *(m.)* sie gerade an die frische Luft gesetzt hatte *(had fired her)*. Der Rechtsanwalt hörte zu und fragte ihn dann: „Wie viel Geld können Sie aus der Bank nehmen, bei ____ (6) Sie arbeiten, ohne dass andere Leute, ____ (7) auch dort arbeiten, es wissen?" „Nicht mehr als 1.500 Euro", sagte der junge Mann, ____ (8) nicht verstand, warum der Rechtsanwalt ihn das fragte. „Gut, bringen Sie mir morgen früh die 1.500 Euro, ____ (9) Sie nehmen können!", sagte der Rechtsanwalt. Dann schrieb er den folgenden Brief, ____ (10) er an die Bank schickte, von ____ (11) der junge Mann das Geld gestohlen hatte: „Herr Huber, ____ (12) bei Ihnen arbeitet, hat 2.500 Euro gestohlen. Seine Familie, ____ (13) ihm helfen möchte, will Ihnen die 1.500 Euro zurückgeben, ____ (14) sie zusammengebracht hat. Bitte geben Sie einem jungen Mann, ____ (15) ganzes Leben noch vor ihm liegt, eine Chance!" Das tat die Bank, ____ (16) Namen ich nicht nennen möchte, und der junge Mann konnte ein neues Leben beginnen.

Name ______________ Datum ______________ Kurs ______________

F. Schloss Cecilienhof Ergänzen Sie die passenden Relativpronomen!

Schloss Cecilienhof, _____ (1) im nördlichen Teil von Potsam liegt, wurde unter Kaiser Wilhelm II. für seinen Sohn Kronprinz Wilhelm gebaut, _____ (2) Frau Cecilie hieß. Es ist ein Gebäude im englischen Landhausstil, _____ (3) in den Jahren 1914–1917 gebaut wurde. Bekannt geworden ist Cecilienhof durch die Potsdamer Konferenz, _____ (4) hier vom 17. Juli bis 2. August 1945 stattfand *(took place)*. Es war ein Treffen *(n.)* der Alliierten des 2. Weltkrieges, zu _____ (5) Roosevelt, Stalin und Churchill gekommen waren. Sie machten hier Pläne, _____ (6) für die Zukunft Deutschlands wichtig waren. Es ist heute ein Platz, _____ (7) von vielen Touristen besucht wird.

© Dieter Sevin

G. Ein komischer Mensch Auf Deutsch bitte!

1. *Where is the lecture hall in which Prof. Kunert gives his lectures?*

   ____

2. *The course he teaches is Modern German History.*

   ____

3. *The students who take his courses must work hard.*

   ____

4. *History is a subject that I find very interesting.*

   ____

5. *But I have a roommate* (m.) *who finds nothing interesting.*

   ____

6. *He is a person I don't understand.*

   ____

7. *He takes subjects he doesn't like.*

   ____

8. *The friends he goes out with (with whom he goes out) are boring.*

   ____

9. *He laughs at his father, whose money he gets every month.*

   ____

10. *But the woman he's engaged to (to whom he is engaged) is very nice.*

    ____

Name ______________________ Datum __________________________ Kurs ________________

H. Mendelssohn und Friedrich der Große Lesen Sie die Anekdote über Friedrich II. (oder Friedrich den Großen) von Preußen *(Prussia)* und wiederholen Sie alle direkte Rede indirekt!

© Georgios Kollidas | Dreamstime.com

Moses Mendelssohn, der Großvater des Komponisten Felix Mendelssohn, war ein sehr bekannter Philosoph und ein guter Freund Friedrichs II. (des Zweiten). Eines Tages war er beim König zum Abendessen eingeladen. Um sieben Uhr waren alle Gäste da, nur Mendelssohn nicht. Da wurde der König ungeduldig und fragte: „Wo ist Mendelssohn?" „Das weiß ich nicht", war die Antwort des Dieners *(servant)*. „Das ist typisch für die Philosophen! Wenn sie hinter ihren Büchern sitzen, vergessen sie alles." Da sagte Friedrich zu seinem Diener: „Bringen Sie mir ein Stück Papier!" Darauf schrieb er dann: „Mendelssohn ist ein Esel *(ass)*. Friedrich II." Das gab er dem Diener und sagte, „Legen Sie das auf Mendelssohns Platz!" Kurz danach kam Mendelssohn, sagte „Guten Abend!" und setzte sich. Er fand den Zettel *(note)*, las, was darauf stand, und begann zu essen. Der König aber fragte: „Na, wollen Sie uns nicht sagen, was auf dem Zettel steht?" Da stand Mendelssohn auf und sagte: „Das will ich gern tun. Mendelssohn ist EIN Esel, Friedrich DER ZWEITE."

1. Der König fragte, ______________________________
2. Der Diener antwortete, ______________________________
3. Der König meinte, ______________________________
4. Er meinte, ______________________________

   ____
5. Er sagte dem Diener, ______________________________
6. Darauf schrieb er, ______________________________
7. Dann sagte er dem Diener, ______________________________

   ____
8. Der König fragte Mendelssohn, ______________________________
9. Mendelssohn antwortete, ______________________________
10. Auf dem Zettel stand, ______________________________

I. Aufsatz: Was wäre wenn? „Wenn das Wörtchen wenn nicht wär'" ist eine beliebte Redewendung *(figure of speech)* im Deutschen. Stellen Sie sich vor, das Wörtchen „wenn" gäbe es plötzlich nicht mehr und Sie hätten viel Geld in der Lotterie gewonnen! Welche Träume würden Sie sich erfüllen?

Name ______________________ Datum ______________________ Kurs ______________

J. Bildbeschreibung: Schloss Sanssouci in Potsdam Schreiben Sie fünf Relativsätze über dieses Bild in Potsdam oder über Friedrich II.! Im Internet gibt es jede Menge Informationen über ihn.

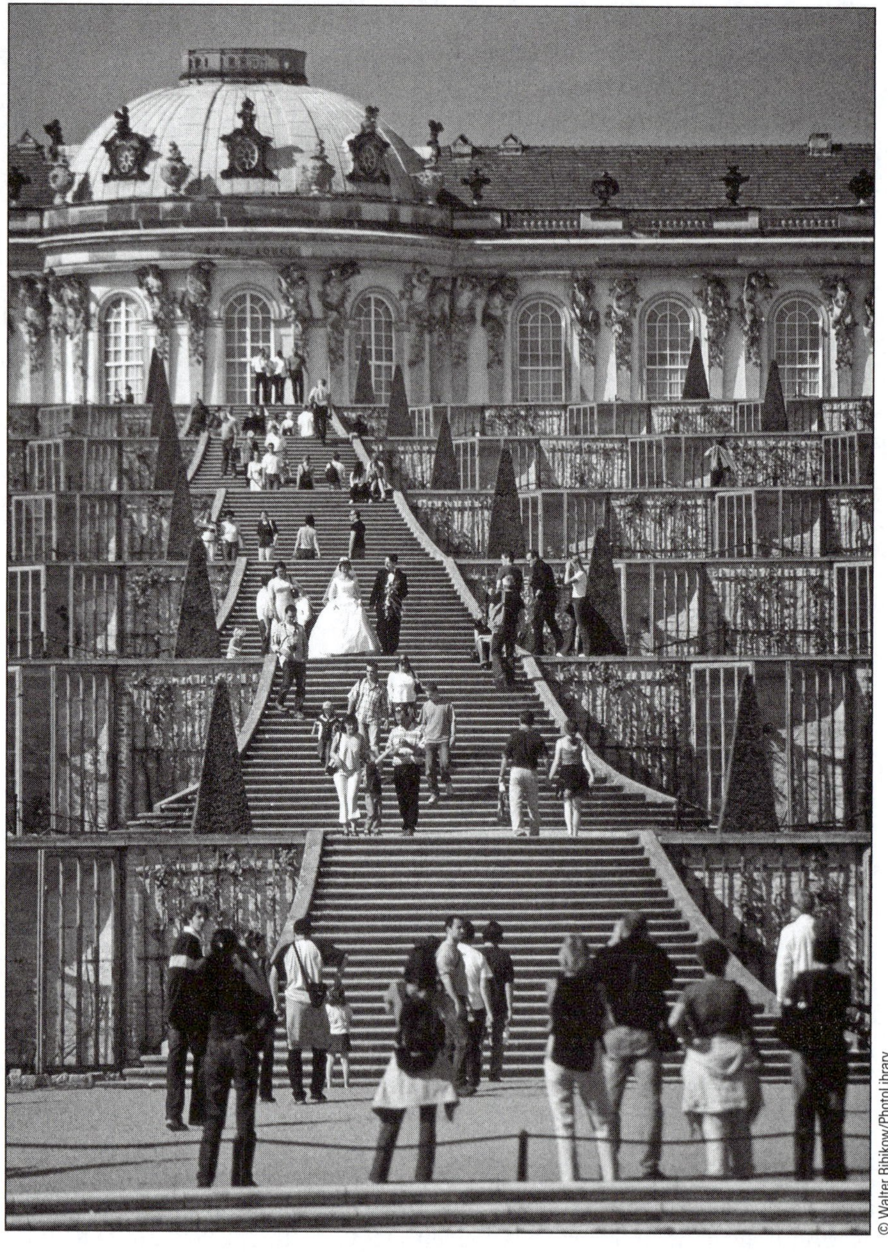

© Walter Bibikow/PhotoLibrary

BEISPIEL *Schloss Sanssouci ist das Schloss, in dem Friedrich II. lebte.*

____

____

____

____

____

____

____

Kapitel 15 Deutschland, Europa und die Umwelt

Zum Hören

GESPRÄCHE

15-1 **A. Zu Besuch in Weimar** Hören Sie zuerst gut zu. Hören Sie sich dann das Gespräch ein zweites Mal an und wiederholen Sie jeden Satz!

TOM Komisch, dieses Denkmal von Goethe und Schiller kenne ich doch! Ich glaube, ich habe es schon irgendwo gesehen.
DANIELA Warst du eigentlich schon mal in San Francisco?
TOM Na klar!
DANIELA Warst du auch im Golden Gate Park?
TOM Ach ja, da steht genau das gleiche Denkmal. Das haben, glaub' ich, die Deutsch-Amerikaner in Kalifornien einmal bauen lassen.
DANIELA Richtig! Im 18. Jahrhundert haben hier viele berühmte Leute gelebt und die Weimarer Republik ist auch danach benannt.
TOM Ja ja, aber heute früh, als ich am Mahnmal vom Konzentrationslager Buchenwald auf die Stadt herabblickte, hatte ich sehr gemischte Gefühle.
DANIELA Ja, da hast du natürlich recht.

15-2 **B. In der Altstadt** Hören Sie zu!

DANIELA Schau mal, die alten Häuser hier sind doch echt schön.
TOM Ja, sie sind gut restauriert worden. Ich finde es vor allem schön, dass hier keine Autos fahren dürfen.
DANIELA Gott sei Dank!
TOM Bei uns gibt es jetzt auch eine Bürgerinitiative, alle Autos in der Altstadt zu verbieten, um die alten Gebäude zu retten.
DANIELA Das finde ich gut.
TOM Sind die Container da drüben für die Mülltrennung?
DANIELA Ja, habt ihr auch Mülltrennung?
TOM Ja, freiwillig. Da könnte man ganz bestimmt noch viel mehr tun. Zum Beispiel weiß ich nie, wohin mit alten Batterien oder Medikamenten.
DANIELA Die alten Batterien kann man in jedem Supermarkt in spezielle Sammelbehälter werfen und die alten Medikamente, die bringst du zur Apotheke.
TOM Das geht bei uns nicht und so landet schließlich vieles in der Mülltonne.
DANIELA Das ist bei uns verboten.
TOM Das sollte es auch sein. Ihr seid da eben weiter als wir.

© Cengage Learning

15-3 **Lesen Sie jetzt Toms Rolle!** Beginnen Sie!

15-4 **C. Richtig oder falsch?** Sie hören fünf Sätze. Stimmt das?

1. richtig falsch
2. richtig falsch
3. richtig falsch
4. richtig falsch
5. richtig falsch

Name ______________________ Datum ___________________________ Kurs __________________

AUSSPRACHE ⏮ Als weitere mündliche Übung lesen Sie *Zur Aussprache*, Teil II, Beispiel 42, vorne in ***Wie geht's?***.

15-5 **Knackaute *(Glottal stops)*** Hören Sie zu und wiederholen Sie!

1. +Erich +arbeitet +am +alten Schloss.
2. Die +Abgase der +Autos machen +einfach +überall +alles kaputt.
3. +Ulf +erinnert sich +an +ein +einmaliges +Abendkonzert +im +Ulmer Dom.
4. +Otto sieht +aus wie +ein +alter +Opa.
5. +Anneliese +ist +attraktiv +und +elegant.

STRUKTUR

15.1 The passive voice

15-6 **A. Was wird gemacht?** Ersetzen Sie das Subjekt!

1. Er wird heute fotografiert. (wir)
   Wir werden heute fotografiert.
   ....
2. Ich wurde zur Party eingeladen. (ihr)
   Ihr wurdet zur Party eingeladen.
   ....
3. Du wirst angerufen werden. (Sie)
   Sie werden angerufen werden.
   ....

15-7 **B. Wer hat das Hotel empfohlen?** Beantworten Sie die Fragen!

Es wurde von dem Taxifahrer empfohlen. (ein Freund)
Es wurde von einem Freund empfohlen.
....

15-8 **C. Wiederaufbau** Sagen Sie die Sätze im Passiv! *(Don't express the agent.)*

Die Firma renoviert das Gebäude.
Das Gebäude wird renoviert.
....

15-9 **D. Damals und heute** Sagen Sie die Sätze in einer anderen Zeit!

1. In der Vergangenheit
   Die Pläne werden gemacht.
   Die Pläne wurden gemacht.
   ....
2. Im Perfekt
   Das Schloss wird besichtigt.
   Das Schloss ist besichtigt worden.
   ....
3. In der Zukunft
   Es wird viel geredet.
   Es wird viel geredet werden.
   ....

Name ______________________ Datum ___________________________ Kurs ________________

15-10

E. Die Hochzeit Was muss gemacht werden?

Wir müssen die Hochzeit feiern.
Die Hochzeit muss gefeiert werden.

1. Wir müssen die Hochzeit feiern.
2. Wir müssen Einladungen schreiben.
3. Wir müssen das Haus putzen.
4. Wir müssen die Blumen bestellen.
5. Wir müssen die Lebensmittel kaufen.
6. Wir müssen den Sekt kalt stellen.
7. Wir müssen den Kuchen backen.
8. Wir müssen den Fotografen anrufen.

15.2 The various uses of *werden*

-15-12

F. Welche Funktion hat *werden*? Jetzt hören Sie zehn Sätze. Ist **werden** ein Vollverb *(a full verb)* oder ist der Satz in der Zukunft, im Konjunktiv oder im Passiv? Kreuzen Sie die richtige Antwort an! Passen Sie auf!

	Vollverb	Zukunft	Konjunktiv	Passiv
1.	❑	❑	❑	❑
2.	❑	❑	❑	❑
3.	❑	❑	❑	❑
4.	❑	❑	❑	❑
5.	❑	❑	❑	❑
6.	❑	❑	❑	❑
7.	❑	❑	❑	❑
8.	❑	❑	❑	❑
9.	❑	❑	❑	❑
10.	❑	❑	❑	❑

LESETEXT

15-13

Der Wind kennt keine Grenzen.

DIKTAT

15-14

Hören Sie zu und schreiben Sie, was Sie hören!

1. ____

____

2. ____

____

3. ____

____

4. ____

____

5. ____

____

Name ____________________ Datum ____________________ Kurs ____________________

VERSTEHEN SIE?

15-15

Der Mantel Hören Sie diese kleine Anekdote über Einstein an!

Zum Erkennen: herum·laufen *(to run around)*; protestieren *(to protest)*; das ist egal *(that doesn't matter)*

....

15-16

Welche Antwort ist richtig?

© Library of Congress Prints & Photographs Division

1. a. Der Mantel wäre zu elegant.
   b. Der Mantel sähe furchtbar aus.
   c. Der Mantel sähe toll aus.
2. a. Hier würde ihn niemand kennen.
   b. Er hätte kein Geld, sich einen Mantel zu kaufen.
   c. Das wäre schade.
3. a. Niemand hat ihn abgeholt *(picked up)*.
   b. Er ist von ein paar Studenten abgeholt worden.
   c. Er ist von Einstein abgeholt worden.
4. a. Er meinte, Einstein wäre ein intelligenter Mann.
   b. Er meinte, die Leute könnten schlecht von Einstein denken.
   c. Er sagte, er würde ihm einen Mantel kaufen.
5. a. Einstein sagte: „Danke schön!"
   b. Einstein sagte, das wäre egal, weil ihn doch jeder kennen würde.
   c. Einstein meinte, er hätte keine Zeit, einkaufen zu gehen.

Zum Sehen

VIDEO-SZENEN

Es tut sich was! Hören Sie zu, worüber Anton, Hülya, Lily und Paul sich im Zug, im Wald und auf einer Wiese unterhalten!

© Cengage Learning

Zum Erkennen: die Heizung runter·schalten *(to turn down the heat)*; die Verschwendung *(waste)*; die Pfanddose, -n *(returnable can)*; spielt überhaupt keine Rolle *(doesn't matter at all)*; das Gewitter , - *(thunderstorm)*; erzeugen *(to produce)*; die Wärme (here: *heat)*; die Erderwärmung *(global warming)*; der Klimawandel *(climate change)*; Na los! (here: *Do it!)*; Schon gut *(okay)*; belasten *(to burden)*; raus·springen *(to jump out)*; der Römer, - *(Roman)*; das Waldsterben *(dying of forests)*; es tut sich was *(things are happening)*

Name ______________________ Datum __________________________ Kurs ________________

A. Alles verstanden?

1. Worüber meckern (coll.: *complain*) Anton und Lily im Zug?
2. Worüber meckert Lily bei Paul
3. Wann funktioniert Recycling nur?
4. Was hält Anton von dem, was Lily sagt?
5. Was gab es bei den alten Römern noch nicht?
6. Was war in den achtziger Jahren ein echtes Problem?
7. Was sehen sich die Vier dann genauer an?
8. Wobei macht in Deutschland fast jeder mit?

B. Wenn du mich fragst, . . . — Und du? Ergänzen Sie die folgenden Sätze auf Ihre Weise. Was hat Ihr(e) Partner/in dazu zu sagen? Können Sie das den anderen berichten?

1. Ich recycle mein(e) . . . Was tust du damit?
2. Ich liebe meine Heizung und Klimaanlage (*air-conditioning*), aber ich finde, dass viele . . . im Sommer alles zu . . . und im Winter alles zu . . . haben. Auf welche Temperatur stellst du die Heizung im Winter und die Klimaanlage im Sommer?
3. Ich glaube, dass die Erderwärmung . . . Was meinst du?
4. Wenn man das Problem ernst nehmen würde, könnte man zum Beispiel . . . Was noch?

C. Genau gehört Mal sehen, wie gut Sie zugehört haben. Markieren ✓ Sie alles auf der Liste, was Sie im Video gehört haben! Berichten Sie dann mündlich, was Sie nicht gehört haben und vergleiche Sie das Resultat mit der Liste der anderen!

Ich habe alles gehört, außer . . .

_____ Das geht nicht.	_____ Schaut mal!	_____ Und ob!
_____ Endlich.	_____ Schon gut.	_____ Wahrscheinlich.
_____ Es tut sich was.	_____ Schon ungewöhnlich.	_____ Warum nicht?
_____ Hast du etwas dagegen?	_____ Sofort.	_____ Wenn du meinst?
_____ Mir ist so warm.	_____ Stimmt nicht.	_____ Wieso?
_____ Na los!	_____ Typisch!	_____ Wie wahr!

VIDEO-INTERVIEWS

Wie wichtig ist hier der Umweltschutz?

Zum Erkennen: grundsätzlich (*basically*); die Solarzelle, -n (*solar cell*); das Windrad, ¨-er (*wind turbine*); das Bewusstsein (*awareness*); sich verbessern (*to improve*); unüblicher (*less common*); der Ausstoß (*exhaust*); der Schadstoff, -e (*harmful chemical*); steigen (*to increase*); die Verwendung (*use*); erneuerbar (*renewable*); voran·kommen (*to progress*); die Sache, -n (*thing*); andauernd (*constantly*); nach·denken (über) (*to think about*); alltäglich (*everyday*); ab·stellen, aus·machen (*to turn off*); sich ein·seifen (*to put on soap*); der Geldbeutel, - (*pocket book*)

© Cengage Learning

Karen Plötsch

A. Richtig oder falsch?

_____ 1. Frau Plötsch hält nicht viel von Windrädern und Solarzellen.

_____ 2. Sie meint, dass sie nicht funktionieren und der Umwelt nicht wirklich helfen.

_____ 3. Frau von Heyden findet, dass die Deutschen viel umweltbewusster geworden seien.

_____ 4. Mülltrennung habe es schon jahrelang gegeben und sei den Leuten schon immer wichtig gewesen.

_____ 5. Die Sorge um Schadstoffe in der Luft, besonders von Autos, sei gestiegen.

_____ 6. Die Verwendung von erneuerbaren Energien sei allerdings noch nicht weit vorangekommen.

_____ 7. Der Umweltschutz ist für Herrn Axer etwas ganz Normales im täglichen Leben.

_____ 8. Er ist dafür, dass man die öffentlichen Verkehrsmittel benutzt oder mit dem Fahrrad fährt.

_____ 9. Er selbst habe kein Auto und werde sich auch keins kaufen.

_____ 10. Bevor man zur Arbeit geht, solle man die Heizung hoch stellen.

_____ 11. Beim Duschen solle man am besten keine Seife *(soap)* mehr benutzen.

_____ 12. Das Duschen sei überhaupt eine dumme Sache, denn da brauche man einfach zu viel Wasser.

_____ 13. Frau Lang ist sehr für umweltfreundliche Autos.

_____ 14. Auch sollte man beim Heizen mehr sparen.

_____ 15. Heizen sei gut für die Umwelt und kostet nicht viel.

B. Jetzt sind Sie dran! Wie würden SIE die Frage des Reports beantworten? Was tun Sie persönlich im täglichen Leben für die Umwelt. Wo sieht man in Ihrer Stadt oder Ihrem Land, dass das Umweltproblem ernst genommen wird? Können Sie Beispiele nennen?

Name ______________ Datum ______________ Kurs ______________

Zum Schreiben

A. Erweitern Sie Ihren Wortschatz!

Many past participles can be used to form adjectival nouns, e.g., **verloben** *(to get engaged)* → **verlobt** *(engaged)* → **der/die Verlobte** *(fiancé[e]).* As you can see, the English equivalent of the derived noun is oftentimes based on a completely different word.

Vom Verb zum Substantiv Wie heißt das auf Englisch? Wählen Sie die richtige Bedeutung!

adoptee *divorcée* *disabled (person)* *invited (guest)* *juror* *married (person)* *paralytic* *prisoner, captive* *rescued (person)* *scholar, savant* *soldier killed in action* *supervisor, boss* *survivor, surviving family member* *sweetheart, lover* *wanted person*

Infinitive	English	Adjectival Noun	English
1. adoptieren	*to adopt*	der/die Adoptierte	______
2. behindern	*to hinder, impede*	der/die Behinderte	______
3. einladen	*to invite*	der/die Eingeladene	______
4. fallen	*to fall; to die in battle*	der/die Gefallene	______
5. fangen	*to catch, capture*	der/die Gefangene	______
6. hinterbleiben	*to remain behind*	der/die Hinterbliebene	______
7. lähmen	*to paralyze*	der/die Gelähmte	______
8. lehren	*to teach*	der/die Gelehrte	______
9. lieben	*to love*	der/die Geliebte	______
10. retten	*to save, rescue*	der/die Gerettete	______
11. scheiden	*to separate, split*	der/die Geschiedene	______
12. schwören	*to swear (on oath)*	der/die Geschworene	______
13. suchen	*to look for, search*	der/die Gesuchte	______
14. verheiraten	*to marry*	der/die Verheiratete	______
15. vorsetzen	*to put in front*	der/die Vorgesetzte	______

Name ______________ Datum ______________ Kurs ______________

B. Fremdwörter

1. **Englische Fremdwörter in der deutschen Sprache** Finden und unterstreichen Sie sie! Beispiele wie die folgenden, in denen so viele Fremdwörter in einem Satz erscheinen, sind selten, aber möglich.

   a. Das ist der Journalist, der die Story von dem Come-back des Stars brachte.
   b. Nach der Show gab das Starlet ein Interview.
   c. Gestern haben wir im TV eine wunderbare Jazzshow gesehen. Das Musical heute Abend soll auch gut sein.
   d. Layout und Design sind hier besonders wichtig. Ein Layouter wird gut bezahlt.
   e. Manche Teenager denken, dass Make-up und Sex-Appeal das Gleiche sind.
   f. Die Effizienz in einem Office hängt vom Teamwork der Angestellten ab.
   g. Wenn ein Manager non-stop arbeitet, ist es kein Wunder, dass der Stress zu viel wird.
   h. Ein Banker weiß, dass guter Service sehr wichtig ist.
   i. Für unseren Flag-Ship-Store in Berlin suchen wir eine(n) professionelle(n), systematisch-powervolle(n) Sales Manager/in. Die Position umfasst *(includes)* den kompletten Sale und die Betreuung *(supervision)* unseres Exklusiv-Shops.

2. **Deutsche Fremdwörter in der englischen Sprache** Was ist das deutsche Wort dafür?

   a. *a woman whose horizon is limited to her household* ______________
   b. *an expression used when someone sneezes* ______________
   c. *a special way of singing practiced in the Alps* ______________
   d. *a pastry made of paper-thin dough and often filled with apples* ______________
   e. *something such as very dry toast, often given to teething infants* ______________
   f. *a dog shaped like a sausage with short bowed legs* ______________
   g. *a hot dog* ______________
   h. *an adjective expressing that all is in ruins or done for* ______________
   i. *a word that implies that something isn't real or genuine, but a cheaper substitute* ______________
   j. *a toast given when people drink together* ______________
   k. *a feeling of deep-seated anxiety or insecurity* ______________
   l. *a school for children around age five* ______________

C. Was ist das Gegenteil?

_____	1. abreißen	a. allein
_____	2. gemeinsam	b. aufbauen
_____	3. erlauben	c. schonen
_____	4. retten	d. verbieten
_____	5. sammeln	e. wegwerfen
_____	6. schaden	f. zerstören

Name ____________________ Datum ____________________ Kurs ____________________

D. Auf Deutsch bitte!

1. *dangerous* ____________________
2. *individual* ____________________
3. *proud* ____________________
4. *to grow* ____________________
5. *to talk about* ____________________
6. *to use* ____________________
7. *by the way* ____________________
8. *finally* ____________________
9. *however* ____________________
10. *in the meantime* ____________________

E. Ausländische Arbeitskräfte in Deutschland Welches ist die richtige Übersetzung für die Verbform?

1. Um 1960 war es in Deutschland schwer, genug Industriearbeiter zu finden.
   a. *was difficult* c. *has been difficult*
   b. *became difficult* d. *would be difficult*

2. Hunderttausende von ausländischen Arbeitern wurden damals in die Bundesrepublik eingeladen.
   a. *have invited* c. *were invited*
   b. *would be invited* d. *will be invited*

3. Diese Arbeiter aus der Türkei, aus Italien, Griechenland, Spanien und anderen Ländern wurden Fremdarbeiter oder Gastarbeiter genannt.
   a. *are called* c. *were called*
   b. *will call* d. *would be called*

4. Am Anfang glaubte man, dass diese Arbeiter nach ein paar Jahren in ihre Heimat zurückgehen würden.
   a. *will go back* c. *would go back*
   b. *went back* d. *have returned*

5. Weil es aber dort keine Arbeit gab und weil die Arbeit in Deutschland nicht schlecht bezahlt wurde, blieben viele Ausländer in der Bundesrepublik.
   a. *would pay* c. *would be paid*
   b. *paid* d. *was paid*

6. Aber die soziale Integration war schwer und manche deutsche Stadtteile sind griechische oder türkische Gettos geworden.
   a. *have become* c. *were*
   b. *are becoming* d. *will become*

7. Heutzutage wird es ihnen etwas leichter gemacht, sich in das deutsche Leben zu integrieren.
   a. *will make* c. *will be made*
   b. *is being made* d. *would be made*

8. Neue Gesetze sind eingeführt worden *(have been introduced)*, um die deutsche Staatsbürgerschaft leichter zu bekommen. Weil die Kinder der Gastarbeiter oft kein Deutsch sprechen, ist in den Schulen viel experimentiert worden.
   a. *experiments are being conducted* c. *experiments will be conducted*
   b. *experiments would be conducted* d. *experiments were conducted*

9. Mit der wachsenden Suche nach qualifizierten Arbeitskräften im High-Tech-Sektor ist eine neue Generation von Ausländern nach Deutschland gebracht worden.
   a. *was brought* c. *will be brought*
   b. *is brought* d. *had been brought*

10. Ohne ausländische Arbeitskräfte könnte die deutsche Industrie heute nicht funktionieren.
   a. *can't function* c. *was unable to function*
   b. *will not be able to function* d. *wouldn't be able to function*

F. Das Deutsche Nationaltheater in Weimar Ergänzen Sie die folgenden Sätze!

1. Das Goethe-Schiller-_____ in steht vor dem Nationaltheater in Weimar.
   a. Mahnmal b. Denkmal c. Abendmahl
2. Das Theater wurde am 9. Februar 1945 durch Bomben _____.
   a. abgerissen b. erklärt c. zerstört
3. Am 28. August 1948 wurde es nach zweijähriger Bauzeit wieder _____.
   a. eröffnet b. gerettet c. garantiert
4. Es war das erste Theatergebäude, das nach dem 2. Weltkrieg wieder _____ wurde.
   a. gebraucht b. gerettet c. aufgebaut
5. Seitdem *(since then)* werden dort wieder viele klassische und moderne, nationale und internationale _____ aufgeführt.
   a. Studien b. Romane c. Stücke
6. Den Namen „Deutsches Nationaltheater" bekam das Haus am 19. Januar 1919 im Zusammenhang mit *(in connection with)* der Weimarer Nationalversammlung *(National Assembly),* die hier vom 6. Februar bis zum 11. August 1919 _____.
   a. zusammenkam b. zusammenwuchs c. erklärte
7. An der Stelle des jetzigen Theaters stand früher das alte Hoftheater, in dem nicht nur Goethes *Faust,* _____ auch Wagners *Lohengrin,* Hebbels *Nibelungen* und Humperdincks *Hänsel und Gretel* ihre Premieren hatten.
   a. allerdings b. etwa c. sondern
8. Beim Wiederaufbau des Nationaltheaters 1946–1948 wurde das Innere *(interior)* des Theaters, das an das alte Barocktheater erinnerte, enorm _____.
   a. verboten b. verändert c. verloren

G. Der Frankfurter Römerberg Unterstreichen Sie den Passiv und übersetzen Sie die Formen!

BEISPIEL
Das Haus wurde 1945 zerstört.
was destroyed

© Petronilo G. Dangoy Jr./Shutterstock

1. Der Frankfurter Römerberg ist ein Platz mit schönen Fachwerkhäusern *(half-timbered houses)*, die im Zweiten Weltkrieg zerstört worden waren.

   ____

2. Zuerst sollten sie nicht wieder aufgebaut werden, weil das zu teuer war.

   ____

3. Durch Bürgerinitiativen sind sie gerettet worden.

   ____

4. Man hat die Fassaden so gelassen, wie sie vor dem Krieg waren, aber innen sind die Gebäude modernisiert worden.

   ____

5. Die Renovierung dieser Fachwerkhäuser wurde damals von der Stadt mit 15 Millionen Mark finanziert.

   ____

6. Leider sind dabei Fehler gemacht worden.

   ____

7. Die Mieter ärgerten sich darüber, dass in den Wänden immer wieder neue Risse *(cracks)* gefunden wurden.

   ____

8. Es musste herausgefunden werden, wer dafür verantwortlich gemacht werden konnte.

   ____

9. Diese Gebäude stehen zwischen dem Dom und dem Römer (so heißt ein Gebäudekomplex). Auch der Dom und der Römer sind restauriert worden.

   ____

10. Vor mehreren hundert Jahren sind Kaiser und Könige im Dom gekrönt *(crowned)* worden.

    ____

11. Danach wurde auf dem Römerberg gefeiert.

    ____

12. Heute wird im Römer geheiratet, denn dort ist das Frankfurter Standesamt *(civil marriage registry)*.

    ____

H. Was wird aus diesem Gebäude? Auf Deutsch bitte!

1. *The building hasn't been torn down yet.*

   ____

2. *Why not? Have the plans been changed?*

   ____

3. *What will they do now?*

   ____

Name ______________________ Datum ______________________ Kurs ______________________

4. *It's getting dark, and my train will leave soon.*

____

5. *I'll explain everything to you tomorrow.*

____

6. *I know that it will not be easy to tear it down.*

____

7. *People will protest and do everything against it.*

____

I. Lyonel Feininger Lesen Sie den folgenden Text und machen Sie dann sechs bis acht Aussagen über diesen Künstler im Konjunktiv!

1. Lyonel Feininger (1871–1956) war ein berühmter deutsch-amerikanischer Maler, Grafiker und Karikaturist, der zwischen 1906 und 1937 immer wieder in Weimar war. 2. Dort war er auch eine Weile Direktor an der Staatlichen Kunstschule (Bauhaus). 3. Seine abstrakten Bilder von Kirchen und Dörfern in der Weimarer Umgebung sowie eigene Karikaturen haben viele zeitgenössische *(contemporary)* Künstler beeinflusst. 4. 1924 gründete *(founded)* er mit Künstlern wie Paul Klee und Wassily Kandinsky die Ausstellungsgruppe „Blaue Vier". 5. 1933 emigrierte Feininger mit seiner Familie in die USA, wo er als freier Maler in New York arbeitete. 6. Dort wurde er besonders bekannt durch seine Comic-Serien *The Kin-der-Kids* and *Wee Willie Winki's World*, die zu den Klassikern des Genres zählen. 7. Die Nazis sahen seine Bilder als „entartete *(degenerate)* Kunst".

BEISPIEL: *Ich habe gelesen, dass er ein berühmter deutsch-amerikanischer Künstler gewesen sei.*
Er habe . . .
Er sei . . .

____

____

____

____

____

____

____

____

____

____

____

____

____

____

____

____

Name ______________________ Datum ______________________ Kurs ______________________

J. Sprichwörter *(Proverbs)* Lesen Sie sie und finden Sie die englische Version auf der Liste!

_____ 1. Lieber einen Spatz *(sparrow)* in der Hand als eine Taube *(pigeon)* auf dem Dach.

_____ 2. Rom ist nicht an einem Tag gebaut worden.

_____ 3. Es ist noch kein Meister vom Himmel gefallen.

_____ 4. Der Apfel fällt nicht weit vom Stamm *(stem)*.

_____ 5. Was Hänschen nicht lernt, lernt Hans nimmermehr *(nevermore)*.

_____ 6. Viele Köche verderben *(spoil)* den Brei *(porridge)*.

_____ 7. Lügen *(lies)* haben kurze Beine.

_____ 8. Ohne Fleiß kein Preis.

_____ 9. Morgenstund' hat Gold im Mund.

_____ 10. Morgen, morgen, nur nicht heute, sagen alle faulen Leute.

_____ 11. Wie man sich bettet, so liegt man.

_____ 12. Wo ein Wille ist, ist auch ein Weg.

_____ 13. Wer den Pfennig nicht ehrt, ist den Taler nicht wert.

_____ 14. Ende gut, alles gut.

_____ 15. Übung macht den Meister.

a. *A bird in the hand is worth two in the bush.*
b. *All's well that ends well.*
c. *He's a chip off the old block.*
d. *He who doesn't value a penny, isn't worth a dollar.*
e. *If you don't learn it when you're young, you'll never learn it.* (i.e., *You can't teach an old dog new tricks.*)
f. *Lies have short legs. (The truth will come out.)*
g. *No man is born a master of his craft.*
h. *No pain, no gain.*
i. *Practice makes perfect.*
j. *Rome wasn't built in a day.*
k. *The early bird catches the worm.*
l. *Tomorrow, tomorrow, not today, all the lazy people say.*
m. *Too many cooks spoil the broth.*
n. *Where there's a will, there's a way.*
o. *You've made your bed, lie in it!*

Name ____________________ Datum ____________________ Kurs ____________________

K. Situationen Welches Sprichwort passt dazu?

1. Arnold ist gerade Manager einer Bankfiliale *(branch)* geworden und hat jetzt ein sehr gutes Einkommen. Sein Chef *(boss)* hält viel von ihm. Warum? Arnold ist jahrelang früh ins Büro gekommen und hat seine Arbeit immer gut gemacht. Wenn die anderen Angestellten kamen, hatte er schon viel fertig.

   ____

   ____

2. Thomas muss sein Zimmer putzen, aber immer wieder sagt er „Später!" Drei Tage später sagt er immer noch „Ich habe jetzt keine Zeit." Da denkt sich sein Mitbewohner:

   ____

   ____

3. Der 10-jährige Sebastian wollte gern ein neues Fahrrad. Weil er aber in der Schule nicht gerade fleißig war, waren seine Noten nicht besonders gut. Sein Vater versprach ihm ein neues Fahrrad, wenn seine Noten besser würden. Es dauerte eine Weile, aber nach einem Jahr konnte er stolz auf einem tollen neuen Fahrrad zur Schule fahren.

   ____

   ____

4. Maria ist frustriert, weil sie für ihre Klavierstunden so viel üben muss. Das, was sie übt, macht ihr keinen Spaß, weil ihre Freundinnen schon viel besser spielen können. Am liebsten würde sie aufhören, Klavier zu spielen. Da sagt ihre Lehrerin:

   ____

   ____

5. Petra und ihr Mann Oskar kochen beide gern. Oskar wollte Kartoffelsuppe machen und fing damit an, aber nach einer Weile wurde er ans Telefon gerufen und Petra machte weiter. Als sie sich dann an den Tisch setzten, um ihre Suppe zu essen, machten sie beide sauere Gesichter. Die Suppe war furchtbar salzig und scharf *(spicy)*. Beide hatten Salz und Pfeffer hineingetan.

   ____

   ____

6. Rüdiger fährt gern Auto. Er hat aber kein Auto und den Mercedes seines Vaters darf er nicht fahren. Als sein Vater auf einer Geschäftsreise war, setzte er sich trotzdem ins Auto und fuhr damit in die Stadt. Und dann ist es beim Parken passiert: ein großer Kratzer *(scratch)*! „Ich weiß nicht, woher der Kratzer kommt. Ich habe dein Auto nicht gefahren", sagt er seinem Vater. Aber die Nachbarin hat alles gesehen und erzählt Rüdigers Mutter davon beim Kaffeeklatsch.

   ____

   ____

I. Bericht: Bei uns in . . . Berichten Sie, was man in einer Stadt, die Sie gut kennen, macht oder gemacht hat! Sind Gebäude abgerissen oder renoviert worden? Ist viel gebaut worden und wo wird immer noch gebaut? Ist die Stadt dadurch schöner geworden? Was wäre noch zu tun?

Rückblick: Kapitel 12–15

I. Comparison

1. The comparative is formed by adding **-er** to an adjective; the superlative by adding **-(e)st.** Many one-syllable adjectives and adverbs with the stem vowel **a, o,** or **u** have an umlaut.

Positive	Comparative	Superlative
schnell	schneller	schnellst-
lang	länger	längst-
kurz	kürzer	kürzest-

A few adjectives and adverbs have irregular comparative and superlative forms.

Positive	Comparative	Superlative
gern	lieber	liebst-
groß	größer	größt-
gut	besser	best-
hoch	höher	höchst-
nah	näher	nächst-
viel	mehr	meist-

2. The comparative of predicate adjectives and adverbs ends in **-er;** the superlative is preceded by **am** and ends in **-sten.**

Ich esse schnell.
Du isst schnell**er.**
Er isst **am** schnell**sten.**

3. In the comparative and superlative, adjectives preceding nouns have the same endings under the same conditions as adjectives in the positive form.

der gute	Wein	der bessere	Wein	der beste	Wein
Ihr gut**er**	Wein	Ihr besser**er**	Wein	Ihr best**er**	Wein
gut**er**	Wein	besser**er**	Wein	best**er**	Wein

4. Here are four important phrases used in comparisons:

Gestern war es nicht **so heiß wie** heute.	*. . . as hot as . . .*
Heute ist es **heißer als** gestern.	*. . . hotter than . . .*
Es wird **immer heißer.**	*. . . hotter and hotter.*
Je länger du wartest, **desto heißer** wird es.	*The longer . . . , the hotter . . .*
Je heißer, desto besser.	*The hotter, the better.*

II. Relative clauses

1. Relative clauses are introduced by relative pronouns.

	masc.	neut.	fem.	plural
nom.	der	das	die	die
acc.	den	das	die	die
dat.	dem	dem	der	**denen**
gen.	**dessen**	**dessen**	**deren**	**deren**

The form of the relative pronoun depends ON THE NUMBER AND GENDER OF THE ANTECEDENT and on the FUNCTION of the relative pronoun WITHIN THE RELATIVE CLAUSE.

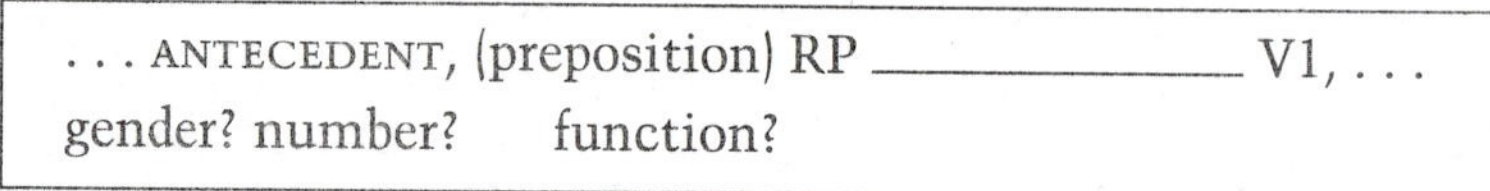

2. The word order in the relative clause is like that of all subordinate clauses: the inflected part of the verb (V1) comes last.

. . . , RP ____________ V1, . . .

Der junge Mann, **der** gerade hier **war,** studiert Theologie.
Die Universität, **an der** er **studiert,** ist schon sehr alt.

III. The future tense

1. The future consists of a present tense form of **werden** plus an infinitive.

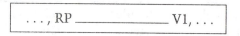

werden . . . + infinitive	
ich werde . . . gehen	wir werden . . . gehen
du wirst . . . gehen	ihr werdet . . . gehen
er wird . . . gehen	sie werden . . . gehen

Er **wird** es dir **erklären.**

2. The future of a sentence with a modal follows this pattern:

werden . . . + verb infinitive + modal infinitive

Er **wird** es dir **erklären können.**

IV. Subjunctive

English and German follow very similar patterns in the subjunctive.

If he came . . .	Wenn er käme, . . .
If he had come . . .	Wenn er gekommen wäre, . . .

German, however, has two subjunctives, the GENERAL SUBJUNCTIVE (SUBJUNCTIVE II) and the SPECIAL SUBJUNCTIVE (SUBJUNCTIVE I); the latter is primarily used in writing. The endings of both subjunctives are the same.

ich	**-e**	wir	**-en**
du	**-est**	ihr	**-et**
er	**-e**	sie	**-en**

1. **Forms**

a. GENERAL SUBJUNCTIVE (II)

present time or future time		past time
Based on the forms of the simple past; refers to *now / later*	Based on the forms of **werden** + infinitive; refers to *now / later*	Based on the forms of the past perfect; refers to *earlier*
er **lernte** brächte hätte wäre nähme käme	er **würde lernen** würde bringen (würde haben) (würde sein) würde nehmen würde kommen	er **hätte gelernt** hätte gebracht hätte gehabt wäre gewesen hätte genommen wäre gekommen

- In conversation, the **würde**-form is commonly used when referring to present time. However, avoid using the **würde**-form with **haben, sein, wissen,** and the modals.

Er **würde** es dir **erklären.**
Du **wärest** stolz darauf.

- Modals in the past-time subjunctive follow this pattern:

hätte . . . + verb infinitive + modal infinitive

Er **hätte** es dir **erklären können.**

b. SPECIAL SUBJUNCTIVE (I)

present time	future time	past time
Based on the forms of the infinitive; refers to *now / later*	Based on the forms of the future; refers to *later*	Based on the forms of the present perfect; refers to *earlier*
er **lerne** bringe habe sei nehme komme	er **werde lernen** werde bringen werde haben werde sein werde nehmen werde kommen	er **habe gelernt** habe gebracht habe gehabt sei gewesen habe genommen sei gekommen

2. **Use**

a. The GENERAL SUBJUNCTIVE is quite common in everyday speech and is used in the following situations.

- Polite requests or questions

Könnten Sie mir sagen, wo die Uni ist? *Could you tell me where the university is?*

- Hypothetical statements or questions

Er sollte bald hier sein. *He should be here soon.*
Was würdest du tun? *What would you do?*
Was hättest du getan? *What would you have done?*

- Wishes

Wenn ich das nur wüsste!	*If only I knew that!*
Wenn ich das nur gewusst hätte!	*If only I had known that!*
Ich wünschte, ich hätte das gewusst!	*I wish I had known that!*

- Unreal conditions

Wenn wir Geld hätten, würden wir fliegen.	*If we had the money, we'd fly.*
Wenn wir Geld gehabt hätten, wären wir geflogen.	*If we had had the money, we would have flown.*

- Indirect speech (*see* Section V)

b. The SPECIAL SUBJUNCTIVE is used primarily for indirect speech in news reports and in formal writing, unless the form of the indicative is the same as the subjunctive, in which case the general subjunctive is used.

ich komme = ich **komme** → ich **käme**
ich frage = ich **frage** → ich **würde fragen**

V. Indirect speech

The tense of the indirect statement is determined by the tense of the direct statement.

direct statement	indirect statement
present tense	→ present-time subjunctive or **würde-**form
future tense	→ **würde-**form or **werde-**form
simple past present perfect past perfect	→ past-time subjunctive

„Ich komme nicht."	Sie sagte, sie käme (komme) nicht.
	Sie sagte, sie würde nicht kommen.
„Ich werde nicht kommen."	Sie sagte, sie würde (werde) nicht kommen.
„Ich hatte keine Lust."	Sie sagte, sie hätte (habe) keine Lust gehabt.
„Ich bin nicht gegangen."	Sie sagte, sie wäre (sei) nicht gegangen.
„Ich hatte nichts davon gewusst."	Sie sagte, sie hätte (habe) nichts davon gewusst.

This is also true of questions. Remember to use **ob** when the question begins with the verb.

„Kommt sie mit?"	Er fragte, ob sie mitkäme (mitkomme).
	Er fragte, ob sie mitkommen würde.
„Wird sie mitkommen?"	Er fragte, ob sie mitkommen würde (werde).
„Wo war sie?"	Er fragte, wo sie gewesen wäre (sei).
„Warum hat sie mir nichts davon gesagt?"	Er fragte, warum sie ihm nichts davon gesagt hätte (habe).

Indirect requests require the use of **sollen.**

„Frag nicht so viel!"	Er sagte, sie sollte (solle) nicht so viel fragen.

VI. The passive voice

In the active voice, the subject of the sentence is doing something. In the passive voice, the subject is not doing anything; rather, something is being done to it.

1. Forms

***werden* . . . + past participle**	
ich werde . . . gefragt	wir werden . . . gefragt
du wirst . . . gefragt	ihr werdet . . . gefragt
er wird . . . gefragt	sie werden . . . gefragt

2. The tenses in the passive are formed with the various tenses of **werden** + past participle.

er **wird** . . . gefragt	er **ist** . . . gefragt **worden**
er **wurde** . . . gefragt	er **war** . . . gefragt **worden**
er **wird** . . . gefragt **werden**	

Das ist uns nicht erklärt worden.

3. Modals follow this pattern:

modal . . . + past participle + infinitive of **werden**

Das muss noch einmal erklärt werden.

4. In German, the passive is often used without a subject or with **es** functioning as the subject.

Hier wird viel renoviert.

Es wird hier viel renoviert.

5. Instead of using the passive voice, the same idea may be expressed in the active voice with the subject **man.**

Man hat alles noch einmal erklärt.

VII. Review of the uses of *werden*

1. FULL VERB:	Er **wird** Arzt.	*He's going to be a doctor.*
2. FUTURE:	Ich **werde** danach **fragen.**	*I'll ask about it.*
3. SUBJUNCTIVE:	Ich **würde** danach **fragen.**	*I'd ask about it.*
4. PASSIVE:	Er **wird** danach **gefragt.**	*He's (being) asked about it.*

Name ______________________ Datum ______________________ Kurs ______________

WORTSCHATZWIEDERHOLUNG

A. Was ist der Artikel dieser Wörter? Was bedeuten sie auf Englisch?

1. ____ Haushaltsgeld ______________________
2. ____ Chemielabor ______________________
3. ____ Zwischenprüfungsnote ______________________
4. ____ Rechtsanwaltsfirma ______________________
5. ____ Liebesgeschichte ______________________
6. ____ Berglandschaft ______________________
7. ____ Hals-Nasen-Ohrenarzt ______________________
8. ____ Berufsentscheidungsproblem ______________________
9. ____ Lebenserfahrung ______________________
10. ____ Wintersemestervorlesungsverzeichnis ______________________

B. Was passt?

1. **Nennen Sie das Verb dazu!**

a. der Gedanke ______________
b. der Plan ______________
c. der Traum ______________
d. der Verkäufer ______________
e. der Versuch ______________
f. der Wunsch ______________
g. das Gebäude ______________
h. die Erklärung ______________

2. **Nennen Sie das Gegenteil davon!**

a. arm ______________
b. dick ______________
c. faul ______________
d. furchtbar ______________
e. hässlich ______________
f. hell ______________
g. langweilig ______________
h. privat ______________
i. schmutzig ______________
j. schwierig ______________
k. abreißen ______________
l. aufhören ______________
m. schützen ______________
n. suchen ______________
o. verbieten ______________
p. vergessen ______________
q. der Krieg ______________
r. das Nebenfach ______________
s. die Sicherheit ______________

Name ______________ Datum ______________ Kurs ______________

STRUKTURWIEDERHOLUNG

C. Vergleiche

1. **Nennen Sie den Komparativ und den Superlativ!**

BEISPIEL Lang *länger, am längsten*

a. berühmt ______________
b. dumm ______________
c. faul ______________
d. gern ______________
e. groß ______________
f. gut ______________
g. heiß ______________
h. hoch ______________
i. nahe ______________
j. hübsch ______________
k. kalt ______________
l. kurz ______________
m. nett ______________
n. sauber ______________
o. stolz ______________
p. schwierig ______________
q. viel ______________
r. warm ______________

2. **Was fehlt?**

a. Wir wohnen jetzt in einer ______________ Stadt. *(smaller)*
b. Die Umgebung ist ______________ bei euch. *(more beautiful than)*
c. Die Leute sind ______________. *(more friendly)*
d. Peter hat ______________ Arbeitsstunden. *(longer)*
e. Dafür hat er aber ein ______________ Gehalt. *(higher)*
f. Er hat auch ______________ Kollegen (pl.). *(nicer)*
g. Man gibt ihm jetzt die ______________ Freiheit. *(greatest)*
h. Sie wissen, dass er die ______________ und ______________ Ideen hat. *(most, best)*
i. ______________ er hier ist, ______________ gefällt es ihm. *(the longer, the better)*
j. Die Häuser kosten ______________ bei euch. *(less than)*
k. Die Lebensmittel kosten allerdings ______________ bei euch. *(just as much as)*

D. Wer ist das? Bilden Sie Relativsätze!

BEISPIEL die Dame, ______________, . . . / Sie wohnt im dritten Stock.
Die Dame, die im dritten Stock wohnt, . . .

1. **der Freund, ______________, . . .**

a. Er war gerade hier.

____

b. Du hast ihn kennengelernt.

____

c. Ihm gehört das Haus in der Goethestraße.

____

d. Seine Firma ist in Stuttgart.

____

2. **die Ärztin, ______________, . . .**
   a. Ihre Sekretärin hat uns angerufen.

   ____

   b. Sie ist hier neu.

   ____

   c. Wir haben durch sie von dem Programm gehört.

   ____

   d. Ich habe mit ihr gesprochen.

   ____

3. **das Gebäude, ______________, . . .**
   a. Ihr werdet es bald sehen.

   ____

   b. Du bist an dem Gebäude vorbeigefahren.

   ____

   c. Es steht auf der Insel.

   ____

   d. Man hat von dem Gebäude einen Blick auf die Berge.

   ____

4. **die Leute, ______________, . . .**
   a. Sie sehen aus wie Amerikaner.

   ____

   b. Dort steht ihr Bus.

   ____

   c. Die Landschaft hier gefällt ihnen so gut.

   ____

   d. Du hast dich für sie interessiert.

   ____

   e. Du hast mit ihnen gesprochen.

   ____

E. Reise nach Basel Sagen Sie die Sätze in der Zukunft!

1. Wir nehmen an einer Gruppenreise teil.

   ____

2. Das ist billiger.

   ____

Name ______________________ Datum ______________________ Kurs ______________

3. Ich muss ihnen das Geld bald schicken.

____

4. Meine Tante versucht, uns in Basel zu sehen.

____

5. Wo trefft ihr euch?

____

6. Das muss sie mir noch sagen.

____

F. Konjunktiv: Zu Besuch und in den Bergen

1. **Konjunktiv der Gegenwart oder die *würde*-Form** Bilden Sie ganze Sätze im Konjunktiv!

   a. ich / mich / fühlen / besser // wenn / die / Arbeit / sein / fertig

   ____

   b. das / sein / schön

   ____

   c. ihr / können / uns / dann / besuchen

   ____

   d. ich wünschte // Rolf / haben / mehr Zeit

   ____

   e. wenn / ich / nur / können / sich gewöhnen / daran!

   ____

   f. erklären / können / du / mir / das?

   ____

   g. ich wünschte // er / nicht / reden / so viel am Telefon

   ____

   h. was / du / tun?

   ____

2. **Konjunktiv der Vergangenheit** Bilden Sie ganze Sätze im Konjunktiv!

   a. wir / nicht / sollen / in / Berge / fahren

   ____

   b. ich wünschte // sie *(sg.)* / zu Hause / bleiben

   ____

   c. das / sein / einfacher

   ____

   d. wenn / wir / nur / nicht / wandern / so viel!

   ____

e. wenn / du / mitnehmen / bessere Schuhe // die Füße / wehtun / dir / nicht

____

f. du / sollen / mich / erinnern / daran

____

g. ich / es / finden / schöner // wenn / ich / bleiben / zu Hause

____

G. Verben Variieren Sie den Satz auf Deutsch!

Ich studiere hier.

I'll study here. I'd study there. Would you (sg. fam.) *like to study there? I wish I could study there. She could have studied there. If I study there, my German will get better. If I were to study there, I could visit you* (pl. fam.). *I should have studied there.*

____

____

____

____

____

H. Indirekte Rede Ein Brief von David aus Amerika!

„Ich habe eine nette Wohnung. Mein Mitbewohner ist aus New York. Ich lerne viel von ihm. Ich spreche nur Englisch mit ihm. Manchmal gehe ich auch zu Partys. Da lernt man leicht Leute kennen. Die meisten Studenten wohnen im Studentenwohnheim. Studentenwohnheime sind mir aber zu groß. Die Kurse und Professoren sind ausgezeichnet. Ich muss viel lesen und es gibt viele Prüfungen, aber eigentlich habe ich keine Probleme."

1. **Erzählen Sie, was David geschrieben hat!** Benutzen Sie dabei den Konjunktiv der Gegenwart *(present-time subjunctive)*!

   BEISPIEL *David schrieb, er hätte eine nette Wohnung. Sein Mitbewohner wäre aus New York . . .*

   ____

   ____

   ____

   ____

   ____

   ____

   ____

   ____

   ____

2. **Was schrieb David damals über seine Zeit in Amerika?** Benutzen Sie dabei den Konjunktiv der Vergangenheit *(past-time subjunctive)*!

BEISPIEL *David schrieb, er hätte eine nette Wohnung gehabt. Sein Mitbewohner wäre aus New York gewesen . . .*

______

I. An der Universitat ist viel los. Wiederholen Sie die Sätze im Passiv!

1. Viele Studenten besuchen diese Universität.

______

2. Dieses Jahr renoviert man zwei der Studentenwohnheime.

______

3. Man baut ein neues Theater.

______

4. In dem alten Theater hat man viele schöne Theaterstücke gespielt.

______

5. Am Wochenende haben sie dort auch Filme gezeigt.

______

6. In der Mensa sprach man dann darüber.

______

7. Man wird das neue Theater am 1. Mai eröffnen.

______

8. Man muss diesen Tag unbedingt feiern.

______

Name ______________________ Datum ___________________________ Kurs __________________

J. Ein Jahr Deutsch! Auf Deutsch bitte!

1. *Now I have finished* **(fertig werden mit)** *my first year of German.* 2. *I've really learned a lot.* 3. *I never would have thought that that could be so much fun.* 4. *Not everything has been easy.* 5. *I had to learn many words.* 6. *Many questions had to be answered.* 7. *Soon we'll have our last exam.* 8. *Because I've always prepared (myself) well, I don't have to work so hard* **(schwer)** *now.* 9. *After the exam, we will be celebrating.* 10. *I've been invited to a party by a couple of friends.* 11. *If I had the money, I'd fly to Europe now.* 12. *Then I could visit many of the cities we read about, and I could speak German.*

____

____

____

____

____

____

____

____

____

____

____

____

K. Was fehlt?

1. Ich finde dieses Buch am _____.
   a. interessant b. interessanter c. interessanten d. interessantesten
2. Das ist der _____ Laptop.
   a. teuer b. teurer c. teuerste d. teuersten
3. Den _____ Leuten gefällt es hier.
   a. meisten b. meistens c. am meisten d. meiste
4. Der rote Pullover ist nicht _____ der graue Pullover.
   a. so warm wie b. wärmer c. am wärmsten d. immer wärmer
5. Er ist ein _____ typisch _____ Beamt _____.
   a. -er, -er, -er b. -en, -en, -en c. er, -er, -er d. —, -er, -er
6. Hast du gewusst, dass Andreas _____ Schweizer ist?
   a. ein b. einen c. —
7. Ist Karin _____?
   a. ein Beamter b. der Beamte c. Beamtin
8. Das sind die Geschäftsleute, von _____ er gesprochen hat.
   a. die b. wem c. deren d. denen
9. Da drüben ist das Gebäude, in _____ mein Büro ist.
   a. das b. der c. dem d. denen
10. Ist das der Krimi, _____ dir so gut gefallen hat?
   a. der b. dem c. den d. wer

11. Kennen Sie eine Rechtsanwältin, mit ____ ich darüber sprechen kann?
 a. wem b. der c. dem d. denen

12. Wie heißt die Professorin, ____ Biologiekurs dir so gut gefallen hat?
 a. der b. deren c. dessen d. denen

13. Wenn wir Veras Telefonnummer hätten, ____ wir sie einladen.
 a. werden b. wollen c. würden d. wären

14. Ich wünschte, ich ____ mit euch ins Kino gehen.
 a. kann b. konnte c. könnte d. kannte

15. Wenn wir am Wochenende Zeit haben, ____ wir aufs Land.
 a. fahren b. fuhren c. führen d. würden

16. Wenn er mich nur helfen ____!
 a. ließe b. ließ c. läse d. las

17. Wenn du früher ins Bett ____, wärest du nicht so müde.
 a. gehst b. gingst c. gingest d. gehest

18. Sie sagte, sie ____ ihr Auto am Dom geparkt.
 a. hat b. hatte c. hätte d. würde

19. Ich wünschte, ich ____ früher aufgestanden.
 a. war b. wäre c. habe d. hätte

20. Das hättest du mir wirklich sagen ____.
 a. kannst b. könntest c. gekonnt d. können

21. Diese Burg ist im 18. Jahrhundert zerstört ____.
 a. würde b. wird c. geworden d. worden

22. Erika ist endlich wieder gesund ____.
 a. würde b. wurde c. geworden d. worden

23. Dieses Gebäude wird nächstes Jahr renoviert ____.
 a. werden b. geworden c. worden d. wurde

24. Das ____ uns nicht gut erklärt worden.
 a. wird b. ist c. hat d. sein

25. ____ ihr Deutsch belegen?
 a. Wird b. Würde c. Werdet d. Wirst

26. Die Rechnung muss noch bezahlt ____.
 a. sein b. werden c. worden d. wurden

Answer Key: Rückblicke

SCHRITTE

A. 1i, 2l, 3g, 4a, 5n, 6b, 7k, 8e, 9o, 10c, 11q, 12d, 13p, 14j, 15h, 16r, 17m, 18f

B. 1c, 2b, 3c, 4b, 5c, 6a

C. 1. Guten Morgen! Bitte öffnen Sie das Buch auf Seite 10! 2. Verstehen Sie das? 3. Ja, aber lesen Sie bitte langsam! 4. Wie ist das Wetter? 5. Es regnet, nicht wahr? 6. Nein, die Sonne scheint. 7. Wirklich? Das finde ich wunderbar. 8. Wie spät ist es? 9. Es ist Viertel vor zwölf. 10. Danke! — Bitte (schön)! 11. Wann essen Sie? 12. Um halb eins. Auf Wiedersehen! / Tschüss!

Kapitel 1–3

A. 1. verkaufen 2. sagen / antworten 3. gehen 4. südlich 5. im Osten 6. geschlossen / zu 7. nichts 8. teuer 9. dünn 10. klein 11. langsam 12. furchtbar

B. 1. die 2. das 3. der 4. die 5. die 6. die 7. das 8. der 9. der

C. 1. Familie 2. Abendessen 3. Löffel 4. Obst 5. Gemüse 6. Großvater, Onkel 7. Bleistift, Kuli, Papier 8. Mantel, Jacke 9. die Mensa 10. das Café 11. das Kleidergeschäft / das Kaufhaus

D.
1. Wir trinken Saft. Trinkt ihr Saft? Sie trinkt keinen Saft.
2. Ich antworte den Leuten. Sie antworten den Leuten. Antwortet sie den Leuten? Antworten Sie den Leuten! Antworten Sie den Leuten nicht! Warum antwortet ihr den Leuten nicht?
3. Sie fahren nach Stuttgart. Warum fährt sie nach Stuttgart? Ich fahre nicht nach Stuttgart. Fahrt ihr nach Stuttgart? Fahren Sie nach Stuttgart! Fahren Sie nicht nach Stuttgart!
4. Wer isst Fisch? Esst ihr Fisch? Sie essen keinen Fisch. Essen Sie Fisch!
5. Ich werde müde. Sie wird nicht müde. Werden Sie nicht müde! Wer wird müde? Wir werden auch müde.
6. Ich habe Hunger. Habt ihr Hunger? Wer hat Hunger? Sie haben Hunger. Sie haben keinen Hunger. Wir haben Hunger.
7. Ihr seid sehr groß. Sie sind nicht sehr groß. Ich bin sehr groß. Ist er nicht groß?

E.
1. Herr Schmidt ist Österreicher. Nein, er ist aus der Schweiz. Ist Frau Bayer Österreicherin? Sie ist auch nicht Österreicherin. Sie sagen, Frau Klein ist Amerikanerin. Joe ist auch Amerikaner.
2. Hier gibt es einen Fluss (ein Restaurant, keine Mensa, keinen See). Hier gibt es Berge (Bäckereien, Seen, keine Geschäfte, keine Cafés).
3. Wem gehört das Geschäft? Was gehört dem Großvater? Sie sagt, es gehört nicht dem Bruder. Es gehört nicht der Tante.
4. Was bringt er der Freundin? Wem bringt er Blumen? Wer bringt Blumen? Warum bringt er Blumen? Bringt er der Freundin keine Blumen? Sie bringen den Kindern ein paar Plätzchen. Bringt sie den Freunden eine Flasche Wein? Er bringt den Nachbarn Äpfel. Ich bringe den Schwestern ein paar Bücher.

F. durch die Stadt / das Kaufhaus / den Supermarkt
für den Kuchen / den Vater / den Jungen / die Eltern / die Familie
gegen die Leute / das Restaurant / die Bedienung / den Ober / die Menschen
ohne das Essen / die Speisekarte / den Pudding / den Herrn / die Geschwister
um das Geschäft / den Markt / die Mensa / den Tisch
aus der Flasche / den Gläsern / dem Supermarkt / der Bäckerei / dem Café
außer dem Bruder / den Eltern / der Schwester / den Leuten / dem Studenten
bei dem Supermarkt / der Apotheke / dem Nachbarn / der Familie
mit dem Herrn / der Freundin / dem Löffel / dem Messer / der Gabel
nach dem Frühstück / dem Mittagessen / der Vorlesung / dem Kaffee
seit dem Abendessen / dem Frühling / der Zeit
von dem Ober / der Tante / den Kindern / der Mutter / der Studentin

zu dem Restaurant / der Mensa / dem Markt / der Apotheke

G. 1. Heute gibt es keinen Schokoladenpudding. 2. Der Junge hilft dem Vater nicht. 3. Ich sehe den Ober nicht. 4. Ich habe kein Messer. 5. Wir brauchen heute keine Milch. 6. Wir gehen nicht nach Hause. 7. Wir haben / Ich habe keine Rindsrouladen. 8. Er trinkt keinen Kaffee. 9. Sie isst nicht gern Eis. 10. Max ist nicht mein Freund. 11. Ich habe keinen Durst. 12. Heute ist es nicht sehr kalt.

H. 1. von der, zur, zum 2. zum 3. für die 4. aus 5. nach, für die, für den, für die 6. Um, zu 7. Zum 8. Nach dem 9. Um, mit den, zur 10. Bei den, mit 11. Nach dem, durch die, nach 12. ohne die 13. nach dem, seit 14. Um

I. 1d, 2a, 3a, 4b, 5c, 6b, 7c, 8a, 9c, 10b, 11d, 12b, 13a, 14d, 15d, 16d, 17b, 18b, 19d, 20d

J. 1. Herr und Frau Schmidt kommen zum Abendessen. 2. Axel und ich helfen zu Hause. 3. Er trägt die Teller und ich trage die Messer und Gabeln. 4. Was gibt's zum Nachtisch, Pudding oder Eis? 5. Ich habe keinen Pudding und kein Eis. 6. Aber ich möchte (gern) etwas zum Nachtisch! 7. Sie essen nicht gern Nachtisch. 8. Ach du meine Güte, sie sind schon hier!

Kapitel 4–7

A. 1. der Eingang 2. die Nacht 3. fragen 4. laufen / zu Fuß gehen 5. Pech haben 6. vermieten 7. aufmachen 8. jung / neu 9. unbequem 10. wunderbar / prima / toll 11. geschlossen / zu 12. dunkel 13. da / dort 14. nie 15. schwer 16. rechts 17. laut 18. schmutzig 19. oben 20. nah

B. 1. der Ausweis, -e 2. die Bank, -en 3. die Bibliothek, -en 4. das Fest, -e 5. der Garten, ¨ 6. der Gast, ¨e 7. der Gasthof, ¨e 8. das Haus, ¨er 9. das Lied, -er 10. der Koffer, - 11. die Nacht, ¨e 12. das Radio, -s 13. die Reise, -n 14. der Sessel, - 15. die Tasche, -n 16. der Weg, -e

C. 1. bno 2. hmt 3. f 4. ab 5. dgqs 6. ir 7. b 8. l 9. cps 10. kl

D. 1. wissen 2. Kennst 3. Kennt 4. kenne, weiß 5. Weißt

E. 1. Tun Sie / Tut / Tu . . . ! 2. Stellen Sie / Stellt / Stell . . . ! 3. Gehen Sie / Geht / Geh . . . ! 4. Sprechen Sie / Sprecht / Sprich . . . ! 5. Lassen Sie / Lasst / Lass . . . ! 6. Nehmen Sie / Nehmt / Nimm . . . mit! 7. Essen Sie / Esst / Iss . . . ! 8. Bleiben Sie / Bleibt / Bleib . . . ! 9. Fahren Sie / Fahrt / Fahr . . . !

F.
1. Wohin seid ihr gegangen? — Wir sind zum Museum gefahren.
2. Was hast du heute gemacht? — Ich habe meinen Koffer gepackt.
3. Wie habt ihr seinen Geburstag gefeiert? — Wir haben ihn mit einer Party überrascht.
4. Wie hat Ihnen die Landshuter Hochzeit gefallen? — Sie hat mir viel Spaß gemacht.
5. Haben Sie die Wohnung vermietet? — Ja, eine Studentin hat sie genommen.
6. Hast du gewusst, wo der Scheck gewesen ist? — Ja, er hat auf dem Schreibtisch gelegen.
7. Wie lange hat die Party gedauert? — Sie ist um 12.00 Uhr vorbei gewesen.
8. Wo sind Paula und Robert gewesen? — Sie haben eingekauft.

G.
1. Dürfen wir das Geschenk aufmachen? Wir wollen es aufmachen. Ich kann es nicht aufmachen. Er muss es aufmachen. Warum soll ich es nicht aufmachen? Möchtest du / Möchtet ihr / Möchten Sie es aufmachen?
2. Ich bin gestern angekommen. Sie kommt heute an. Wann kommen sie an? Wann ist er angekommen? Kommt er auch an? Ich weiß, dass sie morgen nicht ankommen. Sie sollen übermorgen ankommen. Ist sie schon angekommen?
3. Er fragt Sie. Sie fragt ihn. Fragen sie uns? Ja, sie fragen dich. Wir fragen euch. Fragt sie nicht! Hast du sie gefragt? Haben sie dich nicht gefragt? Habt ihr mich gefragt?
4. Ihm gefällt unser Museum. Gefällt Ihnen dieses Museum? Ihnen gefällt ihr Museum nicht. Welches Museum gefällt dir? Mir gefällt so ein Museum. / So ein Museum gefällt mir. Warum gefallen euch keine Museen? Mir haben solche Museen nie gefallen. Ihm gefällt jedes Museum.
5. Es tut ihr leid. Es tut ihm nicht leid. Tut es dir / euch / Ihnen leid? Es hat mir leid getan. Es hat ihnen leid getan.

H. 1. vor dem / das Haus; in dem (im) / in das (ins) Gästezimmer; neben dem / das

Sofa; hinter dem / den Sessel; unter dem (unterm) / unter den Tisch; zwischen dem / den Stuhl und dem / das Bett
2. neben die / der Gabel; auf den / dem Teller; in die / der Küche; in das (ins) / in dem (im) Esszimmer; zwischen die / der Butter und den / dem Käse

I. 1. Ich lerne Deutsch, weil meine Großeltern aus Deutschland sind.
2. Sie möchte wissen, ob du schon einmal in Deutschland gewesen bist.
3. Ich sage ihr, dass ich im Sommer dort gewesen bin.
4. Ich möchte gern wieder einmal nach Deutschland, aber so eine Reise ist nicht billig.
5. Braucht man Hotelreservierungen, wenn man nach Deutschland fährt?
6. Obwohl man keine Reservierung braucht, hat es manchmal lange gedauert, bis ich ein Zimmer gefunden habe.
7. Einmal habe ich bei einer Kusine übernachtet und eine Nacht habe ich im Zug geschlafen.
8. Man muss alles gut planen, wenn man nach Deutschland fahren möchte.

J. 1. aber 2. aber 3. sondern 4. aber 5. sondern

K. 1. Am 2. mit dem 3. aufs 4. in einem 5. auf einem 6. in den 7. durch den 8. an einen / zu einem 9. unter einen 10. in dem (im) 11. aus dem 12. zwischen den 13. unter dem 14. auf der 15. hinter dem 16. in der 17. in die 18. auf die 19. zwischen die 20. unter den 21. mit der 22. zu dem (zum) 23. in das (ins) 24. mit den 25. aus den 26. aus der 27. aus dem 28. aus der

L. 1c, 2b, 3c, 4c, 5b, 6b, 7b, 8a, 9a, 10b, 11a, 12a, 13a, 14c, 15c, 16b, 17b, 18b, 19a, 20a, 21b, 22d, 23b, 24b, 25d

M. 1. Wie gefallen euch eu(e)re Zimmer? 2. Mir gefällt mein Zimmer. / Mein Zimmer gefällt mir. 3. Man kann nicht nur die Stadt sehen, sondern auch den See. 4. Wisst ihr, dass mein Zimmer sogar einen Fernseher hat? 5. Welches Zimmer hast du? 6. Sieh da drüben, das Zimmer neben dem Eingang! 7. Was machen / tun wir jetzt? 8. Nichts. Ich muss mit eu(e)rem Vater sprechen. 9. Und ihr müsst ins Bett (gehen), weil wir morgen früh aufstehen müssen / denn morgen müssen wir früh aufstehen. 10. Wir sitzen nur im Auto und dürfen nichts machen / tun. 11. Wohin wollt ihr (gehen)? 12. Ich kenne ein Hotel am See, wo man tanzen kann. 13. Wann kommt ihr zurück? 14. Wann sollen wir zurückkommen? 15. Wo sind die Autoschlüssel? 16. Gib sie mir! 17. Hast du meine Schlüssel gesehen? 18. Wer hat sie zuletzt gehabt? 19. Ich habe sie nicht genommen. 20. Wo bist du zuletzt gewesen?—Ich weiß nicht.

Kapitel 8–11

A. 1. a. die Fahrt b. der Flug c. der Maler / das Gemälde d. das Geschenk e. die Sprache f. der Verkäufer / der Verkauf g. der Freund h. die Woche i. der Sport j. die Liebe
2. a. mit dem Wagen b. in einer halben Stunde c. anfangen d. zu Fuß gehen e. anrufen f. herrlich / fantastisch / toll
3. a. aussteigen b. verlieren c. lachen d. sich ausziehen e. sich freuen f. aufstehen g. faul h. krank i. hässlich j. langweilig k. schwer 1. traurig

B. 1. gewinnen 2. hässlich 3. verschieden 4. das Gemälde 5. gewöhnlich

D. 1. Halten Sie sich fit? Sie halten sich nicht fit. Wie hat sie sich fit gehalten? Halte dich / Haltet euch / Halten Sie sich fit! Ich möchte mich fit halten. Wir müssen uns fit halten. Wir mussten uns fit halten.
2. Wir erkälten uns wieder. Erkälte dich / Erkältet euch / Erkälten Sie sich nicht wieder! Sie haben sich wieder erkältet. Sie möchte / will sich nicht wieder erkälten. Wir hatten uns wieder erkältet. Warum erkältest du dich immer? Sie haben sich immer erkältet.

E. 1. Du musst dich anziehen. 2. (Zu)erst möchte / will ich mich duschen und mir die Haare waschen. 3. Und du musst dich rasieren. 4. Warum beeilt ihr euch nicht? 5. Hört euch das an! 6. Er hat sich geärgert und sich hingesetzt.

G. 1. ein Geschenk zu kaufen 2. ihm zu schreiben 3. ein Buch anzufangen 4. alle einzuladen 5. früh aufzustehen 6. immer aufzupassen 7. sich fit zu halten 8. eine Sprache zu lernen

Name ______________________ Datum ______________________ Kurs ______________________

H. 1. Wohin seid ihr gegangen?—Wir haben Onkel Willi besucht.
2. Was hast du heute gemacht?—Ich bin schwimmen gegangen.
3. Wie hat Ihnen das Stück gefallen?—Es ist wirklich ausgezeichnet gewesen.
4. Warum hat sie sich so beeilt?—Die Vorstellung hat um acht angefangen.
5. Hast du gewusst, dass er ein sehr guter Schwimmer (gewesen) ist? — Nein, er hat nicht viel von sich gesprochen.

I. 1. Wir hatten damals nicht daran gedacht. 2. Daniela und Yvonne waren zum Schwimmbad gegangen. 3. Wir hatten uns warm angezogen. 4. Er hatte mir das schon zweimal versprochen. 5. Das Auto war plötzlich stehen geblieben. 6. Das war nicht so lustig gewesen. 7. Aber das hatte er verdient.

J. 1. -en, -en, -en, -e 2. -es, -er 3. -en, -en 4. -e, -er 5. -e, -e 6. -en, -en, — 7. -e, -en, -en, -en 8. —, -en, —, -e, -e, -e 9. -e, -e 10. -en, -e 11. -e, -en, -er, -es, -es, -en, -e 12. -e, -es, -es, -en 13. -en, -en, -en, -en, — 14. -er, —, -er

K. 1. gingen . . . aus 2. versuchten, waren 3. wollten, konnten 4. kamen, gab 5. war 6. lief 7. gefiel, war 8. lachte, hören konnte 9. kamen, sahen 10. aßen, tranken 11. bummelten

L. 1. Als 2. wann 3. wenn 4. Als 5. wenn 6. wann

M. 1. das Ende des Wortes 2. die Farbe uns(e)res Autos 3. der Sohn meines Onkels 4. der Eingang eu(e)res Hauses 5. der Name des Komponisten 6. der Wunsch aller Kinder 7. die Taschen mancher Frauen 8. Beethovens Musik 9. Bertolt Brechts Stück 10. die Märchen der Brüder Grimm

N. 1. Worauf / Darauf; Worin / Darin; Woran / Daran; Wozu / Dazu; Wofür / Dafür; Wodurch / Dadurch; Worüber / Darüber; Wovor / Davor; Wobei / Dabei
2. a. Woran, An meine b. Wovon, Von einem c. Wovon, Von meinen d. Worauf, Auf einen, darauf e. von ihren, Davon f. an deine, an sie g. über den, Worüber h. für, dafür i. für, für sie

O. 1. übermorgen; nach dem Abendessen; sonntags; morgen früh; um halb fünf / um 4.30 Uhr; in 15 Minuten / in einer Viertelstunde; Montagmorgen; am Dienstag; im Februar; am Wochenende; am Abend; im Herbst; meistens; manchmal; jedes Jahr; jetzt; nie; eines Tages
2. von März bis Mai; bis Mittwoch; bis Freitagnachmittag; bis Viertel vor elf / 10.45 Uhr; monatelang; einen Tag

P. 1. Ihre Eltern lebten jahrelang in der Nähe von Riesa.
2. Renate hat mit anderen Mädchen in einem Schülerheim in Dresden gewohnt.
3. Am Wochenende konnte sie nicht einfach nach Hause fahren.
4. Sie hatte keine Zeit, stundenlang mit der Bahn zu fahren.
5. Dafür ist sie während der Ferien gewöhnlich zu Hause geblieben.
6. Ihre Schule soll nicht leicht gewesen sein.
7. Sie musste jeden Tag schwer arbeiten.
8. Manchmal hat sie (stundenlang) mit ihrer Freundin (stundenlang) Klavier gespielt.
9. Renate hatte sich schon immer für klassische Musik interessiert.
10. Wir haben uns eines Tages bei einem Musikwettbewerb in Weimar kennengelernt.

Q. 1. -en, -en 2. -en, -e, -en, -en, -en 3. -en, -e, -en, -en 4. -es, -er 5. -en, -en, -e, -en 6. -e 7. -er, -e

R. 1b, 2c, 3d, 4d, 5c, 6a, 7d, 8b, 9b, 10a, 11a, 12a, 13b, 14b, 15c, 16b, 17d, 18a, 19b, 20b, 21d, 22c, 23c, 24c, 25b, 26b, 27b, 28a/c, 29a, 30c

S. 1. Kurt, woran denkst du?—An meine Ferien. 2. Ich möchte mit Karl in den Bergen wandern. 3. Ich habe ihm / an ihn geschrieben und jetzt warte ich auf seinen Brief. 4. Darauf kannst du lang warten. 5. Wenn er ja sagt, bedeutet das / es nicht viel. 6. Vor zwei Jahren ist es genauso gewesen. 7. Als du die Karten gekauft hattest, wurde er plötzlich krank. 8. Er hatte sich wieder erkältet. 9. Wenn du möchtest, komme ich mit. 10. Hast du Lust, in den Bergen zu wandern?—Gern. 11. Wann können wir fahren?—Am ersten Tag der Ferien / Ferientag. 12. Wie fahren wir?—Mit dem Zug. 13. Wo übernachten wir?—In billigen Jugendherbergen. 14. Kannst du die Kamera deines Vaters / von deinem Vater mitbringen? 15. Nein, seine Kamera ist zu teuer; sie kann kaputt gehen. 16. Vielleicht nehme ich Susis Kamera. Ihre Kamera ist auch gut.

Name ______________ Datum ______________ Kurs ______________

Kapitel 12–15

A. 1. das; *housekeeping money* 2. das; *chemistry lab* 3. die; *grade for the intermediate qualifying exam* 4. die; *law firm* 5. die; *love story* 6. die; *mountain scenery* 7. der; *ear-nose-and-throat specialist / doctor* 8. das; *problem in deciding on a profession* 9. die; *life experience* 10. das; *winter semester course catalog / class schedule*

B. 1. a. denken b. planen c. träumen d. verkaufen e. versuchen f. wünschen g. bauen h. erklären

2. a. reich b. dünn c. fleißig d. wunderbar / fanastisch / toll / prima e. hübsch / schön f. dunkel g. interessant h. öffentlich i. sauber j. leicht k. (auf)bauen l. anfangen / beginnen m. schaden n. finden o. erlauben p. sich erinnern an q. der Frieden r. das Hauptfach s. die Unsicherheit

C. 1. a. berühmter, am berühmtesten b. dümmer, am dümmsten c. fauler, am faulsten d. lieber, am liebsten e. größer, am größten f. besser, am besten g. heißer, am heißesten h. höher, am höchsten i. näher, am nächsten j. hübscher, am hübschesten k. kälter, am kältesten l. kürzer, am kürzesten m. netter, am nettesten n. sauberer, am saubersten o. stolzer, am stolzesten p. schwieriger, am schwierigsten q. mehr, am meisten r. wärmer, am wärmsten

2. a. kleineren b. schöner als c. freundlicher d. längere e. höheres f. nettere g. größte h. meisten, besten i. Je länger, desto besser j. weniger als k. genauso viel wie

D. 1. **der Freund, . . .** a. der gerade hier war; b. den du kennengelernt hast; c. dem das Haus in der Goethestraße gehört; d. dessen Firma in Stuttgart ist

2. **die Ärztin, . . .** a. deren Sekretärin uns angerufen hat; b. die hier neu ist; c. durch die wir von dem Programm gehört haben; d. mit der ich gesprochen habe

3. **das Gebäude, . . .** a. das ihr bald sehen werdet; b. an dem du vorbeigefahren bist; c. das auf der Insel steht; d. von dem man einen Blick auf die Berge hat

4. **die Leute, . . .** a. die wie Amerikaner aussehen; b. deren Bus dort steht; c. denen die Landschaft hier so gut gefällt; d. für die du dich interessiert hast; e. mit denen du gesprochen hast

E. 1. Wir werden an einer Gruppenreise teilnehmen. 2. Das wird billiger sein. 3. Ich werde ihnen das Geld bald schicken müssen. 4. Meine Tante wird versuchen, uns in Basel zu sehen. 5. Wo werdet ihr euch treffen? 6. Das wird sie mir noch sagen müssen.

F. 1. a. Ich würde mich besser fühlen, wenn die Arbeit fertig wäre. b. Das wäre schön. c. Ihr könntet uns dann besuchen. d. Ich wünschte, Rolf hätte mehr Zeit. e. Wenn ich mich nur daran gewöhnen könnte! f. Könntest du mir das erklären? g. Ich wünschte, er redete nicht so viel am Telefon (würde . . . reden). h. Was tätest du (würdest du tun)?

2. a. Wir hätten nicht in die Berge fahren sollen. b. Ich wünschte, sie wäre zu Hause geblieben. c. Das wäre einfacher gewesen. d. Wenn wir nur nicht so viel gewandert wären! e. Wenn du bessere Schuhe mitgenommen hättest, hätten dir die Füße nicht wehgetan. f. Du hättest mich daran erinnern sollen. g. Ich hätte es schöner gefunden, wenn ich zu Hause geblieben wäre.

G. Ich werde hier studieren. Ich würde dort studieren. Möchtest du dort / Würdest du dort gern studieren? Ich wünschte, ich könnte dort studieren. Sie hätte dort studieren können. Wenn ich dort studiere, wird mein Deutsch besser (werden). Wenn ich dort studierte / studieren würde, könnte ich euch besuchen. Ich hätte dort studieren sollen.

H. 1. David schrieb, er hätte eine nette Wohnung. Sein Mitbewohner wäre aus New York. Er lernte (würde . . . lernen) viel von ihm. Er spräche (würde . . . sprechen) nur Englisch mit ihm. Manchmal ginge (würde . . . gehen) er auch zu Partys. Da würde man leicht Leute kennenlernen. Die meisten Studenten wohnten (würden . . . wohnen) im Studentenwohnheim. Studentenwohnheime wären ihm aber zu groß. Die Kurse und Professoren wären ausgezeichnet. Er müsste viel lesen und es gäbe (würde . . . geben) viele Prüfungen, aber eigentlich hätte er keine Probleme.

2. David schrieb, er hätte eine nette Wohnung gehabt. Sein Mitbewohner wäre aus New York gewesen. Er hätte viel von ihm gelernt. Er hätte nur Englisch mit ihm gesprochen. Manchmal wäre er auch zu Partys gegangen. Da hätte man leicht Leute kennengelernt. Die meisten Studenten hätten im Studentenwohnheim gewohnt. Studentenwohnheime wären ihm aber zu groß gewesen. Die Kurse und Professoren wären ausgezeichnet gewesen. Er hätte viel lesen müssen und es hätte viele Prüfungen gegeben, aber eigentlich hätte er keine Probleme gehabt.

I. 1. Diese Universität wird von vielen Studenten besucht. 2. Dieses Jahr werden zwei der Studentenwohnheime renoviert. 3. Ein neues Theater wird gebaut. 4. In dem alten Theater sind viele schöne Theaterstücke gespielt worden. 5. Am Wochenende sind dort auch Filme gezeigt worden. 6. In der Mensa wurde dann darüber gesprochen. 7. Am 1. Mai wird das neue Theater eröffnet werden. 8. Dieser Tag muss gefeiert werden.

J. 1. Jetzt bin ich mit meinem ersten Jahr Deutsch fertig geworden. 2. Ich habe wirklich viel gelernt. 3. Ich hätte nie gedacht, dass das so viel Spaß machen könnte. 4. Nicht alles war leicht (ist . . . gewesen). 5. Ich musste viele Wörter lernen. 6. Viele Fragen mussten beantwortet werden. 7. Bald haben wir uns(e)re letzte Prüfung. 8. Weil ich mich immer gut vorbereitet habe, muss ich jetzt nicht so schwer arbeiten. 9. Nach der Prüfung wird gefeiert / werden wir feiern. 10. Ich bin von ein paar Freunden zu einer Party eingeladen worden. 11. Wenn ich (das) Geld hätte, würde ich jetzt nach Europa fliegen. 12. Dann könnte ich viele der Städte besuchen, worüber wir gelesen haben, und ich könnte Deutsch sprechen.

K. 1d, 2c, 3a, 4a, 5d, 6c, 7c, 8d, 9c, 10a, 11b, 12b, 13c, 14c, 15a, 16a, 17c, 18c, 19b, 20d, 21d, 22c, 23a, 24b, 25c, 26b